正本

관상과 손금

신비한 동양철학 42

正本

관상과 손금

감수 池昌龍 韓國易理學會 會長

삼한

책 머리에

최근 점(占)이나 신령술 등 신비적인 것이 유행하며 그것에 대한 이해도 점점 깊어지고 있다. 그러나 그것을 추구하면 추구할수록 우리들은 한층 희한하고 불가사의한 신비의 세계에 감탄의 소리를 낼 수밖에 없다.

이 책은 바로 수상(手相)과 관상(觀相)의 신비한 세계를 통하여 독자 여러분과 같이 인생을 생각하고, 인간의 본질을 한번 더 다른 각도에서 바라보는 계기를 가졌으면 하는 바램에서 쓰여졌다.

실제 맞고 틀리는 단순한 점괘의 영역을 넘어 수상, 관상을 인생의 참고서로서 활용하는 새로운 수상·관상법, 인생에 플러스가 되는 수상·관상술의 전파에 본서의 목적이 있는 것이다.

지금까지의 점으로는 "당신은 이런 상이니 일생동안 어렵게 살 것이다."라든가, "당신은 이런 상이니 실패한다." 등등으로 여러분을 실망케 하고 불행을 자초하게 했다.

그러나 수상, 관상은 자주 변하며 또 바꿀 수 있다.

이 책은 다름아닌 「인생을 행복으로 이끌기 위해 수상, 관상이 있다!」라는 관점에서 수상·관상을 다루려고 한다. 즉 수상·관상을 활용하여 플러스의 인생을 유도한다. 그야말로 '수상·관상혁명'이라고 할 수 있을 것이다.

다시 말하지만 운명(運命)은 결코 고정되어 있는 것이 아니다. 좋은 일 너무 기뻐하지 말고 나쁜 일 너무 한탄하지 말라. 하루 하루가 다른 것이다.

그리고 앞으로는 수상과 관상을 통한 예지력으로 이 사회와 여러분 각자에게 무슨 일이 일어날지, 또한 어떻게 대처해 나가야 할지 알면서 사는 것이다.

바로 여러분 인생의 참주인이 되는 것이다.

차   례

책머리에 ··· 5
제 1 부 좋은 관상(觀相) ······························· 17

제 1 장 12궁(十二宮)의 해설 ······················· 19
　　1. 12개의 중요 지점 ····························· 19
　　2. 명궁이 나타내는 것 ························· 21
　　3. 재백궁이 나타내는 것 ····················· 26
　　4. 형제궁이 나타내는 것 ····················· 34
　　5. 전택궁이 나타내는 것 ····················· 36
　　6. 남녀궁이 나타내는 것 ····················· 37
　　7. 노복궁이 나타내는 것 ····················· 39
　　8. 처첩궁이 나타내는 것 ····················· 42
　　9. 질액궁이 나타내는 것 ····················· 43
　　10. 천이궁이 나타내는 것 ··················· 44
　　11. 관록궁이 나타내는 것 ··················· 46
　　12. 복덕궁이 나타내는 것 ··················· 48
　　13. 상모궁이 나타내는 것 ··················· 49

제 2 장 12궁 이외의 중요한 관찰점 ·············· 58
　　1. 운명과의 상관 관계 ························· 58
　　2. 귀의 운명 ······································· 63

제 3 장 인생의 진로를 결정하는 것 ·············· 65
　　1. 학당의 종류 ··································· 65
　　2. 고명학당 ······································· 65
　　3. 고광학당 ······································· 66

4. 광대학당 ················· **68**
5. 충신학당 ················· **70**
6. 내학당 ··················· **70**
7. 광덕학당 ················· **71**
8. 명수학당 ················· **71**
9. 반순학당 ················· **72**
10. 외학당 ·················· **73**
11. 총명학당 ················· **74**
12. 녹위학당 ················· **75**

제 4 장 5악(五岳)이 나타내는 것 ········· **77**
1. 일생의 조화 ·············· **77**
2. 중악 ··················· **77**
3. 남악 ··················· **78**
4. 동악과 서악 ·············· **79**
5. 북악 ··················· **80**

제 5 장 6부(六府)가 나타내는 것 ········· **81**
1. 젊은이부터 노년까지의 운수 ········· **81**
2. 6부를 3부로 요약한다 ········· **83**

제 6 장 미래를 점치는 12지(十二支) ········· **85**
1. 12지의 중요성 ············· **85**
2. 얼굴을 12지로 분할시켜 본다 ········· **85**
3. 눈 훈련의 필요성 ············· **87**

제 7 장 남상(男相), 여상(女相)의 특징 ········· **89**
1. 남녀의 상이점 ············· **89**
2. 남자 인상에서 보아야 하는 곳 ········· **89**

　3. 여성의 인상을 보아야 하는 곳 ·············· 91

제 8 장 안색과 목소리로 전도(前途)를 예언 ······ 93
　1. 좋은 일과 흉한 일의 혈색 ················· 93
　2. 혈색을 보는 방법 ···························· 93
　3. 길색 ·· 93
　4. 흉색 ·· 94
　5. 목소리는 보이지 않는 인상 ·············· 95
　6. 남자의 음성 ································ 96
　7. 여자의 음성 ································ 96

제 9 장 운명을 보는 법 ·························· 97
　1. 금전면은 이렇게 본다 ···················· 97
　2. 거래는 이렇게 본다 ······················ 98
　3. 출세는 이렇게 본다 ···················· 100
　4. 용돈은 이렇게 본다 ···················· 101
　5. 승부는 이렇게 본다 ···················· 102
　6. 결혼은 이렇게 본다 ···················· 103
　7. 연애는 이렇게 본다 ···················· 105
　8. 소망은 이렇게 본다 ···················· 106
　9. 사업은 이렇게 본다 ···················· 108

제10장 건강과 가정을 보는 법 ·············· 115
　1. 건강진단 ································ 115
　2. 가정운 ·································· 118

제11장 5행(五行)이 뜻하는 것 ·············· 123
　1. 5행법 ···································· 123
　2. 봄의 혈색 ································ 124

3. 여름의 혈색 ················· 124
4. 가을의 혈색 ················· 125
5. 겨울의 혈색 ················· 125

제12장 얼굴 모양에 의한 운세 판단 ·········· 126
1. 둥근형 ···················· 126
2. 말상 ····················· 126
3. 초생달형 ·················· 127
4. 볼록형 ···················· 127
5. 모난형 ···················· 128
6. 역삼각형 ·················· 128
7. 삼각형 ···················· 129
8. 마른형 ···················· 129
9. 뚱보형 ···················· 130

제13장 입 모양에 의한 운세 판단 ············· 131
1. 넉사자입 ·················· 131
2. 하현달입 ·················· 131
3. 호랑이입 ·················· 132
4. 초생달입 ·················· 132
5. 용의 입 ··················· 132
6. 모진입 ···················· 132
7. 앵두입 ···················· 133

제14장 귀 모양에 의한 운세 판단 ·············· 134
1. 토귀 ····················· 134
2. 목귀 ····················· 135
3. 수귀 ····················· 135
4. 불귀 ····················· 135

  5. 나귀귀 ················· 136
  6. 쥐귀 ·················· 136
  7. 부처님귀 ··············· 136
  8. 호랑이귀 ··············· 137
  9. 금귀 ·················· 137

제15장 눈썹 모양에 의한 운세 판단 ··········· 138
  1. 맑고 빼어난눈썹 ·········· 138
  2. 단촉하게 뻗은눈썹 ········· 138
  3. 호랑이눈썹 ·············· 139
  4. 나한눈썹 ··············· 139
  5. 소라눈썹 ··············· 139
  6. 용눈썹 ················· 139
  7. 일자눈썹 ··············· 140
  8. 사이가 끊어진 눈썹 ········ 140
  9. 8자눈썹 ················ 140
  10. 초생달눈썹 ············· 141

제16장 눈 모양에 의한 운세 판단 ··········· 142
  1. 봉의 눈 ················ 142
  2. 양의 눈 ················ 142
  3. 소눈 ·················· 142
  4. 말눈 ·················· 143
  5. 학의 눈 ················ 143
  6. 음양눈 ················· 143
  7. 곰의 눈 ················ 144
  8. 뱀눈 ·················· 144
  9. 코끼리눈 ··············· 144

10. 까치눈 …………………………………………… 144
11. 복사꽃눈 ………………………………………… 145
12. 단봉의 눈 ………………………………………… 145
13. 취한 눈 …………………………………………… 145
14. 물고기눈 ………………………………………… 146

제17장 코 모양에 의한 운세 판단 ……………… 147
1. 쓸개달린 코 …………………………………… 147
2. 사자코 …………………………………………… 148
3. 매부리코 ………………………………………… 148
4. 개코 ……………………………………………… 148
5. 마늘코 …………………………………………… 148
6. 외로운 봉우리코 ……………………………… 149
7. 원숭이코 ………………………………………… 149
8. 호랑이코 ………………………………………… 149

제2부 좋은 손금(手相) …………………………… 151

제1장 수상혁명─유년법(流年法) …………… 153
1. 기본이 되는 6개의 선 ………………………… 153
2. 손바닥의 '언덕' ……………………………… 155
3. 오른손과 왼손중 어느쪽을 보아야 하나? …… 157
4. 수상의 깊은 뜻 '유년법' ……………………… 159
5. 유년의 어긋남에 주의 ! ……………………… 162
6. 혼동하기 쉬운 손금을 확실하게 하자 …… 164

제2장 기본선으로 80%는 알 수 있다 ………… 166
1. 가장 중요한 생명선 …………………………… 166
 (1) 생명선보다 위로 올라가는 개운선 …………… 168

(2) 생명선보다 더 올라가는 향상선 ················ 170

(3) 생명선과 연애선 ···················· 172

(4) 생명선의 '섬' ···················· 172

(5) 생명선상에 나타나는 장애 ············· 174

(6) 생명부선의 여러가지 양상 ············· 177

2. 인생 드라마를 알려주는 운명선 ·········· 179

(1) 굵은 운명선 ···················· 181

(2) 엄처의 상 ···················· 183

(3) 가는 운명선 ···················· 183

(4) 운명선의 여러 형태 ··············· 185

(5) 운명선의 변화를 알자 ············· 185

(6) 운명선상에 나타나는 장애 ············· 188

(7) 운명선상에 나타나는 행운선들 ·········· 190

3. 발상력, 적합한 직업을 알려주는 지능선 ··· 192

(1) 지능선의 시발점 ················· 195

(2) 지능선의 길이 ··················· 196

(3) 지능선의 위와 아래 ··············· 196

(4) 평목선 ···················· 198

(5) 지능선 위의 섬, 날아오른 손금 ········· 201

(6) 다재다능한 2중 지능선 ············· 203

4. 성격을 나타내는 감정선 ················ 203

(1) 감정선의 길이 ··················· 206

(2) 감정선의 모양 ·················· 208

(3) 감정선이 위로 간 것과 아래로 간 것 ········· 211

(4) 감정선의 난맥상 ················· 211

(5) 감정선의 모양 ·················· 212

5. 행운의 표, 태양선 ···················· 215

(1) 태양선이 나타나는 7가지 종류 ················ 217
(2) 태양선의 여러 형태 ···························· 217

제3장 연애·결혼을 알아보자 ················ 221
  1. 유년법에 꼭 맞추는 법 221
  2. 행복을 예고하는 수상 ················ 223
    (1) 행복을 가져다주는 3개의 손금 ··········· 223
    (2) 사랑의 드라마를 연애선으로 ·············· 223
    (3) 연애상황 예고의 영향선 ·············· 227
    (4) 영원한 사랑의 긴 영향선 ·············· 230
    (5) 누구나 모르고 있는 결혼상 ·············· 232
    (6) 결혼! 이혼의 위기! ················ 232
    (7) 운명선으로 보는 결혼상 ·············· 237
    (8) 연애? 중매? 어느쪽 ················ 239
    (9) 행복한 운명선의 3지선 ·············· 242
    (10) 연애에 다망한 상 ···················· 248
    (11) 연인의 출현 ·························· 251
    (12) 연애형의 여러가지 ················ 253
  3. 결혼의 시작과 끝을 알려주는 수상 ········ 256
    (1) 결혼선으로 알 수 있는 결혼운 ·········· 256
    (2) 결혼후의 부부생활을 본다 ·············· 257
    (3) 연애 파탄의 상 ······················ 260
    (4) 한번 결혼으로 끝나지 않는 상 ·········· 262
    (5) 불륜, 삼각관계, 이혼의 상 ·············· 264
    (6) 원만한 가정을 꾸미는 상 ·············· 267

제4장 적성, 직업선택 ···················· 268
  1. 지능선으로 알아보는 성공의 비결 ········ 268

2. 대성공을 거두는 상·················· 270
3. 만능형, 유행재능과 향상심 ·········· 270
4. 어떤 일이 적합한가?·············· 273
5. 지성파！ 육체파！·············· 275
6. 운명선으로 적합한 직업을 알아본다！ ··· 277

제 5 장 성격을 본다 ·················· 279
1. 싫증내기 쉬운 도중하차형의 사람 ········ 279
2. 행동파인 사람 ·················· 282
3. 신경질을 싹 쓸어 상쾌하게 ·········· 282
4. 영감이 강한 신비주의자·············· 284
5. 노력, 현시욕, 인기, 기지의 상 ·········· 286
6. 애정이 풍부? 결핍? ·············· 288
7. 손이 큰 사람, 작은 사람 ·········· 291
8. 우유부단형, 제멋대로형, 고생형 ·········· 291
9. 행운의 표, 손톱의 흰 점 ·········· 293
10. 운수가 수상을 바꾼다·············· 295
11. 운수의 강약 ·················· 295
12. 출세, 이중생활, 재산운의 상·········· 298
13. 손가락의 길이 ·················· 301

제 6 장 건강진단 ·················· 302
1. 건강상태의 진단 ·················· 302
2. 생명선의 끊어진 상·············· 304
3. 위장이 약한 사람 ·············· 304
4. 간장, 신장, 폐의 위험 신호 ·········· 307
5. 쇠약, 노이로제, 눈의 질환·········· 309
6. 손바닥으로 병을 발견·············· 311

7. 손의 색깔(6가지형) ……………………… 311
8. 손가락으로 보는 건강운 ……………… 314
9. 체력이 튼튼한가? 허약한가? …………… 317
10. 생명선의 굵기, 진하기 ……………… 318
11. 2중 생명선 ……………………… 321
12. 심신의 상태가 나쁨을 나타내는 수상 …… 321
13. 가장 단순한 건강진단법 ……………… 323
14. 수상을 볼 때의 마음가짐 …………… 324
  (1) 한 줄의 손금에 구애되지 말고 전체를 보자 ! … 324
  (2) 수상은 마음가짐에 따라 변하는 것이다 …… 326
  (3) 구원없는 충고는 엄금 ! ……………… 326
  (4) 수상을 보는 데에는 상황판단이라는 묘가 있다… 327
  (5) 첫인상에 주의하라……………………… 327
  (6) 수상은 마음 먹은대로 나타난다……………… 328
15. 특수 평목선 유년법……………………… 328

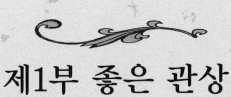

제1부 좋은 관상

제1장 12궁(十二宮)의 해설

1. 12개의 중요 지점

얼굴은 육체의 일부로 마음을 나타내는 상징이다. 선한 마음가짐에 따라 얼굴형은 부드러워지거나 넉넉하고 복스러운 얼굴이 되는 것이다.

나쁜 상을 가졌다는 사람도 마음의 태도를 바꾸는, 가령 3미터의 구렁에 떨어질 것을 1미터의 구렁에 떨어질 정도로, 또 적은 돈벌이는 큰 돈벌이가 되도록 마음과 인상을 바꾸는 노력과 매일의 수양을 쌓아가는 것이 중요하다.

인상을 보는 법, 일반적으로 이것을 관상이라고 하는데 여기에는 요점이 있다. 얼굴의 어느 곳을 보고 어떻게 판단하느냐가 요점으로 기본이 되는 것을 12궁(十二宮)이라 한다.

얼굴중에서 12개의 중요부분을 골라낸 것으로 이것을 관상학에서는 12궁, 즉 12개의 중요한 곳이라고 하는 것이다. 이 요점을 보는 데는 순서가 정해져 있다. 지금은 이것을 혼동하여 보고 있지만 고래의 순서에는 나름대로 이유가 있는 것이므로 여기서는 12궁의 순서에 따라 풀이하기로 한다. 물론 이 책에서는 12궁만 설명한 것이 아니고 그 밖의 필요한 것도 12궁에 가까이 있는 것은 그 장에서 포괄해 설명을 하거나 다른 장을 부설하여 다른 중요한 관점도 설명하여 나가고 있다.

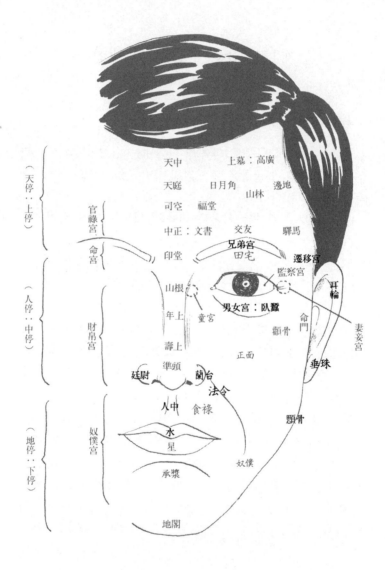

얼굴 각 부위의 명칭

2. 명궁(命宮)이 나타내는 것

심상(心相)

명궁(命宮)은 코 바로 위의 양미간으로 얼굴의 중심에 해당하며, 인당(印堂)이라고도 하는 운명학적으로 가장 중요한 곳이다. 즉 일대운명의 성쇠를 보는 곳이다.

이 곳을 쉽게 풀이한다면 '생각한다'라는 곳이다. 좋지 않은 생각을 할 때는 희미하게나마 검은 혈색이 나타나며, 기분이 좋을 때에는 아주 깨끗하게 비친다. 그리고 학문을 직접 받아들이는 장소다.

중국의 고서에 '명궁은 양미간 사이 산근(山根) 위에 있고 광명경(光明鏡)같이 보이면 학문에 통한다.'고 쓰여 있는데, 학자들과 큰 관련이 있다.

명궁은 비교적 넓은 것이 좋지만, 그렇다고 너무 넓으면 도리어 심상이 좋지 않다고 볼 수 있다.

약간 넓구나 하는 쪽이 적당하다. 그러나 인상을 몇 cm가 되어야 한다고 단정지을 수는 없다. 자세한 것은 뒤에 12지(十二支)의 풀이에서 설명하기로 한다.

이때만은 얼굴의 중심에서 사방에 그은 선의 간격을 30도라고 뚜렷하게 말하겠지만 그 밖의 인상에서는 도량형의 숫자로는 말할 수가 없기 때문에 약간 넓은 정도라고 말한 것이다.

유산(遺産)

명궁이 잘 생기고 전택(田宅 : 눈과 눈썹 사이)이 좋으면 부모나 남으로부터 받는 유산이 많다. 단순히 명궁만 좋다고 하는 것은 이마가 툭 튀어나오고 살이 적당히 붙어 있는 것으로 이런 사람은 학자나 관공서 근무에 뛰어나다. 직장에서 대개 상급자로 일하게 된다.

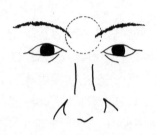

명궁의 위치(점선 표시)

가정(家庭)

명궁은 집(가정, 주택)을 보는 곳이 되기도 한다. 코에서 뺨까지가 홍색이라도 명궁에 홍색이 들어 있지 않으면 집안에 도둑이 절대 들지 않는다.

그러나 만일 명궁에만 다른 홍색이 들어 있으면 무언가 나쁜 일에 말려든다. 또는 재산상의 손해를 본다고 판단을 한다.

그러므로 그런 말을 들었을 때는 그런 이야기를 듣지 않은 것처럼 주의하면 된다.

수신(受身)

만약 황금이 하늘에서 떨어진다고 가정했을 때 그 황금을 받는 접시가 명궁에 해당된다고 생각하면 된다. 즉 명궁은 대개의 경우 수동적이다.

능동적인 것을 거론하자면 단 한 가지로, 길흉을 볼 때 머리털이 난 부분에서 길고 빛나는 것 같은 선이 명궁까지 뻗어 있으면 뜻하는 바가 성공의 길로 갈 수가 있다.

그밖에는 모두가 수동적인 경우로 부모의 유산이나, 수명 등 모두가 그런 이치다. 물론 도둑이 들어온다는 것도 수동적이다.

다른 혈색(재산 또는 금전을 나타내는 부분)과 같이 비교해 보아야 하지만 도둑이 들어 온다든가 또는 나쁜 일을 당하게 되는 경우에는 그림의 점선과 같은 모양으로 나타나는 수가 있다. (그림 p.22)

그리고 가장 주목해야 할 것으로 이런 흉한은 피하(皮下)에서 특이한 색으로 나타난다. 그러므로 우선 눈의 훈련, 즉 안력(眼力)을 키워야 한다.

관상을 볼 때 피하에 있는 색채는 모두 장래에 일어날 것을 알려주는 것으로 사건이 생긴 뒤의 감정은 아무 쓸모도 없는 것이다.

불의 재난

불의 재난도 여기에 나타난다. 명궁 가득히 붉은 빛으로 나타나 연기처럼 위쪽으로 연한 쥐빛이 퍼진다.

만일 불이 났다면 그 다음날 타고 남은 자리에 가 보라. 그 집주인들에게는 이 상이 있으나 반면 세든 사람들에게는 나타나 있지 않다. 그들은 단지 이마가 약간 흐트러져 더러워 보일 뿐이다.

무슨 일이 있던 다음날에 혈색이 가장 뚜렷이 나타나게 되므로 사전에 잘보고 대비해야 한다.

간혹 주위에 있는 사람이 화재를 당했을 시, 이때는 눈썹 위에서부터 연기같은 것이 올라가 밝은 부분으로 흩어지고 있음을 볼 수 있다.

그러므로 명궁에 붉은색이 나타나 있지 않는 이상, 당신의 집은 절대 안전하다. 화재의 상이 나타나면 불조심은 물론이지만 빨리 보험에 들든가, 물건들을 친척집 또는 아는 집에 맡기든가 하여 빨리 손을 써야 한다.

재능(才能)

명궁은 또 천부적인 재능을 본다. 이때는 툭 튀어나온 것이 좋고, 굵고 길한 빛이 딴 곳에서 이곳으로 들어와 보이는 것도 좋다. 만일 그것이 위로부터 들어와 있으면 배우게 되는 것이 많고 아래로 들어와 있으면 자기가 연구해 스스로 깨우치는 일이 많게 된다.

이 혈색의 폭은 넓다. 이때는 학교에도 가지 않고 자기 스스로 공부하는 것이다. 또한 자기 혼자 천부의 재능을 연마하는 기질로 단연 발명가 타입이다.

나날의 운수(日運)

명궁은 나날의 운수도 본다. 그날 그날의 운명은 일기예보와 같은 것이다. 옛날 장군들은 아침마다 이 곳을 보았다고 한다. 그날 중에 싸움이 있게 된다면 이미 명궁으로 알 수 있기 때문에 우선 싸우지 않도록 배려를 하는 등 그날의 마음가짐을 아침에 새겨둘 수가 있는 것이다. 일운을 보려면 아침에 일어나 세수하기 전에 보는 것이 좋다.

명궁은 밝게 빛나는 흰색이 좋은 것이다. 엷은 붉은색이 여기에 겹치면 가장 좋아서 차차 진전을 보게 된다.

조금 더 붉은색이 되면 싸움이 생기고, 흐린 빛이 나면 심중에 결단이 덜 되었다는 것이고, 엷은 쥐색을 하였으면 병을 앓을지도 모른다. 병은 보통 산근(山根)부위를 보면 되지만 이것만으로는 판정이 안돼 명궁과 같이 보는 것이 좋다.

대흉의 내습(大凶의 來襲)

얻어 맞은 것같이 붉은 것 또는 검거나 자색의 혈색이 명궁에 나타나는 것은 대흉(大凶)의 전조로서 잘못하면 생명에 관계되는 일이 생긴다는 예보다. 퍽이나 주의를 해야 한다.

또한 이때는 산근(山根 : 콧마루의 두 눈썹 사이), 천이(遷

移 : 눈썹의 밖 앞쪽), 정면(正面 : 눈아래 볼과 콧구멍이 있는 쪽), 권골(顴骨 : 눈아래 뼈) 등을 같이 보아야 한다.

명궁은 생명의 맥이라 할 정도로 생명과 직접 관련된 곳으로 최대한 경계를 해야 한다. 그리고 명궁이 들어가 있는 사람은 일생동안 쓸쓸한 생활을 하게 된다.

주름의 운

명궁에 주름이 있는 것도 좋지 않다.

이마에는 보통 가로로 세 개의 주름살이 있다. 법령(法令 : 코의 양 옆으로부터 턱을 향해서 입가로 뻗친 주름)이 있는 것은 좋지만 이 외 다른 곳에 있는 주름은 좋지 않다. 특히 나쁜 것은 명궁에 생기는 주름이다. 명궁에 생기는 주름은 세로로 생기나 가로로 생기나 모두 좋지 않다.

흉(凶)하다는 한자는 구멍 속에 사람이 빠진다는 글자이다. 한편 길(吉)이라는 글자는 선비는 입으로 두 말을 하지 않아 길하다는 것이다.

명궁에 주름이 많은 사람은 걱정이 많은 사람으로 가정 또

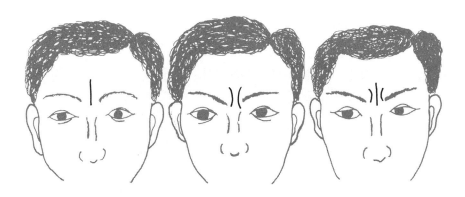

명궁에 생기는 주름은 모두 좋지 않다.

는 주택에 대한 걱정이 많이 생기는 사람이다.

주름에는 여러가지 명칭이 붙어 있지만 주름이 생긴 곳의 길흉법만 외워두면 자질구레한 명칭은 아무래도 좋다.

3. 재백궁(財帛宮)이 나타내는 것

인격과 재산

재백궁이란 금전궁으로서 코의 위치를 말한다. 이 곳은 주로 재복의 유무, 재산 관계, 금전출납 등을 보는 것이다. 여기에서는 우선 인격을 보고 다음에 재산을 다루기로 한다. 이외에 식록(食祿 : 코아래의 좌우)이라는 곳도 재산의 일부를 볼 수 있지만 그보다는 생활의 풍요로움을 나타내는 것이라 말하는 것이 좋다.

또 이외에도 육부(六府)라는 것을 보고 순간순간의 큰 운도 잘 참조해야만 자세한 것을 알 수 있다.

육부란 뒤에 자세히 설명하겠지만, 젊을 때의 운이 노년의 운과 차이가 큰 사람이 있어 이런 것을 보는 것이 육부이다. 코는 잘 변하지 않고 살붙음도 크게 변화하지 않는다. 그리고 코로 보는 인격의 구별도 큰 차이가 없을 것이다. 결국 육부가 주된 역할을 하게 되는 것이다.

재백궁은 명궁 다음으로 중요한 곳이다.

인격은 그 사람의 얼굴 전체에서, 그 사람의 풍모에서, 또한 집안 분위기로도 간파할 수 있으니 우선 재산에 대하여 설명하기로 하자.

코의 모양은 쭉매끄럽게 뻗은 것이 좋다. 얼굴에 비해 지나치게 큰 코는 세상을 자기것으로 생각하는 것이어서 좋지 않다. 반대로 지나치게 작은 것도—다른 곳이 멀쩡하다 해도—일생동안 거센 세파에 휘말리는 사람으로 안정을 찾지 못한다.

코가 높으면 자기 혼자 잘난체하니 세상은 상대를 해주지 않을 것이다. 얼굴에 알맞는 코가 좋다.

재백의 분해

코를 분해하면 인상학상의 명칭은 다음과 같다.(그림 p.28) 명칭은 유파에 따라 약간씩 다르다.

이것은 비단 재백뿐이 아니고 인상상 어느 부위라도 옛날법을 보존해 쓰는 사람도 있고 신법을 개발하는 사람도 있고 남이 붙인 명칭을 피하는 사람도 있는 등의 여러 가지 이유로 명칭은 둘째로 하고 무엇보다 각 부분이 무엇을 나타내는지를 확실히 외워두는 것이 제일이다.

양미간의 명궁 아래에 바로 산근이라는 곳이 있는데 여기서는 병을 본다. 그 아래에는 연상(年上)이라는 곳이 있어 여기서는 1년간의 길흉을 본다. 가을에 여기에 길색(吉色)이 나타나면 내년에는 좋은 해가 되는 것이다. 연상 아래에 수상(壽上)이라는 부위가 있는데 이곳은 일생동안의 운수를 본다. 가장 아래인 콧등끝을 준두(準頭)라고 부르며 이곳은 눈앞에 닥쳐오는 일의 길흉을 나타내고 있다.

그 좌우에 난대(蘭台)와 정위(廷尉)가 있다. 이것은 작은 코라고도 하며 금갑(金甲)이라고도 한다.

위쪽 산근의 좌우에는 부좌(夫座), 처좌(妻座)라는 좁은 곳이 있는데 이곳은 부부간의 애정을 나타내는 곳으로 이곳의 피부가 검푸르게 보기 흉하면 부부사이가 좋지 않다. 그와 반대로 매끈하게 보이면 부부 사이가 좋다는 증거가 된다.

그 아래 광전(光殿)과 정사(精舍)가 있는데 모두 주택을 말한다.

그 중에 광전이 번들번들하면 훌륭한 집, 정사 쪽은 볼품없는 집을 뜻한다. 오른쪽이 훌륭한 집, 왼쪽이 보잘것 없는 집이라니 이상한 이야기 같겠지만 결국 이것은 이 부분에 살이

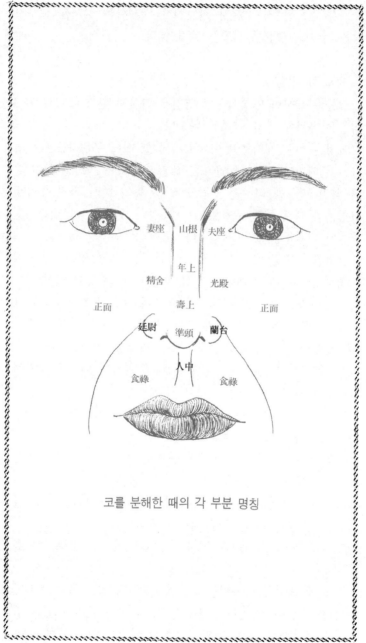

코를 분해한 때의 각 부분 명칭

많아 풍부하게 보이는 사람은 그리 돈을 쓰지 않고 조이는 곳을 충분히 조여 만들 것을 만들게 되므로 결국 번쩍하는 고대 광실에 살게 되며 이곳에 살이 없고 빈약하게 보이면 깍쟁이 기질로 돈은 있어도 나갈 때는 목돈이 한꺼번에 나가 금전이 모이지 않고 볼품없는 집에서 산다는 뜻이 된다.

그러므로 상이 좋은 사람은 양쪽에 광전이 생기고 나쁜 사람은 양쪽에 정사가 생긴다고 보아야 한다.

그러나 이런 것들은 마음가짐에 따라 달라지게 되므로 자기 스스로 자문자답식으로 쓰는 돈을 줄이면 될 것이다. 그렇게 3~5년이 경과한 후 주의해서 이곳을 보면 살이 올라 좋아 보일 것이다.

야심가

코의 중앙부가 높은 사람은 야심가이다. 그렇지 않으면 전투형이 된다. 모든 일을 자기중심적이고 타산적으로 처리하는, 물욕이 많은 이기적인 상이다. 성공한 때는 좋으나 잘못하면 반대의 상황에 처하게 된다. 한편 재산을 풍부하게 모을

야심가의 코

수 있다. 단 이것은 앞에서 보아 콧대가 바로 되어 있을 때이다. 매사에 전투형으로 가지 말고 서서히 본분을 지켜가는 편이 좋을 것이다.

공처시하의 코

코가 낮은 것에도 두 유형이 있는데 수상(壽上)과 연상(年上)이 낮은 것과 코 전체가 낮은 것이 있다.

왼쪽 그림의 경우는 코 전체가 낮은, 보통 사람에게 많은 코이다. 이것은 준두(準頭)가 활동을 하게 되는 좋은 상으로, 그날 그날에 궁한 일은 없지만 일생의 소원을 이루기 위해서는 많은 노력을 해야 한다.

성격이 싹싹하고 융통성이 있으며 인정이 많고 결단력도 빠르다. 다른 부위가 재능이 있게 생겼으면 이와 같은 성격이 빛을 발휘하여 상당한 지위에 오를 수 있다. 그러나 모든 일에 치밀하고 신중하게 생각하는 면이 부족하다. 코가 짧은 만

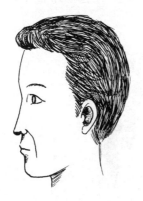 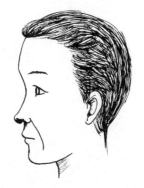

1. 코 전체가 낮은 형   **2. 수상과 연상이 낮은 형**

〈 공처가의 코 〉

큼 수명도 짧으며 성질도 조급하다. 자칫하면 게으른 사람으로 전락하기 쉬우니, 자기의 소질을 최대한 발휘할 수 있도록 노력해야 한다. 그렇지 않으면 생활에 안정을 얻기가 어렵다.

코가 짧지만 눈과의 사이(山根)가 두둑하고 콧대가 곧으며 코끝이 두둑하게 아래로 둥그스름하면 좋은 운수를 지녀서 중년부터 크게 향상된 생활을 한다. 심성이 따뜻하고 착실하고 인정이 있고 책임감이 강하여 다른 사람으로부터 신뢰를 얻어 지위가 향상되고 가정이 편안하고 화목해진다. 어떤 직업이고 능력을 발휘할 수 있다. 여성으로서는 정조관념이 있는 현모양처로 가정을 잘 꾸려 나가는 상이다.

부모의 애정

다시 앞으로 돌아가 미간의 바로 아래, 코가 붙어 있는 산근(山根)의 이야기를 하자. 이것은 양쪽 눈의 사이라고 생각해도 좋다. 바로 위의 명궁과 이 산근과의 연락이 툭 꺼져 들어가 있으면 부모의 혜택을 받지 못하는 즉 재산의 혜택을 받지 못한다는 뜻이 된다.

이 부분이 거무스레하고 윤곽이 없으면 병이 있다. 색이 짙고 또 그 폭이(푸른 혈색의 폭)넓어진다면 병도 크다는 것이 된다.

또 이곳은 묘한 곳으로 손에 있는 상품이 팔리지 않을 때에는 검붉은 혈색이 나타난다. 그리고 그 상품들이 호황을 맞을 때가 되면 보기 싫은 혈색(반점) 속의 왼쪽부터 차차 맑게 보이기 시작한다. 그리고 호황을 이루면 홍색은 전부 피부 위로 올라가 사라진다. 마치 폭풍이 지나간 후의 빛깔이다.

계획과 행동

얼굴에서 가장 중요한 것은 코이며 코중에서도 가장 중요한 것은 코의 머리다. 이것을 준두(準頭)라고 한다.

코는 자신을 나타내며 준두는 자신의 행동을 나타낸다. 여기에는 살이 약간 붙어 있는 것이 좋다. 살이 너무 붙어 있으면 욕심쟁이가 된다. 그림 ①이 그 경우이다.

우리나라 사람이라면 ④정도가 좋을 것이다. 표준형의 사람은 활동력을 상당히 가지고 있다. 코는 활동력 외에 계획성도 나타내 준다.

③은 계획이 흐트러지는 상이다. 너무 지나치게 생각해 남의 빈축을 산다.

⑤의 경우에는 지나치게 온순하며 성실하다.

②형 정도라면 온순하고 힘도 있어 좋다. 이런 사람이 사회에서 높은 자리에 서면 온순하면서도 큰 일을 하게 된다. 결코 무리한 일은 하지 않는다.

코가 위로 향한 것은 계획성이 없고 남에게 기대는 경우가 있어 좋지 않다. 또한 코에 큰 상처가 있어서도 안된다.

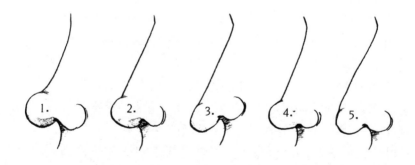

1. 빈욕형 **2.** 대사업형 **3.** 계획이 무너지는 형 **4.** 표준형 **5.** 온후형

〈 코의 형태로 알 수 있는 성격 〉

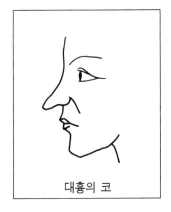

대흉의 코

그림은 상처는 아니지만 코의 중앙이 꼭 불거진 것같이 보인다. 이것은 대흉의 실례로, 은행을 하루 아침에 망하게 하는 사람형이다. 이런 형의 사람은 은행을 망하게 하고 조상 대대의 재산을 차압 당해 모든 것을 날려 보낸다.

교통사고

코에 금이 한 줄 생기면 험난한 상이 된다. 또 여기에 버드나무잎 같은 것이 덧붙어 있게 되면 좀더 강도가 강해져 12지와 대조하여 시기를 미리 알아 경계해야 할 뿐아니라 마음가짐을 온화하게 하고, 내기노름을 하지 말고, 심신을 든든하게 하고 있어야 난을 면하게 된다.

이것도 뒤에 풀이하겠지만, 머리카락이 나기 시작한 이마의 일부에는 상묘(上墓)라는 곳이 있어 당신의 조상 또는 보살들이 지켜주고 있는데, 여기에 좋은 혈색이 생기면 이상하게 자기도 모르는 사이에 재난이 지나쳐버리는 수가 있다.

한 예로 어떤 학생이 술에 취해 2층 창문에 여자와 같이 앉아있다가 뒤로 떨어졌다. 그런데 돌과 돌사이에 있는 보들보들한 흙더미에 떨어져 조금 아팠을 뿐 다치지 않고 무사했다고 한다. 그것은 그 학생의 큰아버지가 불교신자로서 그분의 자연스러운 보호를 받았기 때문이다.(그림 p.34)

식록과의 관계

식록이란 코 아래, 입위의 인중을 사이에 둔 부분이다. 이곳은 넓고 살이 두꺼울수록 좋다. 좁으면 수입이 적고, 잘못하면

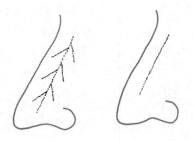

교통사고를 당할 상의 코

이상한 병에 걸리기 쉽다. 또한 여기는 생활의 풍요로움을 나
타내는 곳으로, 즉 물질과 연관이 된다. 일견 풍부하게 보인다
라고 생각되면 족하다.

코아래가 긴 것도 좋은 것이다. 단 여기에 검은 점이 있으
면 재미없다. 집에 도둑이 들어오든가 셋방살이 등 손실의 흑
점이다. 인상학상 검은 점은 전부 나쁜 것이다.

주근깨도 전부 나쁘다. 특히 코에 걸치게 되면 그 때문에
어떤 것이라도 한몫 걱정하게 해 가장 좋지 못하다.

4. 형제궁이 나타내는 것

근친

형제궁(兄弟宮)은 눈썹부분이다. 이 형제궁에서는 명칭이
말하듯 형제자매 관계를 보게 된다. 눈썹만이 아니고 그 아래
피부의 조금 위까지를 보고 판단한다.

그 외에도 친척, 문학(文學)방면까지 본다.

우선 초생달 모양의 눈썹이 가장 좋은데 그것도 털이 부드

럽고 누워 있는 것이 좋다. 이런 눈썹의 소유자는 형제사이가 좋고 서로 힘이 되어 주어 일생동안 즐겁게 지내게 된다.

『마의상법(麻衣相法)』에는 '주로 현(賢), 우(愚)를 판단한다.', '그 끝이 뛰어나면 장자(長者)의 기상이다. 즉 총명하다.'라고 하여 눈썹 하나만 보아도 그 사람이 영리한지 바보인지를 판단할 수가 있는 것이다.

기성(氣性)

눈썹이 뻣뻣한 사람은 성질이 사납다. 이것은 앞에서 살펴본 재백궁과 같이 보아야 하지만 작은 코(콧구멍 부분)가 온건하고 눈썹이 뻣뻣하면 그 사람 태도는 평소에는 잔잔하지만 잘못하면 골을 내는 사람이다. 콧구멍쪽이 팽팽하고 눈썹이 뻣뻣하면 그야말로 성깔이 있는 사람이다. 또 눈썹이 거친 사람은 문장도 거친 표현을 잘한다. 나이를 먹어 털이 부러지거나 아래로 늘어졌다고 해도 자르면 안된다. 큰 손해는 없으나 교통사고 등의 불상사가 생기기 쉽다. 그러므로 눈썹은 만지지 않는 것이 좋다.

눈썹이 중간에서 끊어지면 안된다. 파란이 많다는 것을 뜻하기 때문이다. 곱슬눈썹이라 하여 조금이라도 구부러져 있으

천이궁에서 형제궁에 걸쳐 흑적의 혈색이 나오면 흉하다.

면 장군이나 수상 등에 올라 있는 사람에게는 좋으나 보통사람에게는 점잖지 못한 경향이 있다고 보아진다.

또 눈썹으로 기교도 본다. 기술자가 되는데 적합한지 아닌지 알 수 있다.

눈썹에 나쁜 혈색이 나와 형제가 죽어 손(孫)이 끊어진 예도 있다. 그림처럼 천이궁(遷移宮)에 검붉은 혈색이 나와 형제궁을 통하면 그 집안은 망하게 된다.

5. 전택궁이 나타내는 것

부동산

전택궁(田宅宮)은 눈과 눈썹 사이의 눈뚜껑을 말하며 주택, 전답(不動産)의 상속 관계를 보는 곳이다.

이 부위가 좁든가 상처가 있으면 상속을 받지 못할 때가 많다. 이곳이 아름답고 넓게 잘 발달한 사람은 일생을 좋은 주택에서 행복하게 지낼 수 있으며 대부분 부동산 즉, 넓은 땅을 많이 소유하게 되고 재물과 지위도 날로 향상된다. 한편 심성이 착하고 인정 또한 많은 사람이다. 이 밖에도 안구(眼球)도 전택으로 해석한다. 따라서 눈이 정상이 아닌 사람, 근시, 난시 등도 전택의 일부 해석에 들어간다. 여기서 가장 나쁜 것은 안구 한쪽에서 붉은 맥이 나와 동공을 뚫고 반대쪽으로 나온 것이다. 이것은 일생동안 큰 난을 겪는 징조이니 개심(改心)해야 한다.

안구 한쪽에서 붉은 맥이 동공을 뚫고
반대쪽으로 나온 것은 대흉의 상!!

시기는 12지와 같이 보면 알 수 있지만 그런 붉은 맥이 사라질 동안은 8방으로 경계하는 눈을 바로 뜨고 있어야 한다.

눈은 옻칠과 같은 검은 빛을 띠고 있으면 좋은 것으로 장사를 하면 대번창을 이룬다. 고서에는 전부 형용적 풀이를 하고 있어 현대어로 잘 맞출 수가 없지만 '봉목고미(鳳目高眉)'라고 하여 좋은 눈을 하고 있고 눈썹이 이마의 중앙에 올라가 있는 사람은 출세를 한다고 전한다. 주로 학자나 대신이 된다는 상이다.

눈은 '마음의 거울'이라 하여 눈을 보면 그 사람의 심지나 마음의 옳고 그릇됨을 알 수 있다고 했고, '눈은 입같이 말을 한다.'라고 하여 눈모양으로 상대에게 마음을 전한다고도 한다.

눈과 눈썹사이의 살이 처질 정도로 나른한 사람이 있는데 이는 마음이 나른하다는 것을 뜻한다. 또한 살이 없어 쑥 들어간 사람도 흉상이다.

큰 눈을 한 사람과 작은 눈을 한 사람이 있다. 큰 눈은 사교적인 사람이고 작은 눈은 철학적·사색적으로 관찰력이 있어 관상가가 되는 경우가 있다.

6. 남녀궁이 나타내는 것

이성(異性)

다음은 남녀궁을 설명하자. 이 부위는 눈 바로 아래의 뼈가 없는 곳을 말한다. 이 부위는 명칭이 말하듯 이성관계를 말한다. 여기에 조금이라도 푸른 빛이 있으면 이성에 대해 신경을 쓰고 있는 것이다. 푸른 혈색은 신경이다. 혼담에 대한 길흉은 명궁에 들어간 혈색으로 판가름할 수도 있고 또 12지를 사용하여 어느 달에 생긴 혼담은 길하고 흉하다는 판단을 할 수 있다.

이 남녀궁에 강한 혈색이나 재백궁에 좋은 혈색이 없으면 시집을 가지 못한다. 재백은 일신에 관한 것이어서 혈색이 없으면 일신상의 아무런 움직임이 없는 것이다. 신부를 맞는 쪽은 별도이다. 좋은 인연인지 아닌지는 후에 설명하게 될 12지의 용법을 참조로 맞추어 보도록 하라. 이것은 여자에게 있어서는 일생의 중대사가 되므로 여자의 관상편에서 다시 상세히 풀이할 것이다.

결혼

결혼을 나타내는 혈색은 뭐라 해도 명궁으로 당당하게 들어온다. 즉 위쪽의 미간에서부터 흐른다. 이 혈색은 아주 미세하고 피부의 하층에서 아름답게 보이지 않으면 진짜가 아니다. 명궁이나 그 근처 일대가 황색으로 이쁘게 보였다고 해도 이것을 전적으로 믿을 수는 없다. 즉 일시적인 기쁨도 홍황색으로 나타나는 수가 있으니 그것으로 일생의 행복을 단정하기는 불가능한 것이다.

나쁜 혼담이라면 그 선의 근원부터 홍색이 되니 일을 서둘러서는 안된다. 이때 명궁에 들어가는 선은 홍색이라도 남녀궁에는 청색으로 나타난다.

남녀궁의 위치   인중의 위치(점선 표시)

태아의 남녀구별

태아의 성별에 대해서도 여기를 본다. 임신을 하게 되면 남편이나 부인도 이곳에 살이 올라 통통해진다. 그리고 7개월 정도부터는 혈색도 뚜렷해지게 된다. 남편의 경우 왼쪽 남녀궁의 혈색이 강해지면 남아, 오른쪽이 강해지면 여아, 부인의 경우에 오른쪽이 강해지면 남아, 왼쪽의 혈색이 강해지면 여아가 된다. 그리고 순산(順產)인지 아닌지는 코 아래의 인중(人中 : 코와 윗입술 사이의 우묵한 곳)을 보면 알 수 있다. 즉 인중에 검은 색이 생기든가 흉터가 생기면 좋지 않다. 만일 인중에 가로선이 있으면 자손이 없어 양자를 들여야 한다. 인중이 깨끗하게 되어 있으면 순산이다.

따라서 인중을 가리켜 수명자손궁(壽命子孫宮)이라 일컫기도 한다.

음덕(陰德)의 유무

이 남녀궁을 달리 와잠(臥蠶)이라고도 부른다. 이 와잠은 음덕의 유무를 알 수 있다. 사람을 돕든가 수양을 쌓든가 남에게 친절한 사람은 여기에 풍부한 살이 올라 있다. 그런 사람은 재난이 일어났을 때나 위험할 때 구원을 받든가 또는 회피할 수 있다.

또 남녀관계의 정력도 이것으로 볼 수가 있다.

7. 노복궁이 나타내는 것

사장과 사원

흔한 말로 노복(奴僕)이란 남의 부하를 말한다. 노복궁(奴僕宮)은 대개 뺨의 아랫부분으로 생각하면 좋을 것이다. 구체적으로 말하면 법령(法令)의 앞이 된다. 때로는 이 부분의 바깥쪽도 보는 수가 있는데, 이것은 출입하는 사람들을 이 부분

노복궁의 위치(점선 표시)　　　　　법령의 위치

으로 판단하는 수도 있기 때문이다. 뺨에 살이 없으면 당연
권골(광대뼈)이 튀어 나와 그 아래가 움푹 들어가게 되니 흉
상이라 볼 수가 있다. 이런 사람은 상대방에게 자주 선물도
주고 온화한 말로써 자기의 포용력을 키우는데 힘써야 한다.
　또 뺨에 살이 있고 아래도 살이 찌면 좋은 사람에게 고용될
수 있다. 또 그런 사람은 좋은 부하들을 두게 된다. 이것은 성
공을 하느냐, 실패를 하느냐의 중요한 갈림길이 되는데 멋대
로 사람을 몰아세우는 사람은 부하가 없고 성공도 할 수 없
다. 고용인을 재촉하여 부리면 자기에게 이로울 것이라고 생
각하면 큰 오산이다. 그런 사람은 어차피 남녀 고용인을 부릴
자격이 못되니 월급생활이나 남의 고용인 노릇을 하는 편이
낫다.
　인상은 매일 아침, 매일 밤 보고 있다고 좋아지는 것이 아
니라 마음을 새로이 하도록 노력하지 않으면 좋아지지 않는
다.
　종교로 마음을 연마하든가 조상의 묘를 잘 돌보든가, 남에

게 친절하고 또 물심양면으로 도와주는 등 착한 마음을 계속 쌓으면 언젠가는 좋은 인상으로 바뀌는 것이다. 관상을 볼 수 있으면 스스로 그 특징을 알아 결점을 보충하고 마음을 고쳐 흉상이 사라지도록 노력해야 한다. 단지 흉상이라는 것을 알고 피하려고만 한다면 비록 제1의 흉한 일은 피한다 해도 제 2, 제3의 흉사를 막을 수 없을 것이다.

흉상을 없애는 것이 제일이니 무엇보다도 자기 마음의 허물을 제거하는 일 이상의 것은 없다.

사원의 활동

노복이라는 부위는 남이 자기를 위해 일해 주는지 아닌지를 보는 곳이다. 남이 자기생활을 도와준다는 것은 어지간한 덕이 없으면 안된다. 하물며 전혀 덕도 없고 종교도 믿지 않는 천박한 인간이 제멋대로 좋은 지위를 차지하려고 상사의 앞에서 아부하는 말만 늘어놓는 것은 정말 구역질나는 일이다. 어떤 관상가는 남녀궁만 덕을 보는 곳이라고 하나, 필자는 이 노복궁도 같이 보아야 한다고 주장하는 바이다.

사장의 신경

사장의 노복궁에 푸른 기미가 있으면 고용인에 대한 근심이 있다는 것을 나타낸다고 한다. 푸른색은 신경으로 노복에 대해 신경을 쓴다는 것이다.

또 거무스레한 것이 생기면 고용인이 좋지 않은 일을 계획하고 있다는 증거가 된다. 예를 들어 물건을 빼돌리는 것을 보게 될 수도 있고 파업을 일으킬 것이라는 예측을 할 수도 있다.

법령과의 관계

노복궁에 법령(法令)이라는 곳이 있는데 콧방울의 낮은 곳에서 빗겨 아래로 늘어져 있는 부분이다. 콧방울이 착실한 사람은 법령도 착실하게 되어 있다. 이것은 경영주라면 부하가 많으냐 적으냐, 또 상점을 경영한다면 고객의 분포상황을 나타내어 이 법령만으로 그 회사나 그 상점의 규모를 판명할 수 있는 것이다. 만일 여성의 법령이 풍부하면 남자를 능가하는 활동을 하게 된다. 이 주름이 확고한 사람은 일도 열심이다. 한편 법령 한쪽에 주름이 2개 있고 뚜렷하면 두 가지 일을 하고 있다는 것이 된다.

수명도 여기에 나타나 있다. 본래 수명은 명궁으로 보는 것이지만 법령이 거무스레한 사람은 작은 병이라도 마음 놓을 수 없다. 특히 병중에 다리에 관한 병이 법령에 나타난다.

법령의 맨 윗부분은 코에 붙어 있게 마련인데 독립사업으로 수입이 없으면 검은 빛으로 보이고 큰 여드름이 나오기도 한다. 그리고 여기가 지저분한 혈색이면 치질을 앓게 된다.

법령선은 여자들한테는 없는 것이 좋다.

8. 처첩궁이 나타내는 것

처를 보는 곳

처첩궁(妻妾宮)이라는 명칭은 남자를 주로 한 말로 사실은 이성관찰궁(異性觀察宮)이라 불러야 옳을 것이다.

눈끝을 '간문(奸門)' 또는 '어미(魚尾)'라고 하는데 부부간의 인연, 처첩의 복덕유무를 판단한다.

이곳이 풍후하고 깨끗하면 부부 사이가 원만하고 가정도 화목하다. 이곳에 주름살이 많고 쑥 들어가 있으면 자주 결혼하는 상으로 부부의 인연이 박약하다. 여기에 여드름이 많이 나는 사람도 마찬가지다.

이곳에 주름이 없고 살이 많아 팽팽하고 광택이 있으면 부부가 서로 화합하고 집안이 번창할 뿐더러 아름다운 부인 혹은 남편을 얻는다.

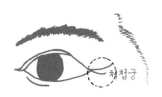

처첩궁의 위치   질액궁의 위치

눈가에 잔주름이 많고 검은 점이 있거나 늘 검푸르면 부부
이별 또는 불운을 나타낸다.

9. 질액궁이 나타내는 것

건강

질액궁(疾厄宮)은 코 위의 제일 낮은 부분에 손가락 하나
를 가로로 놓은 아래쪽 전부로, 전술한 재백궁에서 산근(山
根)이라 부르는 곳과 같다. 『마의상법(麻衣相法)』에 의하면
「산근에 질액이 생기면… 일생 재화가 없다.」고 하는데, 다른
곳과 마찬가지로 이곳도 상처가 없고 검은 점도 없으며 툭 튀
어나와 있으면 병과 재앙없이 일생동안 무사하다.

그러나 흉터가 있거나, 살이 없어 뼈만 가운데 툭 튀어나와
쓸쓸하게 보이는 사람은 병약할 뿐 아니라 금전운도 없어 가
난하게 살 상이다.

이곳에서 피부의 하층을 보고 자신의 건강을 점검해 보라.

피부의 하층, 또는 중간을 보았을 때 검게 보이는 사람은
신체에 어떤 병이 있다고 해도 무방할 것이다.

10. 천이궁이 나타내는 것

이사와 거래처

천이궁(遷移宮)은 이마의 좌우 양끝으로 주로 이사수(移徙數)를 보는 곳이다. 또한 이곳에서는 전근, 전직, 여행도 볼 수 있으며, 먼 곳과의 거래수도 본다.

우선 이 부위가 보통 때의 혈색이라면 거래처와의 이상은 없다. 축하를 해도 지장이 없다. 조금이라도 거무스레하든가 또 그늘진 것같이 되면 될 수 있는 대로 빨리 모든 것을 점검해 보는 것이 좋다.

또 이 부위의 피부가 거칠고 까칠까칠하면 거래는 파기되고 손을 떼지 않으면 심한 손해를 입게 된다.

이것이 해결되는 징조는 검은 그림자의 아래 또는 위로 가느다란 황색 또는 윤기 있는 흰 선이 들어오게 된다.

아래쪽에서 들어오면 자기쪽에서 노력하고 해결한다는 것이며, 위쪽에서라면 상대방의 노력으로 해결이 난다.

주식도 마찬가지다. 특히 주가가 하락하여 큰 손해를 보게

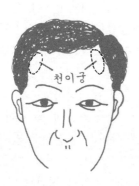

천이궁의 위치

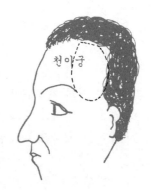

천이궁의 상

되면 흑선이 코의 옆을 가로로 끊게 된다.

손해가 심할수록 천이궁에 기미가 끼거나 부근의 피부가 꺼칠꺼칠해서 기름기가 없어진다. 또한 이마 윗부분에 흑색이 나타나기도 하는데, 그렇게 되면 전재산을 잃을 정도로 폭락해 버린다. 이럴 때는 흑선이 천이궁으로 넘어오기전, 코에 흑선이 걸려 있을 때 대처하는 것이 현명하다.

또 주택을 옮기는 데도 천이궁을 본다. 이곳 혈색이 피부면에 떠 거무스름하게 될 때가 있다. 이때는 이사를 해서는 안된다. 이 색이 지워지든가 보다 운이 강해질 때를 기다리든가 또는 다른 방법을 생각해야 한다. 이런 보기 흉한 혈색이 나타나고 있는 동안에는 여행도 하지 않는 것이 좋다.

이 범위가 더 넓어지는 수도 있는데 주식의 손해, 거래의 손실이 클수록 여기가 넓어진다.

사업의 변혁

사업의 변혁에 대한 길흉도 이 이마의 양쪽 옆에 나타난다. 이때는 단순히 천이궁이라 부르기 보다는 옆얼굴 전체라고 하는 것이 적절할지 모른다. 좋은 혈색이 위로 올라 가 천이궁으로 들어가 있는 경우, 이는 사업을 개혁하려는 의지를 지닌 사람으로 대길할 징조이다.

이 혈색이 거무스레하면 흉하다. 또 푸르게 되면 놀랄 일이 생긴다.

대개 이것이 굵고 길하면 대길, 굵고 흉하면 대흉, 가늘고 길하면 소길(小吉), 가늘고 흉하면 소흉이 된다.

방각(方角)으로 운수를 보자.

이마의 양쪽에 있는 천이궁을 보자. 가령 회사가 불리하게 움직일 때는 천이궁이 거무스레해진다.

이때는 우선 생산을 서두르지 말고 수요를 다른 곳에서 찾아야 한다. 특히 어느 쪽에서 활동해야 할지 얼굴 위의 동서

남북을 확실히 해야 한다.

얼굴의 남북은 남자의 경우에 남면하여 엎드린다. 그러면 이마쪽이 남, 턱쪽이 북, 오른쪽 광대뼈가 동, 왼쪽 광대뼈가 서쪽이 된다. 이때 화색이 돌고 보드라운 방향으로 활동을 하면 된다. 그리고 천이궁의 하부혈색이 좋으면 그 가까이에서 활동을 하고 상부에 좋은 색을 발견하면 먼 곳에서 활동을 해야 한다.

11. 관록궁이 나타내는 것

행복

관록궁(官綠宮)은 미간의 정중(正中)을 중심으로 한 이마 전체의 부분으로 남성은 취직운을 보는 곳이고, 여성은 천수의 행복을 보는 곳이 된다.

예를 들어 부대가 부대기를 들고 행진할 때 그 기식이 바로 관록이 된다. 이 깃발이 아침해를 받느냐, 저녁해를 받느냐 또는 맑은 날인가, 흐린 날인가에 따라 운명이 좌우된다. 이처럼 관록궁은 자기 인생의 큰 목표에 적합한가 아닌가를 나타내준다.

여기에 검정사마귀가 있으면 안된다. 목표에 마가 든다. 또 상처가 있으면 타동적으로 무언가 흉사가 찾아온다. 이곳은 남자의 간관으로 상처가 없고 윤기가 있는 것이 좋다. 골격이 울퉁불퉁 하거나 쑥 들어가 있어도 좋지 않다.

또 상당한 연령에 도달해 이곳이 융기하는 수가 있다. 이는 길조이다. 골격이란 일생동안 정해진 형태가 아니고 노년이 되어서 융기 또는 함몰하는 수가 있는 것이다. 한편 이곳에 검은 점이 있어 불안하다고 했어도 차차 희미해지다 없어지는 수도 있으니, 단정적으로 인상을 감정할 수는 없다.

사람의 운명은 자꾸만 변하기 마련이다. 사람들이 분발하거나 또는 크게 개심해 공덕을 쌓든가 신에게 귀의한다면 스스로 인상은 변하는 것이다. 마음의 움직임이 주가 되며 그것이 인상으로 되어 나타나는 것이다.

직업

이 관록궁은 지위, 명예, 직업을 본다. 여기가 흑색이 되면 현재의 신분과는 떠나게 된다. 엷은 황색이 되면 손윗사람으로 발탁되는 기쁨, 흰 빛으로 아름답고 조금이라도 상처가 없으면 현재의 일이 순조롭게 신장해 나가게 된다. 길색(吉色) 즉 빛을 띤 백색이 가로로 생기면(천이궁과 대조해서) 전임한다는 것을 알 수 있고, 한편 푸른색이면 놀랄 일이 생길 징조다.

그밖에 어두운 색으로 잘 알 수 없는 혈색이 있다. 즉 남에게 의심을 받는다든가 또는 사업의 전도가 암담하다는 것으로 약간 나쁜 일이 포함된 때의 빛이 된다.

이 관록궁은 명예운을 타는 것이라고 보아 감옥에 들어가는지의 여부도 이 혈색의 변화로 보게 된다.

그러므로 남자는 이 부위의 혈색에 특히 주의해야 할 필요가 있다.

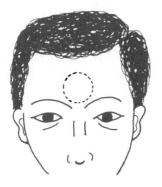

관록궁의 위치(점선 표시)

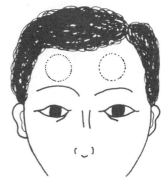

복덕궁의 위치(점선 표시)

12. 복덕궁이 나타내는 것

재산

복덕궁(福德宮)은 이마의 좌우 중간 정도에 보름달같은 것
이 두 개 그려지게 되는데, 여기서 모순이 생기게 된다. 그것
은 관록궁을 둥글고 크게 설정하면 그 동그라미 끝이 겹치게
된다. 또 겹치지 않게 그릴 수도 있지만 이때 복덕궁은 바르
고 둥글게 나타나지 않는 것이다. 개중에는 천이궁과 겹쳐서
보는 방법도 생기게 된다. (그림 p.47)

이 부위에 상처가 있으면 자기 재산에 손해가 생긴다. 본래
재백궁으로 재산을 보게 되어 있으나 천이궁 사이에는 산림
(山林)이라는 곳이 있어 부동산을 나타낸다. 그리고 코는 고
정된 재산, 복덕궁은 유동적인 재산으로 구별할 수가 있어 코
다음 가는 중요한 곳이다.

손해

이마의 양쪽 복덕궁에 엷은 황색 또는 홍색이 생기면 재산
이 들어오게 된다. 보통의 피부색이면서 곱게 또는 아름답게
보이면 보통으로 힘쓰며 일하면 된다. 만일 약간 흐리게 되면
지지부진하게 되니 만사를 조심해서 사업을 축소하는 것이 좋
다. 그렇지 않으면 큰 구멍이 생기게 된다. 피하의 혈색을 보
는 것은 훈련을 요하는 것이니 많은 연습이 필요하다. 만일
여기에 청색이 나와도 나쁘다. 이는 공치는 날이 생기든가 손
실을 초래하는 예고가 된다. 가령 흑색이 나타나 손실을 나타
내는 때가 되면 이마 전체가 거무스름하게 되는데, 이때 아래
로 진하면 손해가 적고 가운데가 진하면 중정도이고 상부에만
생기면 재산을 전부 날리고 만다.

가장 심한 예는 재백궁의 부위에 있는 것같이 코의 중간이
붉거진 상을 설명한 바 있으나, 은행을 파산시킨 사람의 경우

에 검지손가락 굵기의 검은 혈색이 위쪽(털이 난 바로밑)에
가로로 생겨 비누로 씻어도 없어지지 않아 속태웠다는 이야기
도 있다.

이와 같이 이마 전체를 보아야 하지만 검은 점이나 여드름
같은 작은 것들은 복덕궁만 보아도 충분하다.

이 복덕궁의 설명과 다음 상모궁의 풀이는 겹친 것같지만
근본이 다르다. 복덕궁은 국부적인 것이 된다.

13. 상모궁이 나타내는 것

총체적 운명

상모궁(相貌宮)은 얼굴의 전체를 말하는 것이다. 이것은 보
기 힘든 상이지만 관상을 보는 데는 이것에 숙달되지 않으면
허사가 된다. 지금까지는 부분적으로 나누어 길흉을 보아왔지
만 이것은 얼굴 전체를 보고 단번에 논하는 방법으로 총괄적
인 용어를 덧붙여 논하게 된다.

우선 얼굴 전체를 보고 중앙 위에서 아래까지 실을 하나 내
려뜨린다. 선이 수직으로 내리 그어지게 되는 사람의 얼굴은
거의 굽어져 있다. 구부러지지 않은 사람은 만에 하나가 될까
말까. 구부러지면 구부러질수록 그 사람은 성미가 까다로운
것이며 또 운명도 구부러진 길을 걷고 있다. 마치 소설에 나
오는 파란만장한 주인공과 같다. 얼굴이 구부러지지 않는 쪽
이 좋은 것은 말할 것도 없다.

그런 구부러진 것중에 재백궁이 구부러진 것이 가장 나쁘
다. 재백궁이 눈에 띄게 굽어 있으면 두 가지로 해석할 수 있
다.

그 하나는 신체가 불완전하며 등뼈가 굽어 있다. 그리고 어
느 한 군데 병환이 있기 마련이다.

또 하나는 남의 재물을 탐내는 사람이다. 그리고 자기의 재

산은 하나도 만들 수 없는 사람이다. 또는 마음이 몹시 고약한 사람이다.

이밖에 달리 구부러진 사람도 있다. 재백은 바르나 즉, 콧줄기는 곧아 인중(人中 : 코아래에서 입술까지)까지도 비교적 곧게 보이나 연락이 구부러진 사람이다.

이는 그 사이에 인생의 큰 전환이 있다는 것으로 시골사람 중에는 수직선처럼 바른 사람이 많으나 도회지 사람에게는 드물다.

증권시세의 상승과 하락

인상학에서는 이마를 천정(天停)이라고 말하는데 이 천정의 가운데에 둥글게 증권시세의 상이 나타난다. 이곳에 무엇이 나타나는지 모르겠으면, 시세가 하락하여 당신이 손해를 보았을 때 잘 보도록 하라. 뚜렷하게 검은 점이 나타나면 시세가 상승할 때로 특히 동그라미가 곱게 보인다.

곱게 보이는 이 혈색을 전문가들은 홍황색이라고 부르는데, 소인이나 인상을 처음 보는 사람은 알아내려고 해도 무리다. 폭락할 때는 어떻게든 거무스레하게 나타나지만 그것도 눈에 잘 띄지 않아 자세히 보아야 알아볼 수 있을 정도이고, 무관심한 사람은 아무렇지도 않게 그냥 지나칠 정도의 것이다.

단언하건대 여기에 예언성은 없다.

만일 오늘의 주식 시세가 높다고 하자. 그러면 둥글게 홍황색 또는 시원한 피부색이 보인다. 그러나 내일을 기다릴 때에는 이미 그 좋은 색은 지워지고 아무것도 나타나지 않는다. 이 때는 다음날 증권시세가 하락한다고 보아야 한다. 그리고 이 하락이 매일 계속되면 검은 동그라미가 계속해서 나타나게 된다. 결국 이것은 예언성이 없다는 것이다. 그러므로 시세가 오르고 내리는 것을 예지하는 방법은 없다. 만일 상하를 예지하는 방법이 있다면 세상에 부자가 아닌 사람이 없으리라.

그럼에도 불구하고 이 글을 쓰는 이유는 인상의 실증성이라는 힘든 문제에 답하기 위한 것이다.

삼정(三停)이란

또 다른 관상법도 있다. 그림을 보자. 얼굴은 상하 세 부분으로 구분된다. 실을 옆으로 들고 양쪽 눈썹의 시작부분에 댄다. 이 선과 앞이마의 머리칼이 나기 시작한 부분의 사이를 천정(天停)이라 하는데 다른 이름으로는 상정(上停)이라고도 한다. 관록궁(官祿宮), 복덕궁(福德宮), 천이궁(遷移宮) 등이 모두 이 속에 포함된다.

다음은 실을 코의 준두(準頭)까지 평행으로 내린다. 이 사이를 중정(中停) 또는 인정(人停)이라 하고 재백궁(財帛宮), 권골(顴骨), 처첩궁(妻妾宮)이 이에 포함된다.

끝으로 실을 턱끝까지 내린다. 이것을 지정(地停) 또는 하

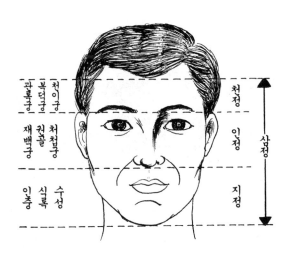

삼정을 보는 방법

정(下停)이라고 하며 인중(人中), 식록(食祿), 수성(水星) 등이 이 속에 포함된다. 이 3개의 단계를 삼정이라고 부른다.

다음은 이 3정의 모양을 보고 그 사람은 일생동안 어떤 일을 하느냐, 언제 운이 찾아오느냐 등을 알아본다.

천정

우선 천정(상정)이지만 이 경우 천정만을 보아서는 안된다. 인정, 지정도 머릿속에 넣고 생각해야 한다. 그림 ①은 천정이 뛰어나고 광대뼈도 착실하지만 천정, 인정의 넓이를 보아 천정적 인물이라 할 수 있다. 이와 같은 인물은 많은 재산을 갖든가, 좋은 관리가 되든가, 특별한 과학적 재능을 가지고 태어났다고 보며 교제도 넓은 사람이다. 단 이것은 젊을 때의 운수이므로 빨리 구축하여 좋은 운을 일생동안 놓치지 않도록 잘 지켜야 한다.

그림 ②는 같은 천정적 인물이다. 너무 누워 있어 비문화적 인물이라 할 수 있다. 그러나 사려 깊은 상이다. 천정 상부

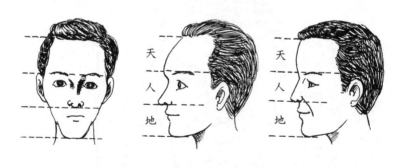

1. 천정이 좋은 상   2. 비문화적인 상   3. 조운의 상

〈천정적 인물 유형〉

(上部)는 판단력이 되므로 이 점이 약간 흠이다. 하부는 교우
(交友)를 보는데, 이 상은 친구를 많이 갖는다.

천정이 좋은 사람은 모두 조운의 운수로 특히 그림 ③과 같
이 이마가 조금 나온 사람은 조운이다. 젊은 시절의 불행은
도리어 다행한 것으로 바뀌어 큰 행복을 차지할 수 있다. 그
러나 이러한 형은 일생 전체의 운이 거기서 끝나느냐 뒤에 계
속되느냐를 알 수가 없다.

그러므로 행운이 절정일 때 재산을 모아 기반을 잡아야 한
다. 한편 이런 이마를 한 사람은 기억력이 아주 뛰어나다.

이마에 3개의 주름이 있는 사람이 있다.

이것은 좋은 상이다. 이 3개의 주름중 제일 위의 주름은 상
사를 나타내고 가운데 주름은 자기를 나타내며 아래는 손아랫
사람을 나타낸다. 주름이 많은 사람은 고생이 많다. 전혀 주름
이 없는 사람도 있는데, 중선 하나정도는 자기를 나타내는 것
이어서 있는 쪽이 좋다.

남성의 이마가 발달되어 있는 것은 보다 좋은 상이 되나 여
자들에겐 대체로 좋지 않다.

이마에 있는 3개의 주름

인정(人停)

다음은 인정(중정)이다. 이것은 자기의 활동을 보여주는 장소로 여기서는 준두와 권골을 본다.

코 끝이 큰 사람은 항상 제1선에서 활동하는 사람으로 재빠른 사원이나 일 잘하는 고용인이 있어도 자기가 앞장서서 일하지 않으면 성이 차지 않는 사람이다. 잘못하면 과로하기 쉽다. 즉 의지가 굳은 활동가라 할 수 있고 나쁘게 말하면 일밖에 모르는 사람이다.

이런 사람은 시기와 한계가 있으므로 정도껏 하지 않으면 벽에 부딪히기 쉬워진다.

광대뼈가 발달한 사람은 의지가 굳은 사람이지만 자기의 솜씨를 과시하는 경향이 있다. 또한 이런 사람도 앞에서와 같이 고용인이 있어도 사람을 쓰지 않고 자기가 직접 일을 하는 형이다.

그러나 이런 사람은 자신만만한 사람은 못되어 벽에 부딪혀 자멸하는 일은 없다. 반면 자기가 목적하는데 조력하는 사람

준두와 권골이 발달한 인정의 상　　　인정의 상(솔선형)

 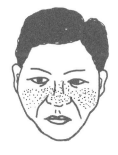

인정의 상 (의지강고형)　　　　인정의 상 (표준형)

이 없으면 큰 손해를 보게 된다.

　권골도 그리 나오지 않고 준두도 그리 발달하지 않은 얌전한 상이 있는데 이런 사람은 중년의 운수를 보는 수밖에 달리 보는 데가 없다.

　단, 30대, 40대에 행운이라면 50대, 60대는 불운에 허덕인다는 말이 되니 이에 대한 주의가 필요하다 (중년이 좋다는 것은 초년과 말년이 나쁘다는 뜻이 된다).

　한편 중정이 좋으면 부부 사이는 좋으나 다른 사람들과 나쁘며, 심지어 자식들과도 나쁘다는 예가 있다.

　중정은 재백궁이 연장된 것이라는 해석으로 자기 중심인 운수라는 데는 틀림이 없고 자기 혼자의 활동이 많다. 그 정도로 중정중 얼굴 중앙을 차지한 코는 자기 주장의 정도를 나타내고 있는 것이다. 중정 폭이 넓은 인상은 세상을 폭넓게 살아가는 형이며 권골과 코끝이 좋은 특징을 가지고 있게 된다.

　특히 코끝이 발달한 사람은 독립된 업무에 능한 사람이다. 한편 광대뼈에 여드름이 있는 사람은 있는 동안 자신에게 해가 된다. 코에 있어도 나쁜 상이다. 코는 자기를 말하는 것으로 잡티가 생기면 한층 흉악성을 통렬하게 겪는다는 것이다.

지정 (地停)

코의 아랫부분을 보자. 이쪽이 발달한 사람은 자기는 활동하지 않고 남에게 일을 시키든가 또는 가지고 있는 부동산의 시세가 올라 큰 부자가 되는 등 그 어떤 것도 자기활약으로 얻어지지 않는 형이다. 애써 자기활동을 찾는다면 문학

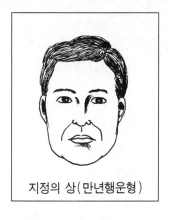

지정의 상(만년행운형)

등의 예술 방면이 될 것이다. 그밖에는 적합한 것이 없다.

한편 이 형은 만년에 호운의 상이다. 살이 없이 지정이 길게 보이는 상도 만년에 좋은 상이다. 즉 식록이 풍부하다. 그러나 턱이 본인의 오른쪽으로 구부러진 사람은 집을 자주 이사하게 된다. 타동적이거나 능동적으로 자주 집을 바꾸는 기질의 사람

이다. 이런 턱을 지각(地閣)이라 하는데, 이에 대해서는 뒤에 다시 풀이하기로 한다.

지정이 길어도 살이 너무 없으면 좋은 것은 아니다. 지정이 타인에게 일을 시키는 곳이어서 볼에 살이 없고 귀아래가 뼈로 되어 있다면 지정에 대한 행운을 얻을 수가 없는 것이다.

지정에서 행운을 판단하기 위해서는 준두(코끝 뾰족한 곳)에서 턱까지의 길이가 천정이나 인정에 비해 길어야 할 것, 턱이 둥글고 커야 할 것, 뺨의 살이 적당히 올라 있어야 하는 것으로 이 세 가지가 갖추어져 있으면 만년의 행운은 보장되는 것이다.

인상을 전체적으로 파악할 때 힘든 점은 익숙해지는 것으로

시간을 가지고 해결할 수밖에 없다.

『麻衣相法』에는 '삼정이 모두 같은 사람은 오래 평등한 삶을 산다'라고 써 있다. 그러나 삼정이 평등한 사람은 그리 흔하지 않다.

대부분의 사람은 특징과 결점을 가지고 있기 마련이고 인생에는 높은 파도와 낮은 파도가 닥쳐오게 되어 있다. 그 파도 속에서 어떻게 헤엄을 치느냐에 따라, 또 노력을 하느냐 하지 않느냐에 따라 인간의 운명은 크게 좌우되는 것이다.

만일 여기서 100에 하나격인 훌륭한 인상을 지닌 사람이 있다고 하자. 삼정이 모두 같다해서 100점을 줄 수가 있을까?

100점이란 동시에 0점이라는 것을 알아야 한다.

한 예로 시립 노인요양원에 사는 사람이 있다. 그 사람의 인상은 훌륭했으나 노인복지시설에서 보호를 받고 있는 중이었다. 삼정이 모두 고른 것은 좋았으나 활력이 없었던 것이다. 관상학의 견본같은 인상이 도리어 보잘것 없는 것이 되어 버렸다.

어딘가 울퉁불퉁하게 생긴 인상이 인생에 역동성이 있다고 할 수 있다. 100점보다는 70점쪽이 오히려 살맛이 나는 것이다.

여성이라면 온화한 인상이 좋지만 남성의 얼굴은 역시 주먹을 감추고 있는 듯한 거친 상이 좋다. 그러나 이와 같은 인상은 좀체로 보기 힘든 것이다.

제 2 장 12궁 이외의 중요한 관찰점

1. 운명과의 상관 관계

앞장에서 설명한 12궁은 인상학에서 가장 기본이 되는 관점이지만 인상학의 연구가 진보하는데 따라 이외에도 운명과 상관 관계가 있는 중요한 곳이 있다는 것을 알게 되었다.

그런 점을 추려 이 장에서는 하나하나 설명해 보고자 한다.

상묘(上墓)

이마의 윗부분, 머리칼이 나기 시작한 부위에 검지손가락 하나 정도의 간격을 일컬어 상묘라고 부른다. 일명 고광(高廣)이라고도 한다. (그림 p.20 참조)

이 상묘는 예상 이외로 길흉을 나타내고 있다. 여기에 길색(吉色)이 나타나면 만사가 순조롭고 운수는 오르막길이 된다.

여기에 홍색이 나타나면 대파탄을 초래한다. 또 상묘에만 손가락끝 정도의 홍색이 있으면 사망하는 수도 있다. 이때 상묘보다 오른쪽 왼쪽으로 벗어난 변두리는 이와는 다르다.

중정(中正)

이마의 아래쪽에 중정이라는 곳이 있다. 눈썹과 눈썹사이인 인당(印堂) 바로 위가 된다.

이 중정에 나타나는 혈색은 바로 눈앞의 길흉을 나타내는 것으로 내일의 신상에 대한 것이라 생각하면 적당할 것이다. 여기가 길색이면 좋으나 홍색이 나타나면 피할 수가 없다. 바로 눈앞에까지 닥쳐 있으니, 소송이 제기되거나 훈장을 타는 등의 길흉이 이곳에 나타난다.

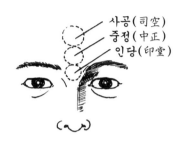

중정의 혈색으로 길흉 판단

장사라면 금명간의 성과도 여기서 볼 수 있다. 경찰 사건도 여기에 나타난다. 중정이란 실로 잘 붙인 말이라 본다. 역학에도 중정이란 말을 쓰는데 이것은 바르게 중용을 얻은 행동이란 뜻도 되지만 교시(敎示)를 포함한 말이다.

중정의 바로 위가 사공(司空)이다. 중정과 사공을 합해 관록(官祿)이라 부르는데, 이 중정 하나라도 완전히 볼 수 있는 명인이 되면 관상가나 역술가로 대성할 수 있다.

물론 다른 부분과 연관하여 보는 것은 두말할 것도 없다.

식록(食祿)

다음은 인중(人中)의 양옆인 식록이다. 이것은 넓고 풍부하게 보이는 것이 좋다. 이곳은 일상생활의 풍요 여하를 나타내 준다. 좁든가 살이 적게 올라 있으면 노년에 빈곤한 생활을 하게 된다.

여기에 검은 점이 있으면 식객이 들이닥치든가 도둑을 맞기 쉽다.

수성(水星)

입을 수성이라 부른다. 남자는 클수록 좋고, 여자는 작을수록 좋다. 또한 입술은 붉을수록 좋다. 이 부분이 진홍인 남자라면 공부벌레(연구가)형이다. 상사에게 회사를 위해 열심히 연구한다고 소리쳐도 입술이 붉지 않으면 절대 신용할 수가 없는 것이다.

이것은 자기 혼자서도 실험을 할 수가 있다. 회사의 일에 도움이 되는 공부를 열심히 해 보라! 자기 입술이 차차 혈색이 좋아져 붉은색으로 변할 것이다. 그러나 진심으로 공부하는 것이 아니면 붉은색으로 변하지 않는다.

뒤집힌 배형이라고 하는 상이 있는데 이것은 나쁜 상이다. 이런 사람은 흉한의 해를 입기 쉽다.

승장(承漿)

입술아래 승장이란 곳이 있다. 이것은 약의 길흉 즉, 지금 당신의 병에 쓰고 있는 약이 맞는지 아닌지를 보는 곳이다. 여기에 거무스레한 선이 가로 놓이게 되면 병원에 가보는 것이 좋다.

지각(地閣)

턱을 지각이라 부른다. 이것도 크고, 둥글고, 살이 올라 있는 것을 좋다고 본다. 그런 사람은 대개 큰 집에서 산다.

턱이 좁고 뾰족한 사람은 성미가 까다로운 사람이다. 또 턱이 구부러져 있는 사람은 자주 집을 바꾸게 된다.

지각이 크고 입이 붙임성 있는 사람은 좋은 아들을 두어 효행을 받는다. 여기에 거무스레한 혈색을 띠게 되면 집을 떠나야 하게 된다. 턱은 또 애정을 표시하기도 한다.

권골(顴骨)

광대뼈를 권골이라 한다. 이것은 두 가지 방면으로 관찰해야 하는데 얼굴 정면에서 보는 것을 정면권골, 측면에서 보는 것을 횡면권골이라고 한다. 권골은 주로 처세를 본다. 사회에서 어느 정도 출세를 하는지 자력의 활동 범위를 보는 것이다.

권골이 넓으면 사회에서 널리 활동을 하고, 또한 높으면 강한 의지로 활동을 한다. 횡면권골이 높아 귀부분에 닿으면 누군가의 스승이 된다고 한다. 정면으로 높으면 공격적이다. 정면은 포동포동하게 나온 것이 좋다.

여기에 여드름이나 검은 점이 있으면 사회적으로 환영을 받지 못한다. 그런 사람은 독립적인 일보다 회사 등에 근무하는 것이 운에 좋다. 이 권골의 아랫부분에 검푸른 혈색이 생기고 그 끝이 코에 가 닿으면 도둑을 만난다. 한편 권골을 볼 때도 미간을 중심으로 한 명궁과 이마 양옆의 변지(邊地)를 같이 보아야 한다.

명궁이 보기 싫은 혈색이면 도난의 우려가 있다. 또한 변지에 홍색이 있으면 외출해서 도둑을 맞는다.

권골에서 콧머리에 걸쳐 길색(윤기있는 백색)이 흐르면 거래와 판로가 넓어져 큰 이익을 얻게 된다.

명문(命門)

명문이란 귀앞에 귀밑털이 난 사이를 말한다. 여기는 볼이 평평한 것이 좋다.

여기는 학문을 받아들이는 장소로 볼이 평평한 사람은 학교를 떠나서도 혼자 공부하는 사람이다. 즉 명문으로 학재를 안다.

이곳에 살이 적은 사람 즉 마른 사람은 학교를 떠나면 학문에는 손을 떼게 된다. 여기는 또 마음의 아름다움과 추함을 나타낸다. 그러므로 옆얼굴을 본다는 것은 관상학적으로 어쩌면 무서운 일이다. (그림 p.62 左)

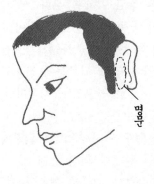 

학재(學才)를 알 수 있는 명문   계산이 빠른 시골의 상

시골(腮骨)

시골은 턱뼈를 말한다. 부드럽고 둥근 것이 좋다. 너무 들어가 있는 것은 좋지 않다. 한편 시골이 나와 있으면 자기 행동을 계산해서 해나가는 사람이다. 과거에 은혜를 입은 일이 있어도 현재와 미래에 불리하다고 판단되면 그 사람과 교제를 끊는 상으로 퍽 계산이 빠른 사람이다. 이런 사람은 세일즈맨 같은 직업에 적합할 것이다.

교우(交友)

눈썹 바로 위에 검지손가락을 옆으로 뉘어서 댄 부분을 교우라고 한다. 조금 위를 보는 사람도 있다. 좋은 친구가 여기에 나타나게 된다. 친구간에 무슨 문제가 생겨도 나타난다. 만일 자기가 관계한 문제가 생기면 미간에서 정중을 뚫고 양눈썹 위로 연속해서 혈색이 나타난다. 거무스레한 혈색이면 도망치는 것이 상책이다. 아주 불길한 일이면 폭도 넓고 다른 현상을 나타내며 코쪽으로 내려온다. 그때는 틀림없이 그 일에 말려들게 되므로 주의를 해야 한다.

교우에 황색이 생기면 좋은 친구의 내방이 있다.

이때는 턱의 지각에도 갈색줄이 들어 오게 된다.

아무튼 교우는 평소 주의해서 보아야 한다. 개인적으로도 거래상으로도 친한 사람이 생기면 좋은 친구인지 그렇지 않은 친구인지를 이것으로 분별하도록 한다.

2. 귀의 운명

귀의 색깔

고서에 '귀는 뇌를 뚫고 마음에 통하며, 귓구멍이 넓으면 총명하고 지혜도 원대하다.'고 한다. 또한 귀는 신장(腎臟)을 나타낸다고 써 있어 건강과도 관계가 있는 곳이다.

붉은색은 피가 잘돌아 건강함을 뜻한다.

귀의 색깔이 윤기있고 흰 사람은 세평이 좋다. 이것은 자기가 거울을 보면 바로 알 수 있다. 인기상업에는 절대 필요한 선전용이다. 반대로 귓빛이 전체적으로 거무스름하면 인기가 떨어지니 대처를 해야 한다.

귓바퀴

이것은 귀언저리에서 귓불까지를 말한다. 귀가 큰 사람은 유명인이 되든가 망난이가 된다.

귀가 작은 사람은 온순하고 사색적인 사람으로 운수는 좋지 않다. 한편 귀가 앞으로 향하면 만년에 집을 팔아야 한다고 한다.

귓불(수주 : 垂珠)

귓바퀴의 아래쪽으로 늘어진 살로 보통 귓불이라고 하나 관상학에서는 이것을 수주라고 한다.

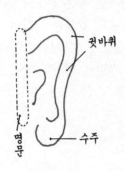

귓불을 잡아 당겼을 때 몽실몽실한 것이 좋다!!

　이것은 수동적인 복을 나타내어, 부모에게서 재산을 양도받
는다든가, 형제들의 보살핌을 받는다든가 등의 경우를 나타낸
다.
　준두와는 대조적인 것으로 가만히 앉아서 얻을 수 있는 복
은 흔하지 않다.
　귓불을 한번 잡아보자. 몽실몽실하면 좋으나 그렇지 않으면
준두의 활동을 얻어 혼자서라도 무언가를 시작해야 한다.

제3장 인생의 진로를 결정하는 것

1. 학당(學堂)의 종류

학당이란 학문과의 관계를 본다는 뜻으로 『유장상법(柳莊相法)』이나 『신상전편(神像全編)』에 학당이라는 말이 나온다. 이 중 중요한 것은 4학당, 8학당이라고 하는 것으로 도판만 있고 설명이 너무나 적어 아쉬움이 있지만 그렇다고 허술하게 넘어갈 수는 없는 말들이다.

중요한 관상법이 되므로 구전으로 전해온 것이라 해석된다. 오늘날 학생들이 학교를 선택하는 것은 일생의 진로를 선택하는 것과 직결된다. 남자는 물론 여자들에게도 중대사라 할 수 있는 것이다.

고서에는 설명이 적다. 그러므로 본서에서는 구전한 이론과 경험을 통합해서 다음과 같이 풀이한다.

2. 고명학당(高明學堂)

이마 위쪽의 머리털이 난 부근에 있는 것이 고명학당이다. 『신상전편』에는 '제1. 고명부의 학당은 머리가 둥글고, 또는 틀리는 뼈에 높음이 있다.'라고 쓰여 있다.

이것은 상부가 쑥 올라간 상을 말한다. 이런 사람은 우주적인 학문 또는 신학, 불교, 철학, 주역학 등을 전습하는데 적합할 것이다. 또 수학을 할 수 있는 것도 이와 같은 학당의 사람이다.

만일 철학적인 것외에 다른 것을 구한다면 정치적인 일에서

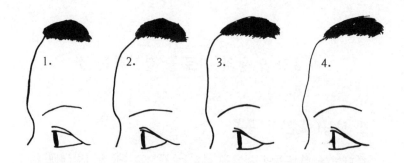

고명학당의 상(1~4의 위치로 두뇌의 발달 정도를 알 수 있다.)

찾는 것이 좋을 것이다.

3. 고광학당(高廣學堂)

이것은 고명학당 바로 아래 즉, 이마의 중앙에 직경 3.5cm 정도의 달모양의 범위를 말하는데 사람에 따라서는 범위가 다소 다르다. 『신상전편』에는 '제2. 고광부의 학당은 이마가 튀어나오고 밝고 윤택하며 뼈가 두드러진 곳이다.'라고 풀이되어 있다.

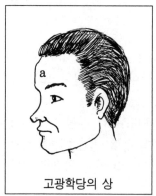

고광학당의 상

그림과 같이 넓고 a의 부분이 모가 진 것이 좋다. 이마 전체는 위부터 고명(高明), 고광(高廣), 녹위(祿位)의 3개 학당이 자리하고 있다고 보아도 될 것이지만 그중 대표적인 것이 고광학당의 활동이다. 높고 광택이 있고 넓은 것은 관리나 학자에 적격으로 정치, 법률, 경제 등의 학문에 적합할 것이다. 그

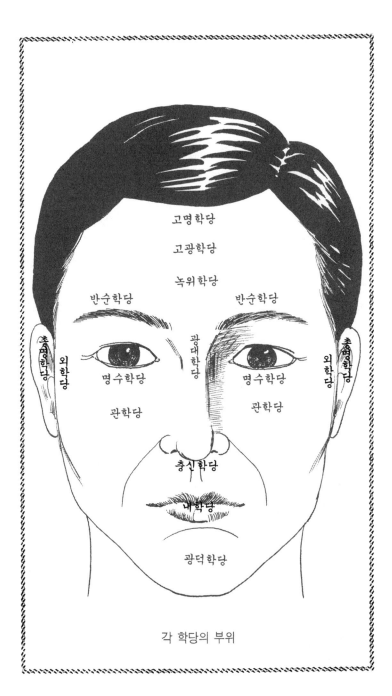

각 학당의 부위

리고 전망있는 진로로는 국가공무원 시험을 통해 국가공무원 이나 지방공무원이 되는 길이라 본다.

고광학당이 울퉁불퉁한 사람, 검은 점, 상처가 있는 사람은 국가시험에 합격했다 해도 민간기업에 가는 것이 좋다. 부르 트고 위험이 있다.

고광학당이 좋은 상을 한 사람은 천재적인 과학자가 될 수 도 있는데, 그런 사람 중에는 간혹 미친 것같이 행동하는 사람 도 있다.

녹위(祿位)학당은 고광학당의 바로 아래로 자기에게 일어나 는 일을 눈앞에서 볼 수 있다.

여기에는 관록이 있으니 이곳이 발달한 사람은 행정, 법학 분야가 좋을 것이다.

녹위학당에 대해서는 이 장의 끝에서 상세하게 풀이할 것이 다.

4. 광대학당(光大學堂)

녹위학당 아래 명궁자리에 광대학당이 있다. 『신상전편』에 는 '제3. 광대부의 학당은 인당(印堂)이 평명(平明)하고 상처 가 없는 것이 좋다.'라고 풀이되어 있다.

그리고 이곳은 조금 넓은 쪽이 좋다. 그러나 너무 넓으면 오 히려 바보를 뜻하게 되는데, 자기 엄지손가락을 대보고 그것 보다 조금만 넓으면 좋은 것이 된다.

부모들은 아이들을 학교에 보내기 위해 많은 고생을 한다. 그런데 애써 학교를 보내고 훌륭히 졸업을 시켜도 아무 벌이 도 못하는 사람이 있다. 요컨대 학문을 제대로 배우지 못한 사 람인 것이다. 대학을 나와 점원을 하는 사람도 있다. 물론 고 학력 사회인 현재에는 대학출신의 많은 점원들이 있는 것이 사실이지만……

또 대학을 나왔어도 몸이 허약해 젊어서 타계하는 불쌍한 청년도 있다.

차라리 식당을 하려면 조리기술을 배우는 것이 직접 도움이 되리라 본다. 이것이 머리와 학비, 시간을 절약하는 처사가 아닌가 한다.

군이 대학에 가야 할 필요없이 우선 광대학당에서 대학에 갈 것인지 아닌지를 결정해야 한다. 물론 교양을 쌓기 위해서라면 별 문제가 안되겠지만……

그림은 옆에서 본 경우로 ①과 같이 될 수 있는대로 들어가 있는 쪽이 좋다. ②도 조금 들어가 있다. 이 정도라도 좋은 편이고 ③과 같은 모양이라면 전혀 학문이라는 것이 먹혀 들어가지 않는 상이다. 학문은 단념하고 다른 일거리를 찾는 것이 상책이리라. ④ 정도라면 괜찮은 편이다. ⑤와 같은 것은 좋은 보기가 되나 실제 이런 상은 거의 찾아볼 수 없다. ① 정도가 가장 좋으리라 본다. 한편 여기에 검은 점이나 상처가 있어서는 절대 안된다. 또 세로선이 있어도 안된다.

이것이 광대학당의 자격이 되느냐 아니냐가 되기 때문이다.

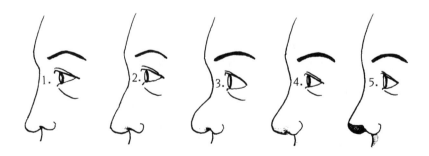

광대학당의 상 (①~⑤의 들어간 정도로 학문의 상을 알 수 있다.)

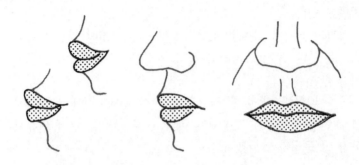

충신학당의 상(입술 모양으로 성격을 알 수 있다.)

5. 충신학당(忠信學堂)

코 아래와 입사이를 충신학당이라 한다. 살이 두텁고 상하의 폭이 넓은 모양이 좋다.

사이가 좁고 거기에 인중이 위로 튀어 올라가 있으면 충신학당은 불완성이다.

여기에 검은 점이 있는 사람이 있는데 이 경우에는 '충(忠)' 즉 관청학에 관한 것과는 맞지 않는다. 상위격인 고광학당의 경우에는—고위층 관청학이라고 하면 우습지만—정치학, 법학 등을 하는 것이 좋고, 하위의 충신학당은 굳이 학교에 가지 않아도 자기 혼자 독학하는 것이다. 그리하여 한 사람 몫을 하게 된다. 입을 꼭 다물 수 있는 사람이 이에 해당되며 입이 벌어지는 사람은 이에 미치지 못한다. 그리고 부위가 아랫입술 아래가 되니 자연 지위도 아래에 속하는 것이 되리라.

6. 내학당(內學堂)

입을 내학당이라 한다. 내학당은 치아도 보게 되어 간혹 중년에 '치아 사이에 새가 뜬 사람은 거짓말을 한다.'는 말도 있다. 그러나 이것은 코 아래에서 입까지 충신학당과 함께 보고 해석하도록 되어 있다.

또 『신상전편』에는 광덕학당편에서 내학당의 설명이 혼합되어 있다.

7. 광덕학당(光德學堂)

이곳은 턱부분으로 『신상전편』에는 '제7. 광덕부의 학당은 혀가 길어 준두에 닿으면 홍문(紅紋)이 길다.'라고 되어 있다.

즉 코의 머리까지 혀가 닿는 것이 좋다고 하였으나 이런 사람은 적다.

이곳은 무슨 학문을 해야 한다는 것도 아니며 또 어느 정도 길게 학문을 학교에서 배운다는 것도 아닌 연륜이 쌓인 이력 자라 할 수 있다. 가령 불교로 말하면 약간의 학문을 기초로 수행을 쌓아 훌륭한 깨우침의 경지에 들어가는 경우를 말하는 것이 아닌가 생각한다.

즉 자기가 구해 얻은 학문이 아니고 자기 몸에서 배어 나온 학문을—표현이 약간 졸렬하나—흉내낼 수 없는 경지까지 끌어 올리는 것이다.

여기에는 골격의 모양, 살붙이의 정도 등에 눈을 돌려야 한다. 결국 정신면을 합해 보지 않으면 광덕학당은 성립되지 않는다.

8. 명수학당(明秀學堂)

눈에 명수학당이란 곳이 있다. 『신상전편』에는 '제4. 명수부의 학당은 눈빛에 검은 것이 많이 들어가 그늘을 감춘다.'고 되어 있다. 그림과 같이 눈이 들어간 쪽이 학문에 적합하

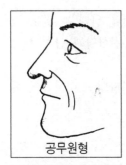

공무원형

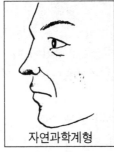

자연과학계형

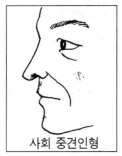

사회 중견인형

다는 말이다.

크고 튀어나온 눈은 경안(輕眼)이라고 하여 사교적이며, 조금 깊게 들어가 있으면 중안(重眼)이라 하여 교제가 좁아 산간에라도 틀어박혀 사는 형이다.

눈알이 튀어나온 것같이 보이는 맑고 큰 눈은 성격이 침착하지 못한 것처럼 보이고 감성적으로 학문을 할 타입이 아닌 것 같다.

이런 사람에게는 자연과학계통의 학문이 적당하다. 만일 눈이 고우면 문학이나 미술방면에 좋을 것이다.

관찰력이 뛰어나 의사도 적격일 것이다. 단 외과의 경우에는 눈썹도 보기 좋아야 한다.『신상전편』에는 단순히 눈만이 관학당(官學堂)이라고 되어 있지만 필자가 강조하는 것은 눈과 권골을 합쳐 관학당이라 말하고 싶다. 이 두 가지를 합해 관학당을 보는 것은 지방공무원의 경우로, 가장 고급인 지방공무원이 아니고 중위의 사람들이다. 그러므로 여기에 걸맞는 학문을 할 필요가 있는 것이다.

9. 반순학당(班笋學堂)

『신상전편』에는 '제8. 반순부학당은 횡문(橫紋)이 중도에 머물러 합쳐 8위에 위치한다. 이것이 있는 사람은 부귀하고 좋은 일이 많다.'라고 되어 있다.

이것은 눈썹을 말하는 것으로 눈썹은 가지런한 초생달형이 좋다. 또한 털이 뻣뻣한 것은 좋지 않다. 털이 어긋난 것이면 대흉이다.

이것이 좋으면 화가가 좋다. 외과의의 집도나, 비행, 운전 등 학문보다 손을 움직여서 인생의 항로를 헤쳐나가는 것이 좋다. 검은 점이 있든가 상처가 있으면 단념하라.

털이 역으로 나든가 또 눈썹 사이가 끊어지면 또한 중지하는 것이 좋다.

눈썹이 역으로 나든가 사이가 끊어지면 대흉의 상!!

초생달형의 반순학당

〈 반순학당의 상(눈썹으로 안다.) 〉

10. 외학당(外學堂)

『신상전편』에는 '귀문앞을 외학당이라 한다. 귀앞은 풍만하고 빛나며 윤택해야 한다. 총명을 주로 하고 만일 혼항(昏沆)하면 바보같은 사람이다.'라고 씌어 있다.

외학당이란 귀 바로 앞으로 손바닥이 닿을 정도의 곳을 말한다. 여기는 대개 독학을 뜻한다. 또는 대학을 나와 논문을 쓰기 위해 혼자서 묵묵히 공부하는 것을 상징하는 곳이다.

귀 앞에 살이 풍부할수록 좋다. 살이 적으면 광대뼈가 옆으

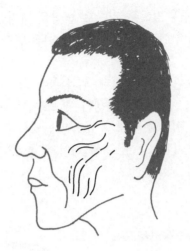

외학당의 상(살이 붙은 상이 좋다.)

로 튀어나와 보이고 귀앞이 쑥 들어가 그것이 뺨의 다른 곳과
바로 연결되어 보기에도 빈곤한 상으로 보인다. 그런 사람은
자칫 생활에 찌들려 학문 같은 것은 안중에 없다.

　여기는 또 명문(命門)이라고 부르는 곳으로 명문이 좋으면
학교의 종류를 선택할 필요가 없다. 한편 대학원을 갈지 어떨
지를 망설일 때에는 여기를 보는 것이 좋을 것이다. 또 학교와
관계없이 특수한 연구를 생각할 때도 이곳을 볼 필요가 있다.
이곳이 검을 때는 학문이 진행되지 않는다. 백색이 되든가 분
홍색이 될 때는 연구에 아주 큰 진전을 보게 된다.

11. 총명학당(聰明學堂)

　귀자체는 귓바퀴 또는 수주(垂珠)라고 부르고 있지만 학문
과 관계된 점을 볼 때에는 총명학당이라고 한다.
　이것은 윤곽이 둥근 것이 좋다.
　울퉁불퉁한 것은 학문이나 연구에 적합하지 않다. 단 이것

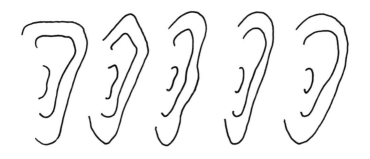

총명학당의 다양한 상(귀의 모양으로 진로를 알 수 있다.)

은 고전예술 같은 특수한 연구에 적합하다.

뾰족하거나 위가 평평한 것은 모두 연구에 부적합하다. 둥근 것은 작아도 무난하다.

12. 녹위학당(祿位學堂)

다음은 정중에 위치한 녹위학당이다. 이곳의 설명은 『신상전편』에 '이마가 넓고 얼굴이 길면 관록을 주로 하게 된다.'라고만 써 있고 깊은 설명은 없다.

이것은 전술한 고광학당과 같이 여겨도 좋으리라 보지만 거기에 곁들여 지망하는 학교에 들어갈지 아닌지, 본학기의 성적은 어떤지, 취직시험의 결과 등 눈앞의 일을 보는 곳이 된다.

특히 그런 것을 보는 데는 혈색을 보아야 한다. 혈색은 그림으로써는 나타낼 수가 없지만 싱싱한 흰 빛이 좋다. 분홍색이 되면 대길하다.

거무스레하면 좋지 않아서 지방학교에도 들어가지 못하는 경우가 있다.

여기에 검은 점이 있으면 항상 장애가 따른다. 상처가 있어

도 안된다. 상처가 생기지 않도록 주의해야 한다. 자기의 운명
에 관계가 되기 때문이다.

검은 점에 곁들여 주근깨에 대하여 알아보자.

주근깨는 길한가, 흉한가?

옛날부터 주근깨는 미인이 가지는 것이라 하여 주근깨가 있
는 사람 중에는 특히 미인이 많다고 한다. 그러나 인상학에서
주근깨는 자칫하면 가정을 파괴하는 상이라 보고 있다.

그중 광대뼈에 있는 것은 약간 있어도 무관하다고 보지만
만일 중악(中岳 : 코를 말함)에 있으면 그것은 절대적인 흉상
이 된다. 여기에는 조금이라도 생기면 좋지 않은데, 흔히 이혼
의 상이라고도 말하고 있다.

한편 부모가 물려준 집이 있거나 재물이 풍족하다고 해도
첩을 얻거나 애정이 없는 겉치레적 생활을 보내게 된다.

여인들의 주근깨는 여자의 생명말살이라고도 하므로 극히
젊었을 때 사치를 하는 한이 있더라도 얼굴에 주근깨를 만들
지 않도록 노력하자.

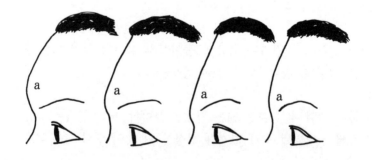

녹위학당의 상(a가 발달한 사람은 행정업무에 뛰어나다.)

제4장 5악(五岳)이 나타내는 것

1. 일생의 조화

다음에 중요한 관상의 관점은 5악이라는 곳이다. 이것은 코의 중악(中岳)을 중심으로 이마는 남악(南岳), 입아래와 턱 부분은 북악(北岳), 왼쪽 뺨은 동악(東岳), 오른쪽 뺨은 서악(西岳)이라 하여 얼굴 전체를 5개 부분으로 나누어 그것을 관점으로 하여 상을 보는 것이다.

그리고 5악은 골격에 눈을 돌려 얼굴 전체의 조화를 보는 것이다. 비행기나 선박은 전체적인 조화가 중요하여 이 조화를 무시한 때는 제대로 날지 못하고 안전하게 항해를 할 수 없게 된다. 이와 같이 인생도 모두가 조화를 이룬 것이 중요한데, 5악은 바로 이 조화를 보는 것이다.

즉 이 5악은 그중의 1악만 보는 것이 절대 아니다. 5악 전체를 단번에 보아야 관상이 성립된다. 본서에서는 하나씩 떼어서 설명하겠지만 항상 전체를 본다는 것을 염두에 두기 바란다.

2. 중악(中岳, 財帛 - 코)

이것은 자기를 나타낸다. 코는 어느 정도 편안한 것이 좋은데, 특히 남자의 경우는 출세를 뜻한다. 사장의 지위에 있는 사람들에게 이런 상이 많다. 그러나 여자의 경우에는 뒷전에 물러나기 쉽다. 여자의 경우에는 그리 멋지게 된 것은 좋지 않다.

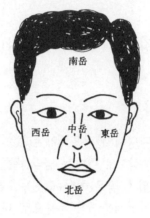

5악의 위치와 표시

　만일 중악이 다른 곳과 비교하여 작을 경우는 '얼굴이 크고
코가 작으면 일생 파란을 겪는다.' 하여 평생을 세파에 휩쓸린
다.

3. 남악(南岳, 天停 - 이마)

　이마의 골격은 될 수 있는대로 넓고 굴곡이 없는 것이 좋
다. 또 주름이 없는 것이 좋다. 한편 남자는 보기에 멋진 것이
좋으나 여자는 남자처럼 멋지게 보이지 않는 것이 좋다. 역시
여자답게 어느 정도 좁은 이마가 좋다. 남자와 같이 각이 있는
것은 나쁘다.
　남악이 발달한 사람은 다음과 같은 일을 하면 성공률이 높
다.(이것은 극히 요점만 말하므로 이에 속하지 않는 업무는 다
른 악의 설명과 비교해 유사점을 발견해 생각하도록!)
　학문에 관한 것, 정치에 관한 것, 경제·증권에 관한 것, 외국
과의 거래 등에 관한 국제문제 연구, 무역, 증권취급 등이 적

합한 직업이라 할 수 있다.

그러나 남악이 좁은 사람 또는 넓고 멋지게 보이나 여기에 흉터, 검은 점 등이 있으면 이런 일들에는 실패를 하게 된다.

4. 동악과 서악(東岳, 西岳 − 광대뼈와 뺨)

권골은 남자의 경우 왼쪽을 동악, 오른쪽을 서악이라고 한다. 여자인 경우는 반대가 된다. 이것은 주로 의사를 표현한다. 적당히 튀어나온 것이 좋다. 여성의 경우 광대뼈가 너무 튀어나오면 과부상이다.

좌우가 같은 것같이 보이나 조금씩은 다르게 되어 있다. 동악(남자는 왼쪽, 여자는 오른쪽)이 튀어 나온 사람은 자선사업, 해양산업, 발명 등으로 성공을 한다.

그밖에 서악(남자는 오른쪽, 여자는 왼쪽)이 튀어나온 사람은 옛것을 지키는 사업, 가정을 대상으로 하는 일, 식품에 관계되는 일을 하면 성공한다.

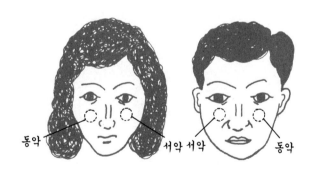

남녀가 서로 반대인 동악과 서악의 위치

큰 검은 점이 있으면 될 수 있는대로 회피하는 것이 좋을 것이다.

5. 북악(北岳, 地閣—턱뼈)

이것은 사업과는 관계가 없고 자기의 가정, 주택을 본다. 또 자식운을 보기도 하는데, 자식이 효자인지 아닌지 이것을 통해 알 수 있다.

만일 사업을 한다면 주택에 관한 일, 물을 사용하는 일 두 가지 정도일 것이다.

이 5악은 전술한 바와 같이 골격의 조화를 보는 곳으로 너무나 동떨어진 특징을 가지고 있어도 좋지 않다. 만일 이 조화가 깨져 있으면 대책을 강구해야 한다.

만일 과부상이라면 그만한 용기와 각오가 되어 있으면 된다.

제5장 6부(六府)가 나타내는 것

1. 젊은이부터 노년까지의 운수

5악의 판정은 일생을 보는 데 비해, 일정한 시기를 보는 것에는 6부의 감정법이 있다. 즉 얼굴 전체를 위에서부터 아래로 3단으로 나누어 윗단을 상부(上府), 중간단을 중부(中府), 아랫단을 하부(下府)라 부른다.

상부는 초년시(30세 정도까지), 중부는 중년시(30~50세 정도까지), 하부는 노년시(50~죽을 때까지)가 된다.

6부의 감정법에 대해 『신상전편』에는 약간의 설명밖에 없다. 그 전문을 소개하면 다음과 같다.

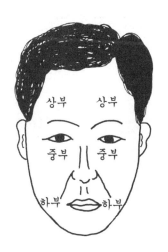

육부(六府)의 위치

• 6부논법 : 6부란 양 보골(輔骨), 양 신골(腎骨)이 충실해 서로 돕기를 바란다. 떨어져서 혼자되기를 원하지 않는다. 영대(靈台)의 비결에 이르기를 위의 2부는 보각(輔角)에서 천창(天倉)에 이르고 중간 2부는 명문(命門)에서 호이(虎耳)에 이르며 아래의 2부는 미골(眉骨)에서 지각(地閣)에 이른다.

6부는 충직하고 결함이 없고 상처가 없으면 재력이 왕성하게 된다. 천창이 뛰어나면 재록(財祿)이 많고 지각이 방정하면 만경(萬頃)의 전답이 있고 빈약하면 그렇지 못하다.

전문이라고 해도 이 정도밖에 없다. 옛사람의 교육법은 오늘날처럼 어린이의 손을 이끌듯이 상세하지 않다.

우리는 이 짧은 글에서 실지와 부합시켜 자연스럽게 긍정을 얻게 된다. 그 방법이 사실을 알게 하는 방법이다.

실지의 체험을 가지고 있는 것만이 강한 것이다.

어린이의 손을 끌어 방안에 들어가 의자에 앉을 때까지 손을 놓지 않는 오늘의 교육이 정말 친절한 것인지 아닌지 모르겠다.

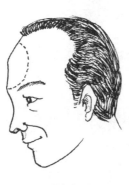

상부의 상

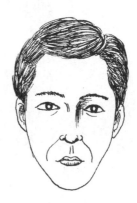

상부의 길상

2. 6부를 3부로 요약한다.

6부를 3부로 요약해 볼 수도 있다. 즉 상부, 중부, 하부로 족하다.

상부가 좋은 사람(천정이 넓고 상처와 검은 점이 없는 사람)은 30세 전에 출세한다. 만일 이마가 좁든가 뒤쪽이 너무 처져 있는 사람은 30세 전에는 생각대로 일이 성사되지 않는다.

중부가 좋은 사람은 중년에 발전을 보게 된다. 눈이 좋은 사람도 이에 속한다. 중부의 판단은 주로 광대뼈를 보아야 한다. 그러나 이것은 남자의 경우로 여성은 다르다.

남성의 경우 의지가 강하고 무슨 일이나 자기자신이 하지 않으면 마음이 놓이지 않는 성질이다.

하부가 발달한 사람은 토지나 재산이 모두 수동적인 행운을 타서 좋아지는 것이다. 또는 좋은 사람들을 써 회사의 부흥을 꾀하는, 자신의 활동은 제2위로 모든 것에 남을 이용해 발전하는 사람이다.

한편 뺨이 부르터 있든가 주름이 많은 하부의 상은 좋지 않다고 보아야 한다. 이 때는 수동적인 행운을 바랄 수 없다.

대개 뺨에 살이 풍부하게 보이지 않으면 좋다고 볼 수 없지만, 살이 너무 쪄도 좋지 않다.

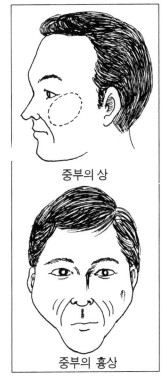

중부의 상

중부의 흉상

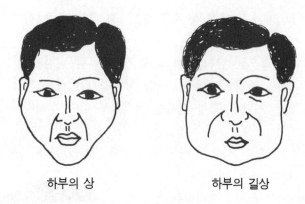

하부의 상 　　　　　　 하부의 길상

　특히 미간부근인 명궁에 고무공 같은 살이 붙어 있으면 살
이 빠진 것보다 나쁘니 주의를 요한다. 이것은 인상을 보는 비
전(祕傳)이라고 할 수 있다.

제 6 장 미래를 점치는 12지(十二支)

1. 12지의 중요성

관상에는 그 사람의 현재의 운명이 가장 잘 나타나게 된다. 그 때문에 역학을 하는 사람 중에는 '관상은 현재만을 보는 것이니 장래를 알기 위해서는 역학을 보아야 한다.'고 말하는 사람도 있다.

그러나 이것은 잘못이다. 미래를 안다는 것은 무리이다. 왜냐하면 인간의 운명은 고정된 것이 아니고 유동변천의 길을 따르고 있기 때문이다. 지금까지 설명한 것으로 보아 그 사람의 현재상은 판단할 수 있다. 그 판단을 연장하여 미래를 알기 위해서 지금까지 얻은 지식 위에 본 장에서 풀이하는 12지를 사용한다.

이렇게 하면 인상 판단에 따라 역학보다 확실하게 장래의 운명을 볼 수가 있다. 왜냐하면 인상으로 판단되는 상을 거울로 하여 현재 이후를 보는 것이 되므로 역학보다는 훨씬 확실하기 때문이다.

실제 중국의 고대 관상서에는 미래를 알 수 있는 12지에 대하여 상세한 해설이 붙어 있으나 역자들은 이것을 공개하지 않고 있다.

이것은 간혹 감추고 비전하기 위한 것이라고 추측할 수 있다.

2. 얼굴을 12지로 분할시켜 본다.

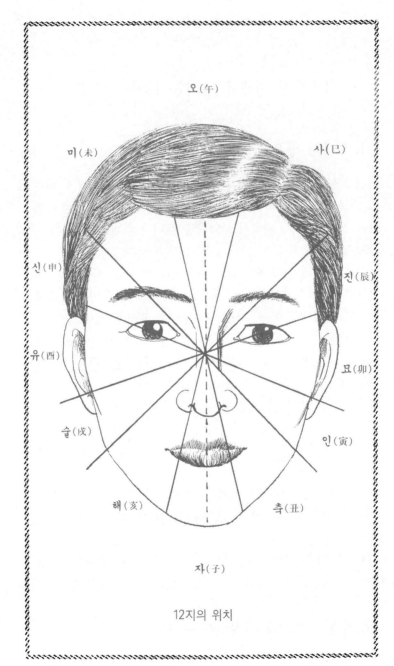

12지의 위치

얼굴을 12지로 분할할 때 우선 남자의 경우 합남(合南)을 향해 앉는다. 그리고 그대로 얼굴을 엎드린다. 이때 얼굴의 중심을 달리는 것이 있다. 이것을 자오선(子午線)이라고 한다. 12월의 동지에 이르는 한 점인 정북방은 턱의 중심에 해당하고 6월의 하지에 해당하는 한 점인 정남방은 천정 즉 이마의 중앙부에 해당한다.

이때 남자의 권골은 정동(正東)에 해당하며 묘(卯)가 된다. 따라서 오른쪽 권골은 유(酉), 서방(西方)이 된다.

자(子), 묘(卯), 오(午), 유(酉)가 배정되면 그 사이에 배당되는 간지명(干支名)은 바로 알 수 있게 된다.

이마에 분도기를 대면 좀더 자세하게 알 수 있는데, 12지의 간격은 30도이다. 여성의 경우에는 좌우가 반대다.

여기서 문제는 그 사용법이다.

한 예를 들어보자. 코는 재력이자 동시에 자기를 말한다. 우선 이것을 확고하게 잡아두고, 얼굴 어느 곳에 좋지 않은 혈색이 나왔다고 하자. 그것이 얼굴 외부쪽에서 가장 굵고 내부쪽에서 가늘 경우, 그리고 코를 향하고 있다고 하자. 이때 만일 이것이 코위 전체에 걸려 있지 않으면 위험한 상황에서 큰 난을 면하게 되지만, 재백에 걸려 있으면 틀림없이 난을 당하게 된다. 난대(蘭台 : 왼쪽 콧구멍 있는 부위), 정위(廷尉 : 오른쪽 콧구멍 부위)에 걸려 있어도 마찬가지이다. 12지는 바로 이것이 몇 년 후에 오는가를 보기 위해서 사용하는 것이다.

3. 눈 훈련의 필요성

혈색은 피하 깊숙히에서 스며나오는 혈색이므로 안력(眼力)의 훈련이 언제나 절대적으로 필요하다.

점은 두번 보아서는 안된다. 그러나 인상은 몇번 보아도 된다. A선생이 모르던 것이 B선생에게 간과될 지도 모른다. 결국 인상을 본다는 것은 안력을 다투는 것으로 흥미진진한 것이 된다.

12지로 몇 해 앞까지 볼 수 있는가의 문제에서는 유감스럽게도 그리 먼 장래까지 볼 수 없는 것이 사실이다.

왜냐하면 12지로 보기 때문에 12년 앞이 되면 다시 그 해가 돌아오기 때문이다.

또 금년 한 해가 지나 지난 해가 된다고 하면 명년에는 아직 작년의 혈색이 어느 정도 남아 있게 된다. 피부의 상층부에 찌꺼기로 남아 있는 것이다.

그러므로 12년 앞이라고 생각하고 있는 것이 지난해의 일이되니 이것을 주의해 적어도 5년은 내깔려 두어야 한다. 그렇다면 결국 나머지 7년간을 보게 된다는 말이 된다. 그리고 그것은 훈련된 눈의 힘이 좌우한다.

장래의 일은 그것이 멀면 멀수록 피하에 깊숙히 간직된다.

필자의 경험으로 말할 수 있는 것은 4년이나 5년 정도로, 특히 그 앞의 삼정의 복을 보는 것이 좋다. 천정의 초년시에 지정의 만년시를 12지법으로 찾아볼 수는 없는 것이다. 12지 관상법으로 7년 앞을 볼 수 있으면 명인이라 생각해야 한다.

그런데 7년 앞이라도 큰 혈색이면 미래를 예측할 수 있다. 약간의 혈색이라면 무리다. 그리고 이 12지의 혈색은 바깥 혈색과 중복될 경우가 많으니 주의를 요한다.

제7장 남상(男相), 여상(女相)의 특징

1. 남녀의 상이점

남자의 인상은 갖추어지고 특징이 있는 것이 남성다운 상이고, 반대로 여성은 특징은 없어도 날씬하고 온건한 것이 좋다. 남성은 활동적이고 여성은 가정적이다. 여자의 인상은 원만한 것이 좋고 남자의 인상은 공격적인 것이 좋다.

2. 남자 인상에서 보아야 하는 곳

남자의 인상은 월급생활을 하는 사람과 사업을 하는 사람으로 크게 나눈다.

월급생활을 하는 남자에게 무엇보다 중요한 곳은 미간과 눈썹을 중심으로 한 명궁이다. 독립하여 사업을 하는 남자의 경우에는 코의 머리를 중심으로 한 준두가 중요하다. 준두가 잘생긴 사람은 금갑(金甲 : 콧구멍 있는 부분)도 잘 생겼다.

한편 월급생활을 하는 남자의 유형은 크게 공무원과 회사원으로 나누게 된다. 또 사무계통과 기술계통으로도 나눌 수 있는데, 사무계통의 공무원은 명궁과 이마의 반아래인 관록이 잘 생겨야 한다. 기술계통의 공무원은 명궁과 권골이 뚜렷해야 한다. 회사원은 명궁이 잘 생기고 감찰궁(監察宮)도 잘 생겨야 한다. 감찰궁은 눈을 말하는 것으로 이는 현재의 입지를 관찰하고 장래의 계획을 수립할 필요가 있기 때문이다. 사무계나 기술계의 회사원은 명궁과 권골이 잘 생겨야 한다. 또한 과학자는 권골이 두드러진 것이 좋으나 너무 튀어나오면 월급생활자로서는 부적합하다. 중도 퇴직하는 사람의 경우에 이런 상이 많다.

다음은 독립해서 일하는 사람, 중소기업 사장의 인상이다. 이런 사람들의 인상은 한결같이 준두를 존중한다. 난대(蘭台)와 정위(廷尉), 준두의 옆에 있는 좌우 콧구멍 부위도 존중한다.

준두, 난대, 정위, 권골은 자연 일련의 인상을 조성해 주는 것으로 복당(福堂 : 이마 중앙부에서 약간 벗어난 부위)은 금융 관계를 보는 곳이다. 또 코에서 턱까지의 노복(奴僕)부위는 사원, 고용인을 보는 곳이다. 따라서 소홀히 보아서는 안된다. 권골은 고객을 보는 곳으로 중요하다. 도산이 될 때는 권골 하부에서부터 검은 색이 복당, 즉 눈썹을 넘어 이마의 중앙부에 걸쳐 뻗어 나가게 된다. 이때는 지불이 위험을 느끼는 때로 고객에게 특별히 주의하여 대금취급을 엄중히 해야 한다. 만일 노복에서 복당으로 흑색이 뻗은 때는 사원·고용인의 관찰에 집중하라. 도피의 위험도 생각해야 한다. (그림 p.20 참조)

여기서도 가장 말썽이 되는 것은 12지이다. 사업하는 사람에게는 한 해 한 해가 중요하다. 삼정(三停)을 보는 방법은 10년 앞이나 20년 앞의 것도 좋으니 그런 것은 그리 마음쓸 필요없다.

'적어도 20년! 다소 힘들다 해도 그때까지는 승부를 낼 수 있다.'

사업가들에게는 대개 끈질긴 승부욕이 있는데 여기에 12지의 용업이 큰 몫을 하게 된다.

이것을 12지 유년(流年)이라고 한다. 이는 수상에도 나타나는데 참고로 수상편을 찾아 보라.

의사의 인상은 눈, 즉 감찰궁이 좋아야 한다. 병의 증상을 잘 감찰하는 것이 의사의 책임이다.

발명가의 인상을 본다면 감찰궁과 천정 전체와 명궁, 즉 눈에서 이마 전체에 대한 주의가 필요하다. 발명가는 생활의 일보 향상을 꾀하는 큰 역할을 하고 있다. 여기서는 현상을 잘 감찰하는 것이 우선이고 결함이나 부족을 인지(人知)로 충당하는 지혜를 가져야 한다. 그리고 그것을 명궁으로 받아들여야 한다.

3. 여성의 인상을 보는 곳

여성의 인상에서 가장 중요한 것은 처첩궁(妻妾宮)이다. 12궁중 처첩궁이란 남자를 중심으로 한 명칭으로 여자쪽에서는 옛 관상법이긴 하지만 부궁(夫宮)이라 불렀다.

여기에는 어미간문(魚尾奸門)이라는 또다른 이름이 있다. 여자들로서는 남편에 대한 것을 보는 곳으로 여자의 제1관문이다. 그래서 간문이라 했는지 모른다.

여기에 상처가 있으면 그야말로 옥의 티가 되고 또 검은 점이 있어도 안된다. 살이 없고 쑥 들어가 있는 여자는 좋은 남편을 맞이할 수가 없다.

색이 희며 살이 포근한 것이 좋다. 그리고 중악(中岳 : 코전체)이 납작하지도 않고 또 높지도 않아 얼굴 전체가 특징을 찾아낼 수 없고 손잔등에 살이 포동포동하면 좋은 배우자를 만나 결혼하게 된다. 그리고 일생동안 남편의 보호를 받고 살수 있다. 여자로선 가장 좋은 인상이다.

눈아래 와잠은 자손을 보는 곳이다. 여기는 평평하며 살이 풍성한 것이 좋고, 줄이 비껴 튀어나간 것은 흉하다.

다음은 입에서 턱에 걸친 지각(地閣)을 본다. 이 곳이 크고 입과 잘 어울리면 좋은 자제를 두어 그들의 효행으로 만년을 안락하게 지낼 수가 있다.

남성이나 여성이나 만년에 자식들에 의해 안락한 생을 보내느냐 아니냐는 지각의 상과 턱에 힘이 있어 보이는가 아닌가에 달려 있다.

턱이 오른쪽에서 왼쪽으로 구부러져 있는 것은 일상 생활이 고르지 않다는 것이다. 또 살이 없고 뾰족한 것도 같은 운수다. 한편 입이 뾰족한 사람은 고서에 '불을 부는 것같다.'고 하여 재혼을 하기 쉽고, 또 만년을 고독하게 지낸다.

그러고 보니 나쁜 이야기만 쓰게 된 것 같은데, 다음은 이마가 넓은 사람에 대하여 이야기해 보자.

이마가 넓은 데다 혹이 있는 사람이 있다. 이것은 아주 좋은 상이지만, 여자의 경우는 길운이 지나쳐 도리어 마이너스가 되니 과부의 상이다.

말하자면 남자와의 인연이 견고하지 못해 하늘이 준 상, 즉 남편이 없어도 험난한 인생을 살아갈 수 있다는 상이 된다.

또 코가 두드러지게 높은 상, 권골이 튀어나온 상, 이것은 모두가 과부상이다. 코라면 코, 권골이라면 권골 각기 특징을 발휘해 독립해야 한다.

인중이란 코 아래에 있는 홈을 말한다. 이곳은 여자로서는 태어나는 아이들을 보는 곳이다. 여기에 검은 점, 상처가 있으면 난산을 한다. 또 인중을 가로지른 줄이 있는 것도 같고, 보통 웃으려고 할 때 살짝 나타나는 줄도 난산의 상이다. 평소 심신으로 부모에게 효행하고 덕을 쌓으면 그런 때 무난하게 재난을 넘길 수가 있다.

현재 남편이 아내를 사랑하는지를 보는 것은 준두이다. 준두가 거무스레하게 흐리면 사랑을 못 받는다. 아주 검은색이면 같이 살아도 이별한 것과 같으며 또는 이혼 직전인지도 모른다. 차라리 이혼한 후면 흑색이 표피에 보이다 차차 사라진다. 준두는 아무래도 깨끗한 것이 좋다.

제8장 안색과 목소리로 전도(前途)를 예언

1. 좋은 일과 흉한 일의 혈색

안색으로 그 사람의 전도를 예언할 수가 있다. 여기에는 많은 경험을 요하여 적어도 3년, 자신을 가지게 되려면 10년은 필요하다. 개중에는 어려운 말을 하는 사람도 있지만 보통 육안으로 보이는 것을 말하고 이를 습득하는 것이 현실적인 관상법이라 할 수 있다.

일반적으로 얼굴의 색채를 혈색이라 한다. 여기에는 기쁜 일을 예고하는 것과 불길한 일을 예고하는 두 가지가 있는데, 말의 반복을 피해 전자를 길색이라 하고 후자를 흉색이라 부르기로 한다.

2. 혈색을 보는 방법

이것은 강한 광선을 대면 보이지 않는다. 실내의 약광선이 아니면 안된다. 강한 광선이 비치는 날은 실내의 그늘에서 거울로 보도록 하자. 북향의 창가도 좋다. 특히 이 때는 햇빛에서 멀리 떨어져 보든가 하여 거울로 광선과 혈색이 자기의 눈과 맞아들어가야 잘 볼 수가 있다. 이 점은 여러분 각자 연구하기 바란다. 한편 남의 혈색을 볼 때 커튼을 움직이며 광선을 가감하는 장치를 하는 것도 좋다.

3. 길색(吉色)

가장 좋은 것은 황색이다. 원래는 엷은 황색으로 그렇게 보니 그런 것 같다고 할 정도로 연하게 보인다.

이것은 짧게 이어지는 기쁨을 나타낸다. 그 기쁨이 실현되면 바로 꺼지고 만다. 그것은 천연색 사진으로 찍는다 해도 표현할 수 없다. 실은 약간의 색조에 불과하다.

다음은 분홍색이 있다. 이 색이 나타날 때는 '저런, 무슨 일이 생겼나?'할 정도로 붉은 광택이 보인다. 이것도 잠시 후면 꺼지고, 꺼지는 찰나 기쁨이 오게 된다.

그러나 전자인 황색은 정도가 큰 것이고 붉은 색은 정도가 낮은 것이다. 대개의 경우 황색은 금전 관계이며 붉은 색은 가정적인 일이다.

다음은 광택있는 백색이다. 이것은 피하에 나타나는 것으로 큰 길사를 예고한다. 감정가의 대부분이 이것을 보고 점을 치는데, 이것은 상당히 빨리 나타나고 장기간에 걸쳐 볼 수가 있기 때문이다.

4. 흉색(凶色)

다음은 흉색이다. 이것도 표면에 나타나는 색채와 피하에 존재하는 색채가 있는데, 표면에 있는 것은 현재의 사건으로 일신상에 나타나고 피하에 있는 것은 장래의 예언으로 간주해야 한다. 약간 허술한 검은색은 암색(暗色)으로 인생을 흐리게 한다고 보아야 한다. 엷은 청색도 좋지 않은 혈색으로 신경을 많이 쓰게 된다. 나타나는 곳에 따라 무엇이 어떻게 된다는 것을 판단하는 것이다.

거무스레한 것보다 더 진한 검은색이 나타나는 수도 있다. 잘 보면 왜 이렇게 검은가 할 정도로 짙게 나타날 수도 있다.

얼굴 전체의 피하에 나오는 수도 있어 부분적으로 보는 초심자들은 알기가 힘들다.

얼굴 전체의 경우 흑색은 없다. 거무스름한 흑색이 많지만 거무스름한 것에도 단계가 있다. 극히 엷은 흑색을 암색이라 하고 그 위를 징그러운 암몽(暗蒙)색이라고 한다.

만일 진짜 검은색이 되면 어떤 일이 돌발하기 직전의 혈색이다. 혹은 그 직후가 된다.

때로는 이중의 혈색이 나타나는 수도 있다. 바로 암색 한쪽이 준두에 걸려 있고 그 위에 광백색(光白色)이 겹치는 수가 있어 판단에 고심할 때다.

흥색, 길색이 준두에 같이 나타나면 흥은 흥으로 결정적이 된다. 거기에 길색이 걸쳐 있으면 흥사가 결정되는 순간을 모면하게 된다. 그러나 이것은 일시적인 도피이지, 흥사가 아주 없어진 것은 아니다.

그러므로 12지 중의 어딘가로 그 다음의 길색이 오는 것을 기다려 행동을 취한다. 물론 이런 것이 되려면 정말 전문적인 기술을 요하게 된다.

5. 목소리는 보이지 않는 인상

『신상전편』 보다도 더 옛날책인 『마의상법(麻衣相法)』에는 '그 사람의 목소리가 종고(鍾鼓)같이 울리는 것은 그릇이 큰 것이다. 그릇이 작은 것은 목소리가 짧다. 정신이 맑으면 기(氣)가 화(和)하고 기가 화하면 소리에 윤기가 있고 깊다. 그리고 둥글게 난다. 만일 정신이 혼탁하면 기를 촉구하고 기를 촉구하면 목소리가 초조하고 빠르다. 그리고 가벼워진다.'라고 써 있다.

이것을 쉽게 해석하면 '종이나 북같이 울리는 여운이 큰 소리를 내는 사람은 큰 인물이다. 소인은 소곤소곤 말한다. 마음이 맑은 사람은 스스로 온화하며, 온화한 목소리는 윤기가 있고 마음에서 스며나오는 것같은 말소리로 소리도 잘 통하게 된다. 마음이 탁하면 아무래도 일을 걱정하는 듯하여 소리도 자연 흐리고 어지러워지며 경솔한 말씨가 된다.'라는 뜻이다.

이와 같이 목소리는 옛날부터 보이지 않는 인상으로 보이는 인상보다 중요한 것으로 여겨져 왔다.

그러므로 남성은 남성다운 목소리, 여성은 여성다운 목소리가 좋다.

6. 남자의 음성

남자는 목소리가 너무 커도 좋지 않다. 장래 운수를 크게 떨어뜨리고 만다. 예를 들면 주가가 폭락하는 것과 같이 된다.

그렇다고 여자같은 목소리를 내는 남자는 극자하고 빈천하며 출세를 못한다. 고서에 '단전(丹田)은 소리의 뿌리다.'라고 하듯이 남성은 남성답게 뱃속에서 나는 것같은 소리가 좋고 머리 꼭대기에서 나오는 것같은 소리는 얄팍한 소리가 된다.

소리가 깨지는 것같은 것이 있는데 목전의 운수가 좋지 않다는 식으로 보는 인상쪽과 비교해 연구하라.

7. 여자의 음성

소리 자체는 마음의 아름다움과 추함을 드러낸다. '목소리는 마음을 그대로 반영한다.'라는 결론을 내릴 정도이다.

여자중에 남자 목소리를 내는 사람이 있다. 이는 음란하다고 한다. 또 남편과 자식에게 해로우며 일생 노고가 많다. 또 커렁커렁 나는 소리로 균형이 잡힌 부드러운 소리를 못내는 사람도 흉상이다.

또 '논기(論氣)'라는 것이 있다. 옆에서 듣노라면 싸우는 듯한 것을 말한다. 이것은 인간판단, 운기의 판단재료가 된다고 고서에 쓰여 있다. 힘든 말이 되니 여기서는 그런 것도 있다는 정도로 해두자.

제9장 운명을 보는 법

　지금까지의 설명으로 인상을 보는 중요한 점은 대강 끝난 셈이다. 이것에 익숙해지면 그것으로 당신은 한 사람 몫의 감정가가 된 것이다. 다음에 풀이하는 것은 또 다른 각도로 하는 공부라 할 수 있다.

1. 금전면은 이렇게 본다.

　6부(六府)장을 되찾아 보자. 이것은 결국 금전운을 말하는 것이다. 그런 다음 이런 것을 생각해 보자. 과연 사람이 태어나서 일생동안 좋은 일만 있을까? 돈 많은 집에 태어나 사랑만 받아오다 젊어서 죽는다면 그 짧은 인생은 행복에 가득찬 일생임에 틀림없지만 이런 것은 별도로 하고, 실제 5~60세를 지나오는 동안 인생에 좋은 일만 있는 사람은 거의 없다. 상당한 고락과 험난한 길을 걷는 것이 많은 사람들의 인생노정이다.

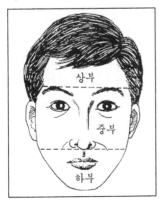

삼부의 위치

　개중에는 일생동안 금전의 혜택을 못받는 사람도 있고 돈엔 걱정이 없으나 자손이 없어서 불행한 사람도 있다. 여기서는 금전운의 분별법을 공부해 보고자 한다.
　그럼 우선 6부를 보자. 상부는 젊은 시절의 운을 나타내고 있다. 중부는 중년(30~50대까지)의 운을 말해 준다. 하부는 만년의 운으로, 이것은 모두 살이 오르고 넓고 흰 것이 길하다고 한다.

젊었을 때 부친의 가게를 물려 받아 고생했던 사람이 있다. 구체적으로 말하면 그 사람은 동동주를 팔고 있었다. 31세(중년이 되면서)가 되어 '이거 안되겠다. 무언가 다른 것을 해야지.'라고 생각하고 여름에 얼음집으로 전업을 하였다. 그렇게 하였더니 가게가 날로 번창해 매일 아침부터 밤까지 손님이 가득 찼다. 인상학에서 '호악(好惡)중 중간에 고치는 일이 있다.'라고 말해 오듯이 이런 장사는 다시 없을 것이라 생각했다. 첫째 얼음이 녹을 새가 없었다. 둘째로 얼음 제조자측의 젊은이가 뒤에서 도와준다. 즉 무월급의 점원이 2~3인 생긴 것이다. 너무나 번창해 이 집 주인은 그렇지 않아도 큰 눈을 두리번거리면서 놀라는 상태였다. 그러다 겨울이 되어 다시 동동주집으로 돌아가 부침개 등 안주까지 곁들여 파니 또 번창하게 되었다. 이때만해도 금고를 살 수 없는 형편이어서 평평 들어오는 돈을 보자기에 아무렇게나 싸서 장롱에 넣어두는 이런 대번창은 13년 동안이나 계속 되었다. 그럼 여기서 이 사람의 31세 때의 인상을 살펴 보자.

그 사람의 이마(天停)는 좁다. 그리고 중년을 나타내는 미두(眉頭)쪽에 와서 갑자기 골격에 힘이 더해져 형제궁이나 눈썹이 확고해지고 눈도 커졌다. 이는 중년으로 강세다. 연수는 약하나 준두(콧머리)가 강하다.

그렇게 31세부터 중년에 걸쳐 급히 발달하여 인상이 바뀐 것이다.

2. 거래는 이렇게 본다.

혈색학에서 우선 준두(콧머리)가 핀다는 것은 좋은 혈색이 된다는 말이다. 그리고 이 혈색은 권골에서 정면을 통해 준두에 이르는 것을 말한다. 이 혈색을 잘 외워두어야 한다. 권골은 세상을 뜻하며 준두는 자기의 행동을 나타낸다. 이 두 가지가 연계된다는 것은 개운이 된다는 것이다.

다음은 천정(天停)이 어딘가 모르게 흰색을 띤다. 이때 단번에 큰 돈이 들어오는 것과 상업이 번창해 연중 돈이 들어오는 것은 천정이 좋아지는 방법이 다르기 때문이다. 그러나 상당한 돈이 생기게 되면 같은 모양이 된다. 우선 백색이 되는 것과 동시에 3mm에서 4mm 정도의 빛나는 듯한 작은 반점의 혈색이 천정에 많이 나타난다. 또는 가득 차는 수도 있다.

작은 반점의 혈색은 확대경으로 보면 보이는 수도 있다. 이것이 바로 금전운이 트인 첫번째 상이다.

다음은 시세에 대한 것으로 이것은 항상 맞아 떨어지는 것은 아니다. 걱정 또한 배제할 수 없다.

이를 보는 것은 준두, 난대와 정위 즉 콧머리의 양쪽 콧구멍

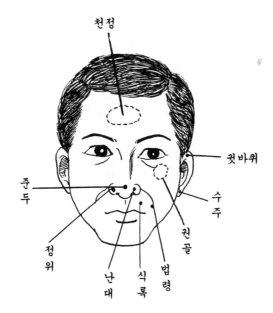

상장(相楊)을 보아야 하는 곳

부위와 권골, 정면, 천정, 법령, 식록, 귓바퀴, 귓불 등이다. 이 중 가장 빨리 알게 되는 것은 준두이다.

3. 출세는 이렇게 본다.

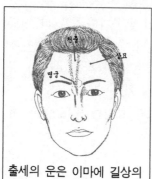

출세의 운은 이마에 길상의 빛으로 나타난다.

장사가 아니고 조직에서 출세하는 상을 알아보자.

그림은 금전운에 대한 직접적인 것은 아니다.그래도 조직에서 명령을 받아 지위가 오르고 급료도 오른다는 상이다.

우선 이것은 천중(天中) 또는 상묘(上墓) 부분에서 3mm 정도 폭의 빛나는 혈색이 나타나 명궁으로 들어간다.

이 선은 바로 위부터 생기는 것도 있고 약간 삐끗하게 생기는 수도 있다. 바로 위의 관록(官祿 : 이마의 중앙부)으로 내려오는 것이 본격적인 것이다. 또 위쪽이 굵고 아래쪽 명궁 부근에서 가늘어져 없어진다. 명궁은 모두 받는 신세이다. 명령을 받든가 명령을 내릴 때는 법령이 작동한다. 이때 혈색은 빛을 띠게 된다.

승급·승진의 혈색은 명궁이 주가 되고 다음에 전택(田宅 : 눈썹과 눈사이)이 이에 따른다. 이곳도 보면 무언가 모르게 깨끗해지고 있다. 관자놀이 부근의 천이궁에서 홍황색 등이 나타나면 이는 전임을 말하며 앞의 혈색과 합하여 영전을 나타내는 것이다.

이때 다른 사람이 자신을 어떻게 생각할지 궁금하면 귓바퀴를 보라. 백색으로 깨끗하게 보이면 모두가 자신을 칭찬하는 것이 되고 거무스름하면 쑥덕거리는 분위기라는 것이다.

4. 용돈은 이렇게 본다.

용돈에 대한 것을 알아보자. 이것은 간단하다. 그저 귓불만 보면 된다. 이것이 흰 빛으로 깨끗하든가 귓불에 살이 올라 있으면 용돈은 궁색하지 않은 것이다.

남편한테서 용돈을 많이 받는 부인은 귓불이 퉁퉁하기 마련이다. 여기에 살이 없고 잡아당긴 것같이 여유가 없으면 용돈이 없든가 또는 배고픈 생활을 하게 된다.

이런 사람은 다른 곳도 좋지 않은 상이나 빈곤한 상이 되어 있다. 인상이란 한 곳만 보고 일괄적으로 판단을 내리는 것이 아니기 때문에 적어도 두세 곳을 같이 보아야 한다. 그러니 2개 정도는 비교해 보는 것이 틀림없는 판단이 된다.

한편 용돈이 없어 쩔쩔매는 사람을 보는 곳은 명궁이 된다. 즉 미간 부분이다. 다음에는 콧구멍 부근의 금갑(金甲)이다. 또 이마의 양단인 천이궁도 살펴볼 일이다.

천이궁에서 명궁으로 뻗은 빛나는 혈색선을 본다. 여기에 뚜렷하게 위쪽에서 내려와 있으면 생각대로 돈이 생기는 것이다. 당장 필요한 정도는 생기게 되는 것으로 물론 이때 귓불도 함께 보아야 한다.

금전운은 수주(귓불)로 본다.

금전운이 있는 귀

금전운이 없는 귀

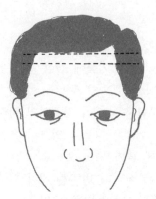

천중과 상묘에 연한 흑색이
나타나면 실패의 상.

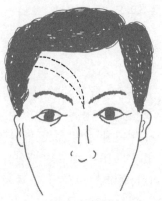

점선 부분에서 승부의 운이
나타난다.

5. 승부는 이렇게 본다.

싸이클, 경마에 대하여 말해보자. 이것은 승부를 겨루는 것
이다. 그림을 보자면 승부는 이마의 천중(天中)·상묘(上墓)의
옆으로 뻗은 한 선을 중요하게 생각해야 한다. 이것이 나쁘면
당분간 승부에 관한 일은 그만두어야 한다. 또한 이 선은 인상
위에서 생명줄이 된다. 여기에 거무스름한 혈색이 나타나면
큰 실패를 한다. 콧등에 있는 중악(中岳 : 재백)에 같은 혈색이
나타나면 재산을 탕진한다. 행여 그럴 가능성이 있는 일에 가
까이 가면 안된다.

만일 여기서 좋고 콧머리인 준두가 빛을 띠게 되면 시도해
도 된다. 단 최소한도의 판단이고 복당(福堂)이 광택있는 백색
또는 황색이고 붉고 윤택한 것이 있으면 대단히 길하다.

작은 거울을 가지고 가끔 비추어 보고 권골에 윤기 있는 빛
이 가시게 되면 두말없이 돌아서길 바란다.

부디 상묘, 천중은 천하를 갈라놓는 싸움이 되므로 잊어서

는 안된다. 투기사는 천중의 한 줄을 가장 중요하게 생각하고
있다.

6. 결혼은 이렇게 본다.

결혼운에 대하여 알아보자.

지하철을 탄 순간 왼쪽에 미인이 있어 살짝 곁눈으로 보았
다. 이것이 인상에 남아 다른 곳에서도 선명히 눈앞에 떠오른
다.

다음날 혹시나 그 시간에 그 여자가 지하철을 타지 않을
까 하고 기다려 보아도 어제의 미인은 보이지 않았다.

몇 대의 지하철이 지나갈 때까지 두리번거려도 보이지 않았
다. 그렇게 며칠을 그녀 생각에 시달렸다. 그러다 보니 눈꼬리
조금 바깥쪽에 처첩궁이 생긴 것이 아닌가?

남자는 왼쪽이 처이고 오른쪽은 처 이외의 부인을 본다는
것을 뜻한다. 여자는 반대다. 처첩궁(妻妾宮)이라 부르는 것은

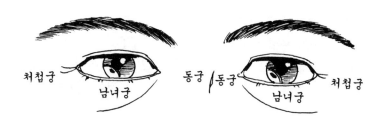

눈으로 남녀관계의 운수를 알 수 있다.

남자를 위주로 한 명칭이지만 여자의 경우에도 역시 처첩궁이라 부른다. 이는 불공평한 말로 여자를 주로하면 달리 이성궁(異性宮)이라고 불러야 하지 않을까 한다.

이 부분인 눈꼬리에서 나온 방사선 모양의 줄이 있다. 한 개인 것도 있고 두 개 또는 여러 줄이 난 사람도 있는데, 대개는 두 줄이다. 남자라도 한 줄인 사람은 고지식한 사람이다.

두 줄인 사람은 본처 외에 첩 비슷한 여인을 가지고 있다. 그러나 책하지 말라! 곧 제대로 돌아오니까……

여러 줄이 있으면 약간 골치가 아프게 된다. 이런 사람은 다정다감해 여자가 다가오면 그대로 넘어가 버린다.

인상에서 이성을 보는 곳은 처첩궁을 주로 하고 다음은 눈머리인 용궁(龍宮), 그 다음이 눈 밑의 남녀궁(男女宮)으로 이세 곳을 보면 된다. 처첩궁에 살이 풍성한 것은 좋다. 남자라면 좋은 아내를 만나게 되고 여자라면 좋은 남편을 만나게 된다.

눈머리와 콧등 중앙부인 중악(中岳)의 사이에 부좌(夫座), 처좌(妻座)가 있다. 이것은 고서에 쓰여 있는 곳으로 대개의 관상에서는 용궁(龍宮)이라 부르고 있다. 이것은 부부사이를 잘 조절하는 것으로 정사(情事)를 보는 곳이다.

다음은 눈아래의 남녀궁(男女宮), 이것은 주로 자손관계를 보는 곳이다. 특히 마음속에 '저 사람이 좋은데……'라고 생각하는 아가씨가 있다면 이쪽이 분홍색으로 되니 이성에게 다가가기 위해서는 우선 이곳을 보고 시작하는 것이 순서일 것이다.

무리하게 결혼을 했을때 성공인지 아닌지의 문제가 필연적으로 생긴다. 이 문제를 대답해 주는 곳이 바로 처첩궁으로 연애문제의 종점이 된다.

처첩궁은 가정이 시작이다. 그리고 부부가 잘 결합해 나갈지 아닐지에도 A급, B급, C급이 있다.

그것을 보는 것이 부좌, 처좌이다.

7. 연애는 이렇게 본다.

12지중 명궁은 생각하는 곳이라 했다. 이 명궁에도 분홍색
이나 이를 덮고 있는 막과 같이 표면이 거무스름하게 되는 수
가 있으니, 이것은 2중 혈색이라 하여 아주 분간하기 힘든 것
이 된다. 이곳에 나오는 혈색은 연애의 초기 증상으로 연애의
초기에 우선 명궁(특히 인당)을 보도록 하라.

명궁의 바로 위를 중정(中正)이라 하고 그 위를 사공(司空)
이라고 한다. 이 중정부근이 흐릿해지면 연애를 중지하도록
하라. 또 눈썹의 머리가 그럴 때에도 마찬가지다. 고서에는 눈
썹머리를 액각(額角) 또는 호각(虎角)이라고 말하기도 하는
데, 눈썹머리에 검지손가락 끝으로 누른 정도의 면적에 검푸
르게 보기 싫은 색채가 나타나든가 중정에 그런 것이 나타나
거나 여드름이 나든가 하면 연애를 중지하라.

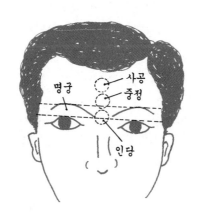

연애의 초기에 명궁의 색을 주시하라!!

상대는 연애를 핑계 삼아 당신에게 해를 줄지도 모른다. 마음이 약한 아가씨에게 하는 충고이다.

명궁에 검은 줄이 하나 생기면 혼담을 그만두는 것이 좋다. 또 혼담이 두 곳 있을 때에도 두 곳 모두에서 그 색깔이 없어질 때까지 자중하는 것이 좋다. 결혼은 인생의 제1보이니 특히 신중하게 대처해야 한다.

빛나는 흰 빛으로 이마에 두텁게 명궁을 향해 가늘게 생길 때의 혼담은 좋으니 이때는 맞선을 보는 등 적극적으로 일을 진행시키라.

생각이 신중해지면 명궁의 흑색이 강해진다.

8. 소망은 이렇게 본다.

소망문제가 되면 남녀를 불문하고 관록궁에 그 성취여부가 나타난다.

관록궁은 이마 중앙에 있으며 본래 남자의 궁에 봉사하는 것을 보는 것으로 회사에 근무할 때도 이를 보는 것이다. 여자가 가슴을 태우는 사랑이 성취되는지 아닌지를 볼 수도 있다.

이 관록궁에 조금이라도 검은색이 나타나지 않고 깨끗해지면 소원이 성취된다.

약간의 검은 기운(피하 깊이 거무스레 보인다)이 있어도 이 결혼에는 말썽이 있고, 짙은 검은색이 나타나면 이미 가망이 없다. 차라리 다른 사람을 찾는 것이 현명하다. 울고 싶으면 실컷 울고 뒤에는 모든 것을 깨끗이 잊어라. 그 사람만이 남자가 아니니까……

다음에는 태어나는 아이들에 대한 소망이다.

이것은 눈아래의 남녀궁을 본다. 남자의 왼쪽은 아들, 오른쪽은 딸, 여자의 경우에는 그 반대가 된다. 따라서 남녀간의 사랑은 남녀궁에서 시작해서 완성을 보는 것이다.

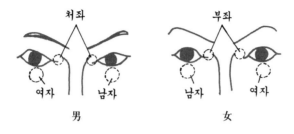

처좌
부좌

여자　　남자　　　　　　남자　　여자

男　　　　　　　　　　　女

태아의 성별을 알 수 있는 남녀궁

즉 눈 아래에서 시작하여 눈 아래에서 끝나는 것이다. 남녀
궁을 달리 와잠(臥蠶)이라고 한다. 이것은 부부가 누워 있는
것을 누에가 크기 위해 잠자는 것으로 표현한 것이 아닌가 한
다.

부좌(夫座), 처좌(妻座)를 다시 한번 살펴보자.

이 부분이 푸르스름한 색을 띠면 부부싸움이 생긴다. 싸움
끝에 헤어지자는 말까지 나온다. 또 사정이 있어 멀리 별거할
경우도 있다. 이때도 검푸른 색이 나타난다.

푸른색은 신경이고 검은색은 흉사를 말한다. 이곳뿐이 아니
고 찌뿌둥한 색이 인상에 나타나면 모두 나쁘다.

처첩궁에 살이 풍부하면 처덕으로 입신출세하는 수가 많다.
처첩궁은 인생의 마지막인 죽음에도 활용할 수 있다. 즉 임종
때의 불운을 보는 것이다. 좋은 아내를 가진 사람은 편안히 저
세상에 가고, 좋지 않은 부인을 가진 사람은 죽을 때 불쌍하게
된다.

9. 사업은 이렇게 본다.

사업에 대하여 알아 보자. 사업은 남자들의 싸움터로 목숨을 거는 곳이기도 하다.

이 항목을 풀이하기 전에 알아두어야 할 것이 있다.

종래의 인상법에서는 중정(中正)이라는 곳을 중요시했다. 중정이라는 문자에 대해서는 앞서 말한 바도 있지만 문서라고 풀이한 것이 적절한 것 같다. 왜냐하면 오늘날은 모든 것이 문서로 작성되어 일이 진행되기 때문이다. 채소가게에 가서 배추 한 포기를 산다면 모를까, 주식을 산다든가 매매를 계약할 때는 우선 문서부터 작성해야 한다. 공무원의 업무진행도 문서로 시작된다. 주민등록, 인감증명 등등 하나같이 문서가 말을 하는 것이다. 사건처리 하나하나에 문서가 필요하고 일을 시작하는 데도 문서가 필요하므로 새로운 관상사들이 중정을 문서로 해석하는 사례가 나온 것이다.

사업을 시작할 때

사업에는 초, 중, 종이 있다고 할 수 있다. 그중 중이 길어지면 그야말로 경사스러운 일이다. 이를 보기 위해서는 그 운수를 보아야 하는데 여기에서는 일정 연령을 토대로 하게 된다.

중년운, 말년운, 젊을 때의 운이 다같이 하나로 된다고 생각하고 큰 사업을 벌이는 것은 무리한 일이다. 여기에는 앞에서 풀이한 학당(學堂)을 논하게 되는데 이는 자기의 특징을 연구하는 것이 된다.

이 두 가지를 연구해야 비로소 사업을 정할 수 있다.

이것은 집안의 흥망에 크게 관계하므로 여기서 다시 설명을 보태기로 한다.

특징을 파악하는 일로 먼저 학당을 연구한다. 이 과정을 Ⓐ로 하고 삼정의 연구 즉, 자기 운세의 장단을 판단하는 것을 Ⓑ로 한다.

다시 말하면 Ⓑ는 연령에 대한 연구이다. 이는 상의 종횡을 타진하는 곳으로 이를 잘 연구하여 사업에 착수하자.

다음에는 혈색이다. 콧머리인 준두를 우선 본다. 다음은 이마전부에 걸친 천정 전체, 그 다음은 권골과 눈아래, 코의 옆과 정면을 본다. 큰 일인 경우는 입술 옆의 노복궁도 중요하다. 이것은 그 시기가 목전에 와 있기 때문이다.

코전체에 걸친 재백(財帛) 전체, 특히 준두가 깨끗하고 흰색이 되며 금갑(金甲 : 양쪽 콧구멍 부위)도 깨끗이 보여야 한다. 그래야 사업착수에 지장이 없다는 것이 된다.

다음에는 천정 즉, 이마 전체가 깨끗해야 한다. 또는 분홍색도 좋다. 그것은 금전운이 되기 때문이다. 즉 돈이 잘 돌아갈 수 있느냐 없느냐의 상을 보는 것이다.

권골은 사회를 말한다. 이 부위가 깨끗하면 세상을 윤택하게 꾸릴 수 있다는 상이다. 한편 노복궁이 깨끗하면 고용하는 사원을 잘 얻는다는 것이다.

앞에 쓴 Ⓐ, Ⓑ와 이 노복궁의 혈색을 번갈아 보아 흐리거나

사업성공의 상(천정 즉, 이마 전체가 깨끗해야 한다.)

상처난 곳이 없으면 사업계에 뛰어들어 활동을 해도 무리가 없다.

사업가

사업가로 활동하는 사람의 인상법을 말해보자. 사장 스스로 가 뛰는 것이 아니고 사원들이 직접 일을 해주는 것이니까 우선 부하인 사원을 중요하게 생각해야 한다.

현재 뛰고 있는 사원을 보는 곳은 입술 옆의 노복궁이다. 여기에 하등의 혈색이 나타나지 않는 때는 사원들이 무사히 평상시처럼 활동한다. 사장의 상은 뺨에서 턱까지 살이 풍성해야 좋은 사원을 얻게 된다. 또 귀가 남달리 큰 것도 좋은 상이다. 노복궁에 약간 검은색이 나타나면 사원 중에 잘못하는 자가 있다는 것이 되고 피부 깊이 검은 것이 생길 때는 사원 중에 타사와 통하거나 회사의 제품을 몰래 팔아먹는 자가 생기는 수도 있다. 다른 곳을 망각하더라도 이곳만은 항상 주의해 보아야 한다. 특히 소매상을 하는 사람은 이곳이 생명선이 된

귀가 남달리 크거나 뺨에서 턱까지
살이 풍성한 것이 좋다.

대사업가의 상

다.

다음에 마음을 써야 하는 곳은 문서궁(文書宮 : 中正이라고도 함)이다. 이곳은 양눈썹 사이에 있는 인당의 조금 위이다.

관청이나 큰 회사의 간부는 문서에 사인이나 도장을 찍어 생명을 주는 것이 주임무다. 미간 위에 있는 곳도 문서(中正)이니 여기가 깨끗하지 않을 때는 만사에 주의를 해야 한다. 검푸른 홍색이 보일 때에는 이곳이 지워질 때까지 무언가 잘못되는 일은 없는지 찾아보아야 한다. 특히 사원의 신규채용 등은 삼가는 것이 좋다.

채용

사원이란 회사의 일을 분담하는 사람으로서 분담된 일에는 책임을 져야 한다. 따라서 책임감이 적은 사람은 채용을 삼가는 것이 좋다. 이 책임감을 보는 곳이 산근(山根)이다.

눈과 눈사이의 코 윗부분을 산근이라고 하는데 이쪽이 높은 사람이 좋다. 여기서 혈색에 구애될 필요는 없다. 그러나 증권을 샀을 때 그 시세가 내리면 이 부분의 혈색이 나빠진다. 그러므로 사원채용에서 이곳 혈색을 다른 것으로 착각할 우려가 있다. 그러니 이곳은 콧잔등이 높기만 하면 믿을 수 있다.

기술적인 직업

종사하는 일이 기술적인 일인지 상업적인 일인지에 따라 보는 곳이 다르다. 기술적인 것이라면 눈썹이다. 눈썹은 초생달 모양에 부드럽고 긴 것이 좋다. 긴 눈썹을 한 사람은 손재간이 있다. 그러나 부드럽다고 해서 남자가 여자와 같은 것은 좋지 않다.

『신상전편』에도 '남자가 여자같은 눈썹이면 음란하다.'고 하니, 남자는 역시 굵고 진한 눈썹이면서 부드럽고 긴 것이 좋다. 그런 사람은 기술이 뛰어난 사람이다.

유통적인 직업

유통방면에서 채용하면 금갑(金甲 : 작은 코)과 권골, 중악
(中岳)의 옆을 보아야 한다.

특히 권골(광대뼈)은 활약의 의지를 보는 곳으로 이것이 적
당히 튀어나와 있어야 좋다. 권골이 적당히 나온 것은 말하자
면 착실한 인상을 준다. 여기서 주의할 것은 권골 아래 조금
안쪽인 정면(正面)이 들어가 있으면 안된다. 이것은 앞에서도
말한 바 있지만 눈의 중심에서 아래로 내린 직선과 준두(準
頭)의 중심에서 옆으로 그은 가로선이 교차되는 점에 뺨이 있
는 것이다. 이곳이 들어가 있으면 큰일이다. 손님에게 속아 회
사 물품을 준 후 돈을 받지 못할 경우가 생길 수 있다. 결국
권골이 옆으로 튀어나와도 좋지 않으며 정면이 중요하다. 이
로써 사원채용에 대하여 두 가지를 말한 셈이다.

이밖에 또하나 덧붙일 것이 있다. 좌우의 권골은 심하게 차
이가 없는 것이 바람직하다. 좌우 권골의 차이가 유난히 심할
경우에는 무슨 일이 일어날지 관상가도 예상할 수 없다. 이것
은 사주(斜走)의 상이라 할 수 있는 것으로 잘 연구되지않은형
이다. 물론 인간의 얼굴에서 눈이나 눈썹이 좌우 똑같은 높이
에 있는 것은 아니나 그렇다고 너무 차이가 있는 것은 흉상이
다.

한편 머리털 나는 선이 구부러진 것도 흉상이다. 오른쪽이
높고 왼쪽이 낮은 사람 중에는 살인을 한 사람도 있다. 귀도
좌우 고저가 있어서는 안된다.

야심작의 발표

다음은 사업의 야심적 행동에 대하여 말해보자. 회사가 보
통의 제품이 아니고 뛰어난 야심작을 낼 때 그것은 사장의 천
정 즉 이마 전체에 나타난다. 천정 전체가 흰 빛을 띠고 있으
면 좋은데, 나아가 홍조를 띠고 있으면 더욱 좋다. 특히 이때

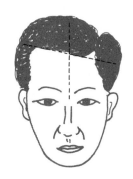

머리카락이 나기 시작한 선이 구부러진 것도 흉상!!

손바닥이 핑크나 붉은 기운을 띠고 있으면 최고로 좋다. 한편 손가락 끝부분일수록 붉기가 강하고 손바닥으로 오면서 붉기가 연해지고 있는 것은 장래 좋은 일을 기대할 수 있는 길조다. 천정이 보통이라면 아무리 심혈을 기울여 야심작을 내놓았다 해도 그다지 성공을 바랄 수 없다. 더구나 조금이라도 검은 기운이 나오면 중지하라. 그 홍색이 위쪽에 있으면 있을수록 더 불리하다.

사장의 천정은 회사의 운명이 됨으로 주시해야 한다. 발명권을 사들인다든가, 스스로 발명하든가, 하이텍이나 새 분야를 개척할 때 사용된다.

또 다른 회사와 제휴하는 데도 상관이 된다.

증자의 시기

증자도 이마의 천정을 보고 한다. 한편 증자를 하면 회사가 그만큼 활동하는 책임을 가져야 한다. 이때 특히 사장의 권골을 본다. 권골이 나쁘면 활동이 막히고 만다.

사업운을 보는 묘수

지금까지 사업운에 대해서 여러 가지를 풀이했으나 사업운을 보는 묘수는 무엇보다도 중악(中岳)이다. 중악이란 코, 즉 재백궁(財帛宮)이 되지만 준두(準頭)가 둥글고 콧구멍이 위로 향하지 않고 난대(蘭台), 정위(廷尉) 두 개가 같으면 부귀의 상이다. 또 '만약 산근(山根)이 이마와 연속되어 일어나면 부귀영화로 3대에 이름을 알린다.'고 하는데, 이 외에도 코에 대해서는 많은 부귀설이 오간다. 당연히 사장에게 맞는 관상법이다.그러니 중악을 보는 것이 사업운을 보는 근본이라 할 수 있다.

중악은 힘이 있어야 한다. 코 전체가 가느다란 남자는 못쓴다. 살이 잘 오르고 얼굴 가운데 우뚝 버티고 있어야 훌륭한 사장이 될 수 있다. 그리고 색은 희고 붉으스레한 것이 좋고 만일 중악이 거무스름하면 자리에서 밀려날지 모른다. 그러나 준두가 잘 생기면 개척해 나갈 수도 있다.

사업에 가장 적합한 사람

여기서 아주 멋진 인상을 소개해 보자.

즉 이마에 줄이 하나 있는 사람이다. 옛날과 지금의 상황은 다르나 천중에 옆으로 줄이 하나 있으면 부귀영화가 3공(公)에 이른다고 했다. 그러니 오늘의 사업가에 비유한다면 이런 인상의 사람은 사장이 되면 회사가 나래를 펴듯이 발전한다.

이 이상 좋은 상은 없을 것이다. 한편 이 상은 주름이 하나라고 보기 쉬운데, 두 개, 세 개와는 엄연히 다르기 때문이다.

물론 천정에 주름이 없는 상도 있을 것이다. 이는 줄이 하나와는 다른 2급에 속하는 귀한 상이라 볼 수 있다.

제10장 건강과 가정을 보는 법

1. 건강진단

인상을 통한 건강진단법에 대하여 알아보자.

5악중 중악이라 하면 대개 코를 지적하는 말이 되지만 이 중악의 근본은 산근(山根)이라고 한다. 이 부분에 희미한 색이 나타나면 우선 병약하다고 볼 수 있다. 다음 이것이 뚜렷해지고 검게 보이면 병이 있다고 보게 된다.

질액궁(疾厄宮)이라는 말이 붙을 정도로 병이나 재난을 보는 것이다. 『신상전편』에 '코는 중악이라 하고 그 형태가 흙에 속하며 한낮의 폐의 상태를 보는 곳이다.'라고 쓰여 있는데, 폐를 앓고 있는 사람을 찾아가 문안을 드리면 그 상을 보게 될 것이다.

또한 '가벼운 사람은 권골에서 끝나지만 무거운 사람은 코에까지 이른다.'고 하고 있다. 이때 나타나는 색은 검은색이다. 한편 오른쪽 폐가 나쁜지 왼쪽 폐가 나쁜지를 판단하기 위해서는 우선 권골 정면을 보면 나쁜 쪽이 거무스름하게 되어 있다.

거기다 그 위쪽에서 보기 싫은 혈색이 전면을 덮고 있다.

간혹 그것이 좌우의 권골에 연결되어 질액궁에 흑색이 나타나면 투병기간은 길어지게 된다.

한편 이마 전체(천정)가 거무스름하게 덮어지게 된다. 이 천정이 흐려지게 되는 것은 불운을 나타내는 것으로 병 자체는 아니다. 병이 완전히 낫게 될 때에는 우선 천정 상부가 옆으로 서서히 맑아지며 좋은 혈색이 나타나기 시작한다. 이때 12지를 사용해 그 완치시기를 알 수 있다.

위장병

위장병에 대한 이야기이다. 위병이 있는 사람은 입술 위에 있는 식록(食祿)이 좁고, 장이 나쁜 사람은 턱의 어느쪽인가가 좁다. 그리고 어느쪽인가 눈썹선에 있는 명궁이 좁다. 또한 공통된 것으로 뺨에 살이 빠져 쑥 들어가 있는 것이다.

우선 중악(코)과 수성(입)쪽이 좁은 사람은 위가 약하다. 치료를 해도 반 년 정도 지나면 또 나빠져 자주 반복된다.

그리고 턱, 즉 지각(地閣)이 옆으로 좁은 사람은 변비가 있다. 한편 이 끝에 항문(肛門)이 있다. 치질인지 아닌지는 중악의 낮은 부분 즉, 금갑(金甲)과 뺨 사이의 골같이 생긴 곳에서 볼 수 있다. 여기가 보기 싫은 검은색 또 검붉은 혈색일 때는 좋지 않다. 여드름 등도 모두 나쁘다.

위장병은 대개 부스럼이 많이 생기고 사소한 일에도 신경질

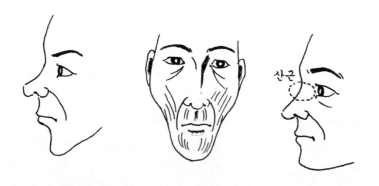

턱이 뾰족한 사람은   뺨이 좁은 상은   산근에 병상이 나타난다.
위장이 약하다.   위장이 약하다.

〈인상을 통한 건강진단 ― 위장병〉

을 내기 쉽다. 또한 지각 하단이 가늘고 뾰족하다. 그림에서처럼 약간 뾰족한 편으로 신경이 꽤 날카롭고, 혼자 사서 고생하는 사람이라 말할 수 있다.

혈압

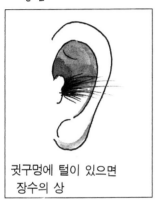

귓구멍에 털이 있으면 장수의 상

귓구멍 속에 털이 나면 오래 사는 상으로, 특히 귀는 혈압과 관계가 있다. 귀의 색이 흰색이면 저혈압이다. 여기가 거무스름하게 되면 신장병에 걸리기 쉽다. 또 이미 걸려 있는 사람도 있다. 간혹 혈액이 산성이 되어 있는 사람도 있다. 대개 좋은 귓빛은 분홍색으로 그런 색이면 활력도 충분히 있다. 만일 붉은색이 되면 혈압이 지나치게 높은 것이다.

관상의 비법으로 보는 건강진단법

우선 광원에서 한쪽으로 빛을 발해 필름을 통과시키면 그 필름에는 자기의 코(중악)가 나타난다. 또한 코에는 병상이 나타나 있어 그것을 스크린에 크게 영사시킨다. 이것을 '소인형법(小人形法)'이라고 한다.

이 설에 의하면 코옆 낮은 곳에 홍색이 생기면 치질이라고 하는데 적중률은 100%이다. 또 준두는 생식기와도 관련이 있어 여자의 경우 준두가 흐리면 부인병이 있다. 이와 같이 인상이란 거울을 보아 순간적으로 판단할 수 있는데, '소인형법'에 의해 중악을 상체에 맞추어 보면 여러가지 병을 판별할 수 있다.

즉 코의 각 부분의 흐림이 어디에 해당한다는 것으로 판단할 수 있다.

2. 가정운

가정운에 대하여 알아보자. 결혼에 대해서는 앞에서 말했는데 그때 눈꼬리의 처첩궁에 대해서 풀이한 바 있다.

가정이란 우선 그것이 근본이다. 처첩궁이 확고해 있지 않으면 가정은 근본부터 뒤집어지기 마련이다.

그것을 보는 곳은 눈꼬리에서 1cm, 바깥쪽에서 2cm 위쪽에 뼈가 쑥 들어간 곳—옛날 사람들은 이곳을 흠소(欠所)라 하여 이 낮은 곳 전체를 보았다—으로 여기에 살이 많아 퉁퉁하면 대길이라 한다.

그 다음은 살로 함몰된 부분을 메워 평평한 것을 길하다고 본다. 살이 없고 뼈가 낮은 채로 들어가 있는 것은 흉상이다. 거기에 여드름이 있다면 대흉이다. 상처가 있으면 더한 것은 물론이다.

여기에 살이 두둑하면 집안은 안전하고 부부는 원만하다. 게다가 와잠이 평평하면 한 집안으로서는 만세를 부를 상이다. 할 말이 없을 정도로 인생의 최고상이라 할 수 있다.

대개 남자가 여자에게 호감을 주는지를 보는 것으로 첫째가 처첩궁, 다음은 남녀궁이지만 준두를 보는 것도 놓쳐서는 안 된다. 여자도 남편에게 사랑받는 것이 첫째 조건이다. 한편 준두는 육체 관계에서 간과할 수 없다. 여자의 준두가 흐릿하면 남편이 육체적으로 사랑하지 않는 것이다.

부모효행

우선 이마(天停)를 본다. 이마 중앙의 좌우에 조금 두드러진 일각(日角), 월각(月角)이라는 것이 있는 상은 부모의 뒤를 이어 집안을 반석 위에 올려 놓을 효자이다. 이마의 윗부분을 두

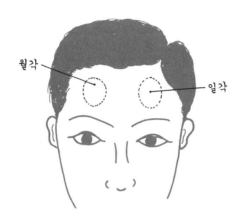

월각

일각

부모효행의 상 (일각과 월각이 나타난다.)

손가락으로 쓸어보면 조금 둥글고 두드러진 것으로 좌우 두
개가 있다. 남자의 경우에 그 사람의 왼쪽을 일각이라 하고 아
버지를 나타내며, 오른쪽을 월각이라 하며 어머니를 나타낸다.

이것이 있으면 효행하는 아들이다. 자식들 중에는 부모에게
효도하는 아들이 있는가 하면 그렇지 않은 아들도 있다. 따라
서 효행하는 자손에게 둘러싸여 행복한 노부모도 있고 그렇지
못한 노부모도 있다. 또 많은 자손 중 한 아이만 효행을 하고
다른 자식은 불효하든가 일찍 죽게 되는 수가 있다.

부모로서는 자식 모두가 건강하고 출세도 하고 돈도 모으고
좋은 배우자를 만나 행복하게 살길 바라며 똑같이 사랑하는
것이 한결같은 마음이지만, 아들쪽은 제각기 다르다. 그러니
옛말로 하자면 뒤를 이을 자식, 부모는 이런 아들을 찾아내야
한다. 또 이런 상을 한 사람은 장수를 겸하게 된다. 대개 여자
에게는 이런 상이 드물다. 일각과 월각을 지닌 사람은 어떠한
곤란도 참고 가정을 강고하게 지켜나가게 된다.

막내의 일각과 월각

만일 막내에게 이런 상이 있으면 큰일이다. 그 위의 아들들은 아무짝에도 못쓴다. 장남이 이런 상이라면 순리대로 좋을 것이지만……

자손운

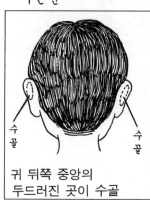

귀 뒤쪽 중앙의
두드러진 곳이 수골

자손운을 볼 때 부인의 오른쪽 눈 아래는 남자, 왼쪽 눈 아래는 여자로 본다. 그리고 어느 쪽 혈색이 좋은가를 비교해 본다. 만일 오른쪽 눈 아래가 깨끗하면, 이것은 남자 아이가 있고 여자 아이는 없다는 것이 된다. 또 남자아이도 있고 여자 아이도 있지만 여자 아이는 병이 있다는 상이 된다. 이것이 검을수록 병이 깊다고 생각해야 된다. 이때는 아이의 명문(귀와 권골사이)과 명궁을 보도록 한다. 아이의 생명은 그곳에 나타나게 되는 것이다.

아이들이 잘 성장하는지 어려서 사망하는 지는 귀뒤의 세로로 붙어 있는 뼈로 본다. 이것을 수골(壽骨)이라고 하는데, 이 뼈가 귀와 같이 앞쪽으로 구부러져 있어 만곡이 두드러져 있으면 장생하니까 소소한 병을 앓는다 해도 걱정은 없다.

때로는 수골이 없는 아이도 있다. 이런 아이는 자그마한 병이라도 중한 것으로 보아야 한다. 사소한 병에도 만반의 주의가 필요하다.

수골이 없는 아이는 공덕을 많이 쌓아서 편안하게 자라도록 잘 지켜보라.

이 수골은 나이가 들어서도 계속 유념해야 한다.

앞서 말한 것처럼 늙어 귓속에서 긴 털이 나오는 것도 장수의 수골과 앞과 뒤를 이룬다. 또 귀 자체는 혈압과 관계가 있는 등 건강을 보는 근본이 되어 있다. 그러므로 이 부분에 대한 연구는 아직 많은 과제가 있다고 본다.

과부상

과부상에 대하여 알아보자.

남편은 100세, 부인은 99세까지 살았다고 하면 남편이 죽어도 불과 1년 차이로 과부라고는 할 수 없지만 30이고 80이라면 오래도록 과부로 살아야 한다.

그럼 과부상이란 어떤 상일까? 이것은 3가지로 나눌 수 있다.

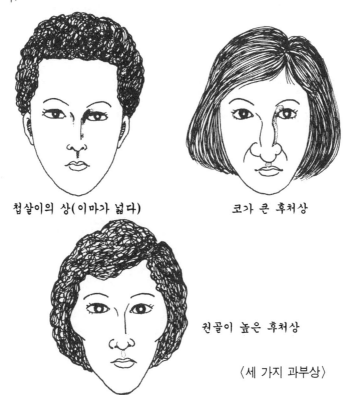

첩살이의 상(이마가 넓다)　　　　코가 큰 후처상

원골이 높은 후처상

〈세 가지 과부상〉

① 우선 천정이 넓은 여자(그림 참조). 이것은 남자를 능가하는 여자로 좋은 머리를 가지고 있어 남자 없이도 인생을 살아갈 수 있는 상이다. 예술가가 적합하다.

② 다음은 코가 커 얼굴을 덮는 느낌을 주는 여자다. 이런 여자는 이웃과 사이가 좋지 않고 혼자 사는 세상처럼 집안에서나 밖에서나 어느 누구라도 깔보며 거들먹거린다. 결국 남편의 속을 태우고 일생을 과부로 비참하게 살아야 하는 상의 여인이다.

③ 다음은 광대뼈가 높은 여자다. 이런 여자는 남편이 살아 있는 동안에도 남편을 위해서 일을 잘한다. 장사꾼의 부인에게 많다.

이상의 3가지가 과부상으로 삼권면(三權面)이라 한다.

제 11 장 5행(五行)이 뜻하는 것

1. 5행법

'사람은 음양을 가지고 있으며 성숙한 때는 5색이 이에 따른다. 청색은 목(木)에 속하고 백색은 금(金)에 속하고 적색은 화(火)에 속하고 흑색은 수(水)에 속하고 황색은 토(土)에 속한다. …… 5색의 땅을 얻은 자는 춘색에 청(靑)을 요하며 하색에는 홍(紅)을 요하고 추색에는 백(白)을 요하고 동색에는 흑(黑)을 요한다.'

위의『신상전편』에 나오는 5행의 풀이는 그냥 봐서는 어리둥절한 말이지만, 이것은 혈색을 말한 것으로 눈앞에 다가온 3개월간의 길흉을 말한다. 그러므로 5행법은 한마디로 말해서 봄은 봄에 알맞게, 가을은 가을에 알맞는 안색을 하고 있으면 좋다는 말이다.

만일 봄의 얼굴, 가을의 얼굴이 무엇이냐고 묻는다면 5행을 풀이하면 그 뜻을 알게 될 것이다.

우선 봄은 나무로 비유해 목행(木行)이며, 여름은 화행(火行), 가을은 금행(金行), 겨울은 수행(水行)이 된다.

사람의 얼굴색도 청(靑)은 목행, 적(赤)은 화행, 백(白)은 금행, 흑(黑)은 수행이 된다고 하자. 청이니 흑이니 한다고 정말 푸르고 검은색을 뜻하는 것은 아니고 약간 푸르고 검은 기를 띠고 있어 이를 목행 또는 수행이라고 하는 것이다.

또 약간 붉거나 수행기를 띤 분홍색이면 이를 화행이라 한다. 물론 금행도 마찬가지이다.

2. 봄의 혈색

봄의 계절은 목행이니 같은 목행 혈색의 인상이면 봄이라는 계절을 맞아 비화(比和)하여 길하다고 본다.

비화란 사이가 좋다. 즉 사람이 계절과 사이가 좋다는 것으로 운명적으로 보면 그 사람이 사회적이란 말과 통한다. 다시 말해 하늘과 땅이 비화하는 것처럼 사회와 비화한다는 뜻으로 장사도 순조롭게 나간다는 뜻이니 좋다는 말이 아닌가.

만일 봄에 붉은 기를 띤 얼굴을 하고 있으면 어떤가. 당신은 여름의 운세를 가지고 있는 셈이고 봄은 목(木), 여름은 화(火)이니 나무에서 불을 생기게 함으로 이런 사람은 좋은 것이 된다. 돈벌이도 이때 된다.

봄에 희끄므레한 혈색을 하고 있는 사람은 좋지 않다. 흰색이니까 미남이라고 생각하고 있으면 착각에 불과하다. 상업상 불이익을 초래하게 된다.

이런 때는 행동을 축소하는 것이 좋다. 공무원이나 회사원은 너무 떠벌리지 않아야 한다. 백은 금으로 금극목(金尅木)을 나타내기 때문이다.

봄에 약간 검은 기가 나는 사람은―혹은 수(水)가 되고 봄이라는 계절은 목(木)의 계절이니―자기를 희생해 사회에 봉사하는 때이다. 한편 이런 사람은 수생목(水生木)으로 공무원이면 자기를 중용하는 때이지만 상인이라면 자신을 깎아 상대를 위하는 것이 되므로 돈벌이는 안된다.

3. 여름의 혈색

계절이 봄에서 여름으로 옮겨갈 경우의 푸르스름한 혈색은 자신은 목행(木行)이고 계절은 화행(火行)인 목생화(木生火)로 자기가 손해보고 상대를 이롭게 하니 좋은 시기가 아니다.

붉으스레한 혈색을 가진 사람은 화행으로, 이 사람은 여름인 경우 동떨어져 좋으나 그 반대가 되는 수도 있으니 주의를 요한다.

여름에 흰색 얼굴은 좋지 않다. 이것은 화극금(火尅金)으로, 여름(火)이 금(장본인)을 녹게 하여 큰 손해를 보게 된다. 산 위에서 불이 가장 빠르고 또 강하기 때문이다.

다음엔 흑이다. 흑은 물, 여름은 화 그리고 혈색은 수행으로 불과 물의 싸움이다. 여름의 햇볕에 탄 흑색이 아니고 깊숙한 데서의 혈색이 검다면 우선 여름동안은 몸을 웅크리고 지내야 한다.

4. 가을의 혈색

가을은 하양 혈색이다. 따라서 붉으스레한 혈색의 사람은 불길하다. 흰 빛은 길하여 생각대로 일이 진행된다. 거무스름한 사람에게는 금생수(金生水)로 생명의 근본에 따르게 되므로 활기를 펼 때이다.

5. 겨울의 혈색

겨울에 푸른 혈색인 사람은 수생목(水生木)으로 대길하다. 우후죽순처럼 재산이 불어나는 때이다.

붉은 혈색인 사람은 흉하다. 물과 불의 싸움이다. 혈색이 흰 사람은 약간 손해를 보게 된다. 자기를 희생해 사회에 봉사하는 시기로 상인이라면 손해만 보지만 자기 이름을 걸며 활동하는 사람에게는 좋다.

얼굴 전체가 거무스름한 사람에게는 대길이다. 흑색의 계절인 겨울과 혈색 수행(水行)이 겹치면 '물은 물을 얻어 귀하다.'고 한다. 여름의 화행에 혈색 화행(火行)이 겹치면 이것은 회성이 되니 이 점을 주의하라.

제 12 장 얼굴 모양에 의한 운세 판단

얼굴의 모양은 그 사람의 성격을 나타낸다고 할 수 있다. 즉 얼굴 생김에 따라 그 사람의 성질과 운명을 쉽게 간파할 수 있다.

1. 둥근형

둥근형의 사람은 이웃과 원만하게 교제하며 빈틈이 없는 사람이다. 그러나 이성 관계가 복잡하여 향락에 젖기 쉽다. 일생 동안 큰 실패도 있다.

특히 이 형의 사람은 남과 경쟁하면 이긴다. 그러나 큰 것을 얻었다고 해도 이것을 영구히 간직하지 못하고 다시 구렁텅이로 떨어지는 수가 있는데, 매일 매일을 정직하게 살면 다시 차차 일어나 좋은 생활을 하게 된다.

둥글둥글한 성격으로 남과 다투는 것을 싫어하고, 부지런하여 외교관, 상업, 요식업에 적합하다.

2. 말상

좁고 긴형, 말하자면 말과 같은 상으로 이런 사람은 자기만 안다.

이상이 높고 활동적이며 독립심이 강하다. 인내력과 사교적인 수완이 대단하여 남을 잘 포섭하고 통솔력을 발휘한다.

여성의 경우에는 가정적이기보다는 주로 외부활동을 하여 부부사이가 평탄치 못할 염려가 있다.

3. 초생달형

머리가 좋고 사고력이 풍부하며 논리적이다. 모든 것을 신중하게 처리하려고 하기 때문에 오히려 결단력이 없거나 실천하는 행동력이 부족하다. 그러므로 자기가 직접 경영하는 일보다는 주어진 임무에 충실해야 한다.

성품이 내향적이고 소극적이므로 천만 가지의 이론보다는 하나라도 실천하려는 노력이 필요하다.

4. 볼록형

한마디로 행동하는 상이다. 넘치는 힘과 강한 신념으로 무슨 일이고 실천에 옮기려든다. 하지만 계획성이 없고 마무리가 매끄럽지 못하다. 성품은 매우 적극적이고 외향적이다. 행동하기에 앞서 잠시 생각해 보는 습관을 길러야 하며 치밀한 계획과 지구력을 보완하지 않으면 노년에 줄어드는 운세를 방지하지 못한다.

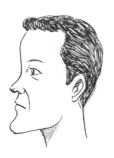 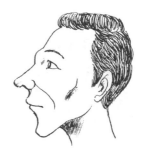

3. 초생달형   4. 볼록형

5. 모난형

　이런 형의 사람은 대체로 감정이 무딘편으로 희노애락의 감정을 잘 드러내지 않는다. 일하는 것을 사명으로 여기므로, 자기의 강건한 체력을 일하는 방향으로 착실히 돌려 중년에는 좋은 생활과 안정을 얻을 수 있다.

　하지만 그릇된 방향으로 일변한다면, 자기주장만 내세워 앞뒤없이 폭력을 휘두르거나 파괴적인 사람이 될 수 있으니 각별히 주의해야 한다.

　한편 이런 형의 여성은 여성다운 부드러움이나 애교가 없고 무심한 편이라 남성들로부터 관심을 사는 일이 적고 결혼을 하더라도 맞벌이나 독신으로 지내는 사람이 많다.

6. 역삼각형

　지능이 뛰어나 일찍 출세하는 상이다. 육체적 활동보다는 머리를 쓰는 일에 능력을 발휘한다.

　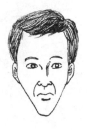

5. 모난형(각형)　　　　　6.역삼각형

이마가 넓어 이마만이 일하는 상으로 천정의 활동이 전부라고 할 수 있다.

너무 일찍 출세가도를 달리다보면 자칫 자기도취에 빠질 수 있으니 주의해야 한다. 코아래에서 턱에 걸친 하정(下停)이 좁아지면 좋지 않다. 상정(上停 : 이마)이 활발하나 하정이 힘이 없으면 일신상의 문제에 철저하지 못하다.

7. 삼각형

삼각형

그림과 같은 삼각형의 얼굴은 그리 흔하지 않다. 이것은 볼이 튀어나온, 네모진 모난형과는 다른 이마인 천정에 힘이 없고 주먹밥처럼 부풀어 있는 상이다. 중년에 한 사람 몫을 하고 만년에는 대성해 큰 회사 두세 개를 갖게 되는 상이다. 말하자면 '유종(有終)의 미'를 가진 상이다.

포용력이 커 많은 부하 직원을 거느리게 된다. 젊은 날 고생한 상이어서 경험이 많고 동정심도 많다. 물질면으로 보아도 이런 상이 제일 좋다. 그러나 그리 흔히 볼 수 있는 상은 아니다.

8. 마른형

신경과민형. 앞에 나온 말상과는 달리 골조는 보통이나 살붙이가 없다. 이런 사람은 물질적으로 손해를 많이 보게 된다. 활동은 경쾌하다.

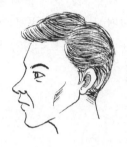 

8. 자주 손해를 보는 마른형   9. 마음이 넓은 뚱보형

자기 스스로 제1선에 나가 지휘를 하더라도 부하들이 좋아
하지 않으니 큰 돈은 모이지 않는다. 창작이나 기획 등에 머리
를 쓴다.

9. 뚱보형

뚱보형은 얼굴 전체가 눈사람같아 무게가 있어 보이는데 앞
에 나온 둥근형과는 다르다.

둥근형에는 깍쟁이가 얼마든지 있지만 뚱보형은 그렇지 않
다. 틀림없이 부하들의 부탁을 잘 들어주고 절대로 제1선에 나
서지 않으므로 부하들이 좋아한다. 활동은 그리 많지 않으며
쉴 때는 쉰다.

제13장 입 모양에 의한 운세 판단

혀가 길고 입술이 바르면 중년에 발복하고, 입술이 얇으면 가난하고, 입술이 크고 눈이 작으면 천하게 행동하고 자기 무덤도 찾지 못한다고 했다.

『마의상법』에 입은 12개의 격상이 있다 하니 몇 개만 추려 풀이하기로 한다.

1. 넉사자 입(四字口)

口角光明脣兩齊 兩頓略仰不再低

聰明更有多才學 富貴應須着紫衣

하늘의 복록을 종신토록 받는 격이 된다. 입은 본래 사(四)자와 같이 가지런히 생기면 공명이 뛰어나 재상벼슬을 하고 후덕하여 많은 사람을 거느린다.

2. 하현달 입(仰月口)

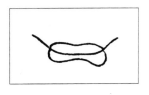

口如仰月上朝彎 齒白脣紅似抹丹

滿腹文章聲價美 竟能富貴列朝班

늙으막에 높은 지조가 나타나는 형이다. 이 입은 거꾸로 된 반달같아 밝게 위를 향하여 휘어 있으니 지조가 높고 한가하며 남들이 우러러 보는 상이다.

3. 호랑이 입(虎口)

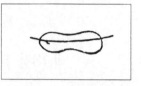

호구활대유수십　수지차구필용권
虎口濶大有收拾　須知此口必容拳

약연불귀차대부　적옥퇴금락자연
若然不貴且大富　積玉堆金樂自然

위엄과 덕을 겸비한 입이다. 이런 입은 범의 입과 같다하여 크고 너그러우니 부하고 고귀한 것이다. 입이 커서 주먹이 들어가면 큰 사람이 될 수가 있다.

4. 초생달 입(覆船口)

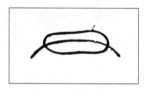

구각혼여복파선　양진우육색련
口角渾如覆破船　兩唇牛肉色聯

인봉차구다위개　일생빈고불수언
人逢此口多爲丐　一生貧苦不須言

늙을 때까지 간사하고 빈곤한 형이다. 이 입은 배가 뒤집힌 즉 초생달 모양으로 양쪽 입언저리가 아래로 수그러져 있다. 옷과 먹을 것이 있어도 항상 부족을 느끼는 생활을 한다.

5. 용의 입(龍口)

용구량진풍차제　광명구각갱청기
龍口兩唇豊且齊　光明口角更淸奇

취호갈산권통변　옥대위요세한희
聚呼喝散權通變　玉帶圍腰世罕稀

귀족적인 형이다. 이 입은 두 입술의 상하가 가지런하며 용의 입같아 큰 뜻을 이룰 수 있고 또 관리로서 대성할 형상이다.

6. 모진 입(方口)

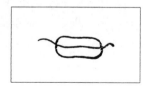

방구제진불로아　진홍광윤사주사
方口齊唇不露牙　唇紅光潤似硃砂

소이불로치차백　정지부귀향영화
笑而不露齒且白　定知富貴享榮華

부귀영화를 누릴 격이다. 이 입은 입술이 가지런한 일자
(一)형으로 평생 부귀하고, 관리면 녹봉도 좋아 노년에 가서
더욱 번영하여 큰 집을 이루게 된다.

7. 앵두 입(櫻桃口)
앵 도 구

櫻桃口大唇脂○ 齒似榴牙宓且宜
앵 도 구 대 진 지 영 치 사 류 아 밀 차 의

笑如含蓮情和暢 聰明拔萃紫袍衣
소 여 함 연 정 화 창 총 명 발 취 자 포 의

총명하기는 하나 수명이 길지 못한 형이다. 이 입은 앵두 같
이 조그마하여 입술이 연지를 찍은 것 같아 여자의 경우에 요
조숙녀 격이다. 장부라면 그리 탐탁치는 못하다.

제 14 장 귀 모양에 의한 운세 판단

귀가 눈썹보다 한치 정도 높은 것은 귀한 사람 밑에서 일할
상이며 덕을 많이 보는 상이다.

귀가 눈썹보다 낮은 것은 조상의 업을 떠나게 되고 형제간
의 의가 좋지 못하며 상사를 업신 여기는 상이다.

귀가 커서 어깨에 드리우게 되면 귀하게 되고 장수하게 되
어 80을 넘기게 된다.

귓불에 바둑돌이 붙은 것같은 사람은 이름을 사방에 떨친
다. 귓속에 사마귀가 있어도 장수하며 총명하다. 여기에 검은
점이 있으면 타향에서 객사하는 상이 된다.

귀가 추하고 검으면 가난하고 어리석고 귓문이 먹칠한 것같
으면 20을 넘지 못하며 귓속에 긴 털이 생기면 장수하고 귀
위가 뾰족하면 살생을 많이 한다.

또 귀 아래가 뾰족하면 마음이 불량하고 귀가 짝짝이면 머
뭇거리다 해를 입기 쉽다.

『마의상법』에서는 귀의 생김새를 18개로 나누나 그중 대표
적이고 흔한 상을 몇 개 추려보자.

1. 토귀(土耳)

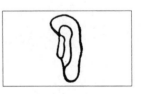

토 이 견 후 대 차 비　윤 홍 자 색 정 감 의
土耳堅厚大且肥　潤紅姿色正堪宜

면 장 부 귀 육 친 시　학 발 동 안 보 좌 시
綿長富貴六親是　鶴髮童顔輔佐時

영화가 있을 상이다. 이 귀는 흙격으로 두텁고 견고하며 크
고 살이 쩌 있다. 홍황색어 부귀가 따르고 친척이 화목하며 웃

사람을 잘 모시는 형이다.

2. 목귀(木耳)

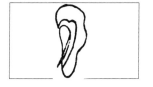

윤비곽반육친박 우공자재부족가
輪飛廓反六親薄 尤恐資財不足家

면부약호록록도 불연빈고정허화
面部若好碌碌度 不然貧苦定虛花

빈천하고 고생하며 성공하기 힘들다. 이 귀는 나무격으로
윤곽이 뒤집히기 쉽고 분주하게 뛰나 재물은 흩어지고 얻는
것이 없다. 낭패하면 옛 친구의 집을 의지하게 된다.

3. 수귀(水耳)

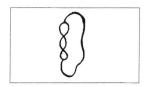

수이후원고과목 우겸첩뇌유수주
水耳厚員高過目 又兼貼腦有垂珠

경견홍윤여탁립 부귀당조대장부
硬堅紅潤如卓立 富貴當朝大丈夫

부귀장수할 명으로 복록이 무궁하다. 물격으로 두텁고 둥글
며 눈썹을 지날 정도로 높고 윤택하고 붉으스레하면 부귀를
얻게 된다.

4. 불귀(火耳)

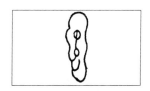

고미륜염곽차반 종유수주불윤과
高眉輪炎廓且反 縱有垂珠不允誇

산근와잠약상응 말년무자수미가
山根臥蠶若相應 末年無子受彌加

외로우나 장수하며 노력할 격이다. 이 귀는 불격으로 귓불
아래가 뒤집어진 형으로 남의 일을 많이 해 주나 결과가 좋지
못하고 성공을 꿈꾸지 못한다.

5. 나귀귀(驢耳)

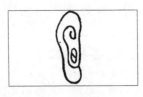

有輪有廓耳雖厚 又嫌軟弱又垂珠

此耳之人必貧苦 末年凶敗事躊躇

분주하게 뛰나 얻는 것이 없다. 이 귀는 당나귀귀같이 크고
긴 모양을 하고 있고 귓바퀴가 뒤집어진 형으로 얇다. 어려서
는 놀랄 일이 많고 복을 바랄 수가 없으나 스스로 유한 마음
을 쓰면 늦게라도 영화를 얻고 수를 누릴 수 있다.

6. 쥐귀(鼠耳)

鼠耳高飛根反尖 縱然過目不爲亨

鼠盜狗倫常不改 末年破敗喪牢擔

간사하며 도적질할 형이다. 이 귀는 쥐귀같이 뾰족하고 높
이 붙어 있다. 저축한 것이 없어 도적질로 생애를 삼아야 하며
마음을 곧게 가질 수 없고 늦게 흉한 일이 생겨 슬픔을 당하
는 형이다.

7. 부처님귀(垂肩耳)

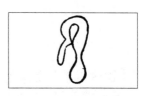

耳厚廓風珠稟肩 過眉潤澤色明鮮

頭員額濶形容易 九五之尊奪尚賢

고귀함이 이를 데 없으며 두텁고 풍만한 형체가 어깨에까지
늘어지니 윤택한 빛이 선명하고 형태가 귀하다. 마음이 한량
없이 고와 성현에 가까운 귀라 할 수 있다.

8. 호랑이귀(虎耳)

耳小輪廓又缺破　對面不見始爲奇

此耳此人多奸險　亦能有貴有威儀

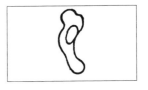

위험이 있고 간음할 상이다. 이 귀는 범의 귀같아 윤곽을 제대로 이루지 못하고 머리에 젖혀져 붙어 있으면 영화를 보나 간악하고 탐하는 부류가 된다. 위험이 많아 상처가 있고 관직은 평생 얻을 생각을 말라.

9. 금귀(金耳)

眉高一寸天輪小　耳白過面並垂珠

富貴聞名於朝野　只嫌損子末時孤

복과 수는 있으나 늦게야 성공할 운이다. 이 귀는 금격으로 밝은 빛이 있다.

수주가 있고 빛깔은 흰색이다. 금귀는 젊어서는 공명과 부귀가 있으나 늙어서는 처자를 극(剋)할 상이다.

제15장 눈썹 모양에 의한 운세 판단

눈썹은 형제를 뜻하여 눈썹이 수려하고 눈을 지나고 초생달 같으면 형제간에 의가 좋고 잘 지낼 수가 있다.

눈썹이 거칠고 짧으면 형제간에 이별이 있고 눈썹이 험하면 형제간이 소원하다. 또한 눈썹에 털이 비비꼬이면 형제사이가 개와 고양이 사이처럼 된다.

『마의상법』에는 눈썹의 24상을 풀이하고 있으나 여기서는 그중 비교적 많은 형을 추려 순서대로 풀이하려고 한다.

1. 맑고 빼어난 눈썹(淸秀眉)

秀彎長順過天倉 盖目入髮更淸長

聰明早歲登科第 弟恭兄友姓名香

형제가 화합할 상이다. 이런 눈썹은 맑고 수려하여 꼬리가 마르지 않으니 형제간 우애가 좋고 그 꽃다운 이름을 사방에 떨치리라.

2. 단촉하게 뻗은 눈썹(短促秀眉)

秀短之眉壽且高 聯芳雙柱俊英豪

平生不違雞黍約 忠孝仁慈子亦高

귀함은 덜하나 집안이 평온한 상이다. 이 눈썹은 짧으나 수려하여 수복이 많고 일생 곤궁하지 않다. 효행으로 자손들이 높이 되어 영웅호걸의 이름을 얻게 된다.

3. 호랑이눈썹(虎眉)

此眉雖粗且有感 平生膽志有施爲
차 미 수 조 차 유 감 평 생 담 지 유 시 위

不富終能成大貴 遐齡鶴算雁行虧
불 부 종 능 성 대 귀 하 령 학 산 안 행 휴

오래 살고 번창할 상이다. 이 눈썹은 호랑이 눈썹같이 크게 나고 길어서 위엄이 있으니 마음이 담대하고 형제간 화락하며 부귀공명을 얻는다.

4. 나한눈썹(羅漢眉)

此眉相中大不歡 妻遲子晩早艱難
차 미 상 중 대 불 환 처 지 자 만 조 간 난

晩年娶妾方一子 正妻不產主孤單
만 년 취 첩 방 일 자 정 처 불 산 주 고 단

힘쓰는 일이 많으면 형벌을 당하는 상이다. 이 눈썹은 오백 나한이 서 있는 것같아 처첩이 있어도 길하지 않고 아들이 늦으며 형제간에도 친하지 않고 만년에는 아들이 투옥된다.

5. 소라눈썹(旋螺眉)

旋螺之眉世間稀 威權得此正相宜
선 라 지 미 세 간 희 위 권 득 차 정 상 의

平常之人皆不利 英雄武職應天機
평 상 지 인 개 불 리 영 웅 무 직 응 천 기

총명하고 지혜가 있는 상이다. 이 눈썹은 달팽이 모양으로 수려하고 호방한 기상이 있다. 성격이 교활하며 의심도 많다.

6. 용눈썹(龍眉)

眉秀彎彎且毫稀 雁行六七拜丹墀
미 수 만 만 차 호 희 안 행 육 칠 배 단 지

父母淸壽皆齊貴 拔萃超群天下奇
부 모 청 수 개 제 귀 발 취 초 군 천 하 기

부귀영화할 상이다. 이 눈썹은 구부러지게 되어 수려하고

발군한 성격을 보이며 형제가 많고 부귀영화를 얻는다.

7. 일자눈썹(一字眉)

毫淸首尾皆如蓋 富貴堪誇壽且高
호 청 수 미 개 여 개　부 귀 감 과 수 차 고

少年發達登科早 夫婦齊眉到白頭
소 년 발 달 등 과 조　부 부 제 미 도 백 두

인의가 있고 부귀할 상이다. 이 눈썹은 한일자 형으로 청수하고 머리와 꼬리가 평균하여 일찍 공명을 얻으나 고단하고 형제는 적다.

8. 사이가 끊어진 눈썹(間斷眉)

若黃若淡有勾紋 兄弟無綠有必傷
약 황 약 담 유 구 문　형 제 무 록 유 필 상

財帛進退多興廢 先損爹兮後損娘
재 백 진 퇴 다 흥 폐　선 손 다 혜 후 손 랑

흥하고 쇠락이 연속되는 상이다. 이 눈썹은 누른듯 얄팍하며 사이가 끊어진 데가 있어 형제간 인연이 없으며 스스로 분주하게 된다. 재산에도 흥패가 많고 항상 부족하며 부부간 상극의 상이다.

9. 8자눈썹(八字眉)

頭疎尾散壓奸門 到老數妻結不成
두 소 미 산 압 간 문　도 로 수 처 결 불 성

財帛一生足我用 子媳終須倚須蛉
재 백 일 생 족 아 용　자 식 종 수 기 수 령

외로우나 수려하고 재물을 타고 난다. 이 눈썹은 여덟팔자로 상극하게 되어 상처를 자주하게 되고 평생 재물이 있고 양자도 두어 부호라는 소리를 듣는다.

10. 초생달눈썹(新月眉)

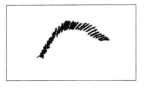

眉清目秀最爲良 又喜眉尾拂天倉

常隷怡怡皆富貴 他年及第拜朝堂

형제가 많고 귀한 운수다. 이 눈썹은 초생달같이 휘어 형제 간에 화락하며 뛰어난 형, 뛰어난 동생을 두는 상이다.

제16장 눈 모양에 의한 운세 판단

『마의상법』에 의한 눈(目)의 36가지 격상에서 보통 흔히 보는 것을 순서로 추려 풀이해 보고자 한다.

1. 봉의 눈(鳳眼)

봉안파장귀자성　영광수기우신청
鳳眼波長貴自成 影光秀氣又神淸

총명지혜공명수　발췌초군압중영
聰明智慧功名遂 拔萃超群壓衆英

총명하여 크고 귀하게 될 상이다. 이 눈은 봉황의 눈과 같아 위로 길게 갈라지며 학문이 뛰어나 영웅호걸이 될 것이다.

이 상은 얻기 힘들며 만일 이런 눈을 얻으면 관우장상같이 혼자 활개를 치며 처세할 수 있다.

2. 양의 눈(羊眼)

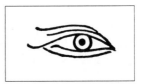

흑담미황신불청　동인사양각혼정
黑淡微黃神不淸 瞳人紗樣却昏睛

조재종유무록향　만세중년차우빈
祖財縱有無綠享 晩歲中年且又貧

간사하고 마음이 악한 상이다. 이 눈은 양의 눈처럼 맑고 작아 성품이 불량하며 간사하고 음란하다. 중년에는 쾌락하게 지내나 만년에는 쓸쓸하고 처량한 신세가 된다.

3. 소눈(牛眼)

안대정원시견풍　견지원근불분명
眼大睛圓視見風 見之遠近不分明

흥재거만무차질　수산면장복록종
興財巨萬無差跌 壽算綿長福祿終

저축이 많은 상이다. 이 눈은 소의 눈과 같아 크고 둥글며 멀리 보지 못하는 형상이다. 평생 소같이 근면하고 정신이 흐트러지지 않아 복록이 있고 재복이 많으며 영화를 누린다.

4. 말눈(馬眼)

皮寬三角睛睜露 終日無愁濕淚堂
面瘦皮繃眞可嘆 刑妻尅子又奔忙

비천하고 노동을 해야 할 상이다. 이 눈은 말의 눈과 같아 눈가죽이 풍부하고 너그러우나 눈물이 많고 성품이 충직하여 간사하지 않으나 뜻은 크게 가지지 못한다.

5. 학의 눈(鶴眼)

眼秀精神黑白淸 藏神不露顯功名
昂昂志氣冲牛斗 富貴須當達上卿

뜻이 맑고 귀한 상이다. 이 눈은 학의 눈처럼 흑백이 분명하고 공명에 뜻이 없다. 고결한 마음이 보통 사람을 뛰어 넘어 남에게 폐를 끼치지 않고 세상을 고고하게 살아간다.

6. 음양눈(陰陽眼)

兩目雌雄睛大小 淸神光彩視人斜
心非口是無誠寔 富積奸謨詭不奢

부귀가 왔다갔다하는 상이다. 이 눈은 좌우의 크기가 다르고 정신이 투철하여 큰 공을 이룰 상이지만 거동과 행위가 낙천적이며 끝까지 부귀를 탐하는 성격은 못된다.

7. 곰의 눈(熊眼)

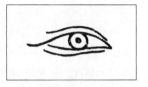

熊目睛圓又匪猪 徒然力勇逞凶愚

坐伸不久喘息急 熬氏還能滅也無

성품이 착하고 늦게 복이 있을 상이다. 이 눈은 곰의 눈같아 안정(眼睛 : 눈동자)이 뚜렷하고 용력이 많아 일을 하면 큰 것을 노리고 죄를 범하면 벌을 면하기 힘들 뿐 아니라 목숨조차 보존하기 힘들다.

8. 뱀눈(蛇眼)

堪嘆人心毒似蛇 睛紅圓露帶紅紗

大奸大詐如狼虎 此目之人子打爺

무정한 상이다. 이 눈은 뱀의 눈같아 눈동자가 황색이고 동공이 작으며 쏘는 듯한 붉은 빛을 띠고 있어 크게 간사하고 범같이 인정도 없다. 자손들이라면 부모의 뜻을 거역하리라.

9. 코끼리눈(象眼)

上下波紋秀氣多 波長眼細亦仁和

及時富貴皆爲妙 遐算淸平樂且歌

순하고 수려하며 귀한 상이다. 이 눈은 코끼리눈처럼 가늘고 길며 화락한 정신이 애애하고 수를 많이 누리며, 대신 등을 지내는 인재가 될 수 있다.

10. 까치눈(鵲眼)

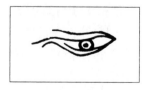

上有如紋秀且長 平生信寔有忠良

少年發達如平淡 終末之時更吉昌

이 눈은 까치눈처럼 꺼풀이 두툼하여 부귀할 상이다. 마음이 선량하고 소년시절부터 세파를 잘 헤쳐나가 말년에는 이름을 떨칠 상이다.

11. 복사꽃눈(桃花眼)

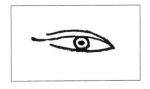

남녀도화안불의　봉인미소수광미
男女桃花眼不宜　逢人微笑水光迷

안피습루겸사시　자족환오락차희
眼皮濕淚兼斜視　自足歡娛樂且嬉

주석에서 흥탕망탕할 상이다. 이 눈은 복사꽃과 같은데 남녀 모두가 좋지 않고 사람을 만나면 가늘게 웃어 음탕한 빛을 띠며 마음을 헤아릴 수 없고 빈곤한 살림을 면할 길이 없으리라.

12. 단봉의 눈(端鳳眼)

일월분명양각제　이파장수소미미
日月分明兩角齊　二波長秀笑微微

유이부동신광색　한원성명달봉지
流而不動神光色　翰苑聲名達鳳池

문장 명필이 될 상이다. 이 눈은 약간 갸름하고 양쪽끝이 가지런하여 광채가 흐르니, 문장 명필로 한세상을 울리는 누구나 추앙하는 인물이 될 상이다.

13. 취한 눈(醉眼)

홍황혼잡각류광　여취여치심미앙
紅黃混雜却流光　如醉如癡心味昂

여범빈음남필요　승인도사역황음
女犯貧淫男必夭　僧人道士亦荒淫

음란하고 비천한 상이며 단명할 상이다. 이 눈은 술취한 것 같이 어리석으며 붉고 누런 빛이 섞여 성품이 사납고 음탕하며 욕심이 많아 가산을 탕진하고 남녀 모두 망할 상이다.

14. 물고기눈(魚眼)

晴露神昏若水光 定睛遠近視汪洋

如逢此眼皆亡早 百日須驚嘆夭殤

미련하고 생명이 짧은 상이다. 이 눈은 물고기눈처럼 눈알을 잘 굴리지 못하고 20세에 벌써 한세상을 산 느낌이 든다. 만일 병까지 얻으면 곡성을 면치 못할 상이다.

제17장 코 모양에 의한 운세 판단

콧구멍은 코의 문호가 되므로 많이 드러나 보이는 것은 좋지 않다. 이러한 형은 노경(老境)이 되면 고단하고 외로운 상이다.

콧구멍이 있는 난정(蘭廷)과 콧마루가 바르게 된 사람은 마음이 바르고 가정을 다스리는 방도를 알고 녹과 수를 다할 수가 있다. 준두에 있는 살이 굳으면 가세가 홍하며 사업도 크게 이룬다. 코가 사자코 같으면 총명하여 두목격이 되고 코가 넓고 길면 기량이나 재주가 있고 코가 작으면 가난한 사람이 된다. 콧머리가 이그러지고 파손된 곳이 있으면 재산을 탕진하게 되고 고독한 신세를 면치 못한다.

코에 검은 빛이 돌면 패가하고 목숨도 상하기 쉽다.

코의 18가지 격상 (『마의상법』 수록) 중에서 보편적인 형태 몇 가지를 풀이하기로 한다.

1. 쓸개 달린 코(縣膽鼻)

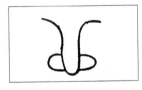

鼻如懸膽準頭齊 山根不斷無偏剉
비여현담준두제 산근부단무편기

蘭台庭尉模糊小 富貴榮華應壯時
난태정위모호소 부귀영화응장시

부귀수복할 상이다. 이 코는 쓸개가 달린 것같이 둥글고 이마에 솟은 듯해 총명이 넘쳐 흐르고 부와 귀와 수를 다 가지고 사는 운수다.

2. 사자코(獅鼻) _{사 비}

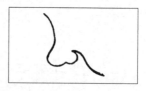

山根年壽略低平 準上豊大稱蘭庭
_{산 근 년 수 략 저 평} _{준 상 풍 대 칭 난 정}

若合獅形眞富貴 不然財帛有虛盈
_{약 합 사 형 진 부 귀} _{불 연 재 백 유 허 영}

부하고 오래 살 상이다. 이 코는 사자코와 같이 낮고 평평하여 지조가 굳고 국가의 강성으로 이름을 떨치게 된다.

3. 매부리코(鷹嘴鼻) _{응 취 비}

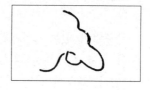

鼻梁露背準頭尖 又如鷹嘴鎖唇邊
_{비 양 로 배 준 두 첨} _{우 여 응 취 쇄 진 변}

蘭台庭尉俱短縮 啄入心髓惡奸偏
_{난 태 정 위 구 단 축} _{탁 입 심 수 악 간 편}

이 코는 매의 부리같이 끝이 안으로 구부러져 들어간 형태로 크게 악하고 간사한 성품을 지녔다. 이기적이고 악하여 사람을 상하게 하니, 나중에는 그 보복을 당하기 쉽다.

4. 개코(狗鼻) _{구 비}

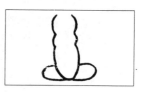

狗鼻年壽起骨隆 準頭台尉孔邊空
_{구 비 년 수 기 골 룡} _{준 두 태 위 공 변 공}

此鼻之人主有義 惟嫌竊取濟時窮
_{차 비 지 인 주 유 의} _{유 겸 절 취 제 시 궁}

투기를 좋아하는 간사한 성격이다. 이 코는 개의 코처럼 준두(準頭 : 코의 끝)가 있어도 없는 것 같으며 산근(山根 : 콧마루와 두 눈썹 사이)도 낮아 마음을 헤아리기가 힘들고 평생 분주하게 뛰어야 하며 평범한 인생을 살 상이다.

5. 마늘코(蒜鼻) _{산 비}

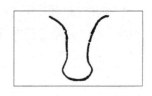

山根年壽俱平小 蘭台廷尉準頭豊
_{산 근 년 수 구 평 소} _{란 태 정 위 준 두 풍}

弟兄情欠心無毒 晚景中年家必隆
_{제 형 정 흠 심 무 독} _{만 경 중 년 가 필 룡}

성품이 인자하나 적은 부(富)를 누릴 상이다. 이 코는 마늘 같이 산근이 평평하여 마음속에 독한 기운이 없다.. 재산은 그 럭저럭 모아 중년과 말년에는 영화를 보게 된다.

6. 외로운 봉우리코(孤峰鼻)

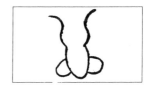

鼻大無肉竈門開 兩顴低小鼻崔嵬

此鼻縱大無財積 若爲僧道免哀哉

중년에 실패할 상이다. 이 코는 외로운 봉우리가 홀로 남은 형으로 모두 흉하고 위태로우며 일을 시작하면 낭패를 보고 고생할 상이다. 만일 부모에게 효도하지 않는다면 자식에게까 지 영향을 미치게 된다.

7. 원숭이코(猿鼻)

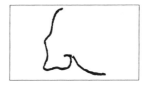

鼻竅小而口頗尖 猖獗輕燥不尊嚴

性靈嗔怒多憂慮 花菓時常手好拈

마음이 인색한 상이다. 원숭이의 코처럼 뼈가 드러나며 운 두가 뾰족해 탐욕이 많고 재복과 수명을 원없이 받는다.

8. 호랑이코(虎鼻)

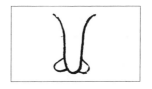

虎鼻圓融不露孔 蘭台庭尉亦須無

不偏不曲山根大 富貴名襃世罕人

맨손으로 업을 일으킬 상이다. 이 코는 호랑이의 코와 같이 둥글어 콧구멍을 덮고, 용모가 당당하여 이마가 크게 보인다. 자손을 많이 두고 수명도 길며 복록도 따른다.

제2부 좋은 손금

제1장 수상혁명(手相革命) – 유년법(流年法)

1. 기본이 되는 6개의 선

① 생명선

인생의 시나리오가 가장 자세하게 나타나 있는 '정밀 컴퓨터 선'이다. 결혼의 해, 연애의 해, 또한 그 과정, 건강상태, 개운(開運), 독립, 병, 장애 등 거의 모두가 나타나 있는 가장 중요한 손금이다.

② 운명선

생명선 다음으로 인생의 희노애락(喜怒哀樂)을 자세히 알려주는 것이 운명선이다.

인생의 큰 변환기, 결혼의 해, 이별의 해, 운수, 실력(사회적 성공, 만족도) 등등을 잘 알 수 있는 손금이다.

③ 지능선

그 사람의 생각, 성격, 적당한 직업을 읽을 수 있다.

④ 감정선

주로 그 사람의 성격을 아는 외에 연애운, 애정운, 감정을 나타내는 선이다.

⑤ 태양선

이 선은 그 사람의 성공운, 재력, 인기운, 지위, 명예, 명성운 등 말 그대로 태양의 애정을 듬뿍 받는 사람한테 나타나는 선이다. 그러므로 누구에게나 나타나는 손금은 아니다.

이 선은 그 사람의 전생, 조상의 공덕에 의해 주로 나타나지만 현재의 노력과 성공을 그리는 상념법에 의해서도 나타나게 된다.

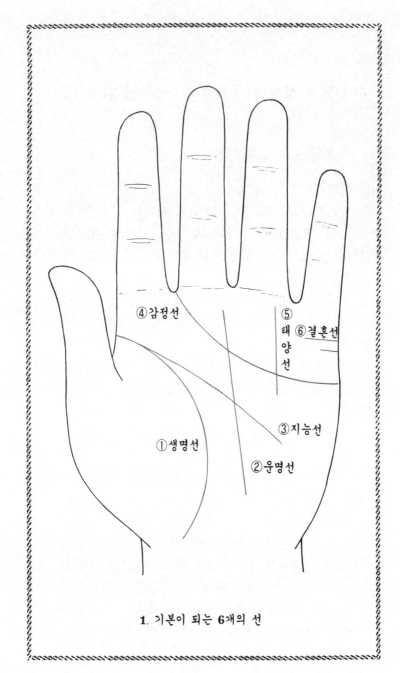

④감정선

⑤
태
양
선

⑥결혼선

①생명선

③지능선

②운명선

1. 기본이 되는 **6**개의 선

⑥ 결혼선
결혼운을 주로 본다.

이상의 손금은 그림과 같이 모두 손바닥에 나타나는 것이 아니며 위치가 변하든가 길고 짧게 또는 굵고 가늘게 등 각인 각양이다.

2. 손바닥의 '언덕'

손바닥을 쫙 펴보자. 살이 많이 붙은 조금 두드러진 데가 몇 개 있을 것이다. 이 부분을 수상학에서는 '언덕'이라고 부른다.

이 언덕은 각 장소에 따라 이름이 있고 의미도 다르다. 또 크게 두드러져 있으면 있을수록 그 언덕이 보여주는 성격이나 재능이 풍부하다는 것을 알려주고 있다.

그러므로 자기 성격이나 자기에게 적합한 직업을 아는 데에도 가장 도움이 된다고 할 수 있다.

① 목성구(木星丘)
이곳이 발달한 사람은 야심가로 지도력이 있다. 자기 명예를 소중히 생각하고 권력에 대한 야망도 강하다.

② 토성구(土星丘)
이곳이 발달한 사람은 고독하고, 사려깊고, 비사교적이다.

③ 태양구(太陽丘)
이곳이 발달한 사람은 사교성이 많고 예술가 타입이다. 성취욕이 강하고 성공률도 높다. 생활도 명랑하고 예술이나 지능면에 소질이 많다.

④ 수성구(水星丘)
이곳이 발달한 사람은 웅변가로 상인이 적합하다. 사교성이 풍부해 외교 수완이 뛰어나다. 사업에 재능도 있고 임기응변의 기질로 재력을 모을 수 있다.

⑤ 제1화성구(第1火星丘)

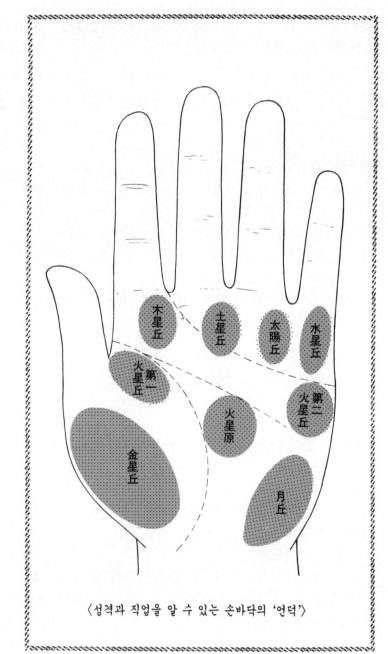

〈성격과 직업을 알 수 있는 손바닥의 '언덕'〉

이곳이 발달한 사람은 용기있고 호전적이며 야심가이다.

⑥ 제2화성구(第2火星丘)

이 부분이 발달한 사람은 대담하고 자기 의지가 강하다. 남에게 지기 싫어하며 현실적이고 행동력이 강하다. 반대로 빈약하면 성격도 반대가 된다.

⑦ 금성구(金星丘)

온순하고 애정이 섬세하며 예술을 사랑한다. 체력도 뛰어나다.

⑧ 월구(月丘)

공상이나 상상력이 풍부, 영감이 발달한 사람이 많다.

⑨ 화성원(火星原)

만약 이 부분이 주위의 언덕과 같으면 반발심이 강하고 호전적인 사람이라 할 수 있다.

3. 오른손과 왼손 중 어느쪽을 보아야 하나?

① 왼손은 선천운, 오른손은 후천운

어느쪽 손바닥을 보는가의 문제는 동서고금을 통해 수상가들 사이에 의견이 분분하나 사실 아무 근거도 없는 것이다.

이것은 인체나 우주법칙을 모르는 까닭으로, 왼손잡이이니까 왼손이 중심이라 하고 깍지를 끼워 엄지손가락이 아래된 쪽을 보아야 한다는 등 설득력이 없는 설이 횡행하고 있다.

음양오행이나 인체에너지의 회전, 뇌세포와 손의 신경관계로 보나, 수만 명의 통계를 보나 분명히 왼손은 선천운으로 날 때부터의 재능, 성격, 운명을 말하고 오른손은 후천운으로 그 사람의 노력으로 개발한 재능, 성격, 운명이 나타나 있다.

② 왼손은 정신적 변화, 오른손은 구체적 변화

그 다음 조금 더 자세히 소개하면 왼손은 정신적 변화로 마음의 변화가 나타나며 오른손은 환경의 변화나 구체적이며 현실적인 변화가 나타난다.

　가령 30세에 인생의 큰 스승을 만나 사고나 인생관이 완전히 바뀌었으나 학교나 직장 등 외견의 변화가 하나도 없을 때 왼손의 생명선과 운명선은 30세의 위치에 커다란 변화가 그려지지만 오른손에는 아무 변화도 없다는 것이 드러난다.

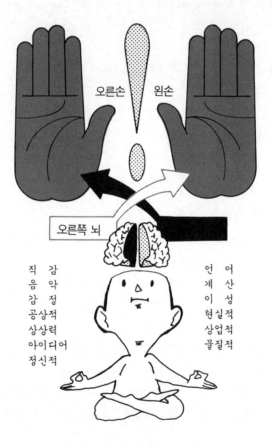

오른손　왼손

오른쪽 뇌

직 감	언 어
음 악	계 산
감 정	이 성
공상적	현실적
상상력	상업적
아이디어	물질적
정신적	

〈왼손은 선천운, 오른손은 후천운〉

4. 수상의 깊은 뜻 '유년법'

　유년법이라는 말은 수상을 공부한 사람이 아니면 귀에 익지
않은 말이라고 생각한다.

　이것은 몇 살에 어떤 일이 일어난다는 것을 수상으로 알아
내는 방법으로, 수상의 오묘한 뜻이라고 할 수 있다.

유년법을 터득하면 인생의 시나리오를 알 수 있다!

이 유년법은 인상(관상), 수상에 주로 사용되지만 정확한 유년법을 살필 수 있는 수상가, 인상가는 거의 없다고 볼 수 있다.

왜냐하면 수상계에서―역사적으로 유명한 수상가가 남긴 저서를 보아도 알 수 있듯이― 누구 한 사람이라도 유년법을 체득하지 못했기 때문이다.

따라서 그들의 제자나 저서로 공부해 전문가가 된 사람들도 정확한 유년법을 터득하고 있지 못하다.

도대체 어느 정도 틀리느냐 하면, 가령 25세에 결혼을 하게 될 사람을 27세라고 하든가 21세에 하게 된다는 식으로 대개 2~5년의 차이가 생기는 것이다. 심한 경우는 10년 이상의 차이도 생긴다.

세계에서 저명한 수상가들은 이 유년법을 가장 어려운 것이라고 입을 모으고 있다. 그리고 "결혼이나 독립 등 인생의 전기(轉機)에 대한 것은 가장 맞추기가 힘들어 1년 이내로 정확히 맞추는 것은 거의 없다."고 자신없는 말을 하고 있다.

그럼 비밀리 전해 내려온 정확한 유년법을 소개해 보자. 이 유년법을 익히면 결혼은 물론 연애, 독립, 출산, 입학, 이사, 병 등의 해까지 꼭 맞힌다. 그러니 수상처럼 실용성이 높고 편리하고 정확한 점은 없을 것이다.

이 방법을 익히면 가령 10년 앞에 생길 일도 2~3개월 이내의 오차로 예견할 수 있게 되며 자기의 장래도 알 수 있으니 충분히 활용해 보자.

우선 생명선과 운명선으로 알 수 있다.

① 생명선의 유년 잡는 법
생명선에서 우선 21세의 지점을 찾아내는 것이 가장 중요하다. 이 시점은 그림과 같이 검지손가락의 생명선 위의 그 거리로 잡는 것이 정위치가 된다.

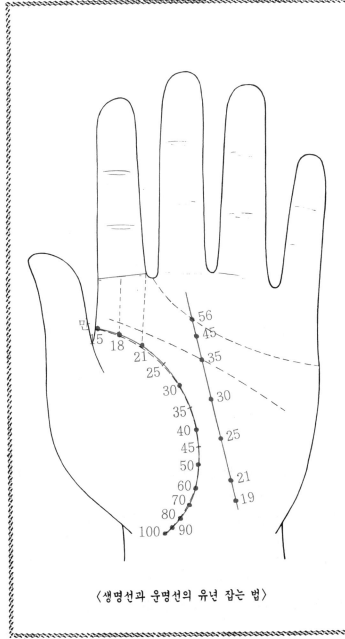

〈생명선과 운명선의 유년 잡는 법〉

그리고 생명선의 처음 위치를 15세로 하고 중간점을 18세로 한다. 그 뒤의 나이는 21세점을 근거로 나누어 산출해 가지만 자세한 것은 뒤의 유년도(流年圖)에 유년측정법을 실었으니 참조하기 바란다.(p.330~331 참조)

② 운명선의 유년 잡는 법

운명선은 그림과 같이 표준적 형태의 지능선과 감정선을 가상하고 그 지점을 35세, 56세로 잡는다. 상세한 것은 유년측정법을 참조하기 바란다.

운명선은 21세, 30세, 35세점이 유년법의 가장 중요점이다.

5. 유년의 어긋남에 주의 !

실제 손금을 보는 입장이 되면 유년을 잡는 방법에 잘못 되기 쉬운 손금과 만나는 수가 많다. 유년법은 21세점, 30세점 등 중요한 유년점이 조금 어긋나면(1년폭이 약 2~3mm가 되므로) 전부가 어긋나게 되는 것이다. 생명선의 경우에 21세점을 1년 어긋나게 잡으면 그 뒤는 모두가 1년씩 어긋나게 된다.

· 틀리기 쉬운 보기

① 생명선의 21세점이 검지의 폭을 그대로 아래로 끌어내리면 된다고 생각한데 잘못이 있다. 그러니 검지폭을 생명선상에 잡을 때 주의하여야 한다.

② 2중 생명선을 가진 사람은 바깥쪽의 생명선으로 유년을 잡도록 하여야 한다.

③ 뒤에 소개하겠지만 손바닥을 가로지른 평목선을 가진 사람은 유년의 약 1년 전후가 어긋나게 된다.

④ 운명선과 지능선의 마주치는 35세점은 잘못 지정한 점이다.

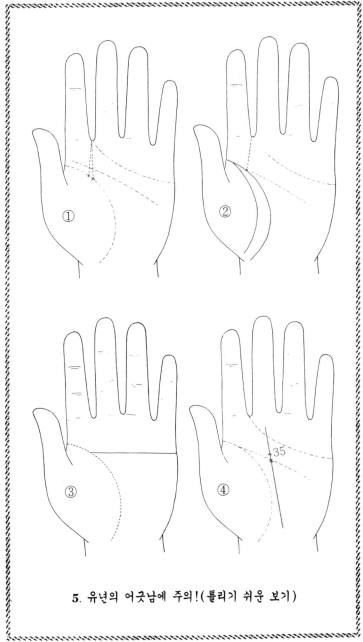

5. 유년의 어긋남에 주의!(틀리기 쉬운 보기)

6. 혼동하기 쉬운 손금을 확실하게 하자.

사람마다 얼굴이 다르듯이 손금의 양상도 천차만별이다.

눈썹 하나라도 굵은 것, 가는 것, 드물어서 잘 보이지 않는 것, 긴 것, 짧은 것, 도중에 끊어진 것, 끝이 올라간 것, 끝이 내려간 것, 좌우가 다른 것도 있다.

수상도 복잡한 손금을 처음 보면 도대체 어느 선이 지능선 이고 생명선인지 분간할 수가 없다.

그러나 어느 정도 익숙해지면 손바닥을 보는 순간 어느 선이 어떻게 되어 있는지 판별할 수 있게 되는 것이다. 그것뿐 아니라 손바닥도 대담한 얼굴, 소심한 얼굴, 자부심이 있는 얼굴 등처럼 갖가지 표정을 가지고 있다고 느끼게 된다. 이때에도 우선 확실히 기본선으로 분별하는 것이 중요하다.

• 혼동하기 쉬운 보기

① 두 줄의 지능선 a, 두 줄의 감정선 b가 있다. 운명선은 어디인가 끊어져 있게 되어 있다.

② 밖에 흘러나가 있는 생명선 또는 아래로 처져 있는 지능선이 아닌가 생각하기 쉽다. 또 a선이 운명선 같기도 하다.

③ 같은 a선이라도 지능선에서 나와 있다면 지능선의 가지, 즉 2중 지능선이 된다.

④ 이것은 2중 생명선에 엄지손가락쪽에서 출발한 운명선을 따른 정말 혼동하기 쉬운 보기가 된다.

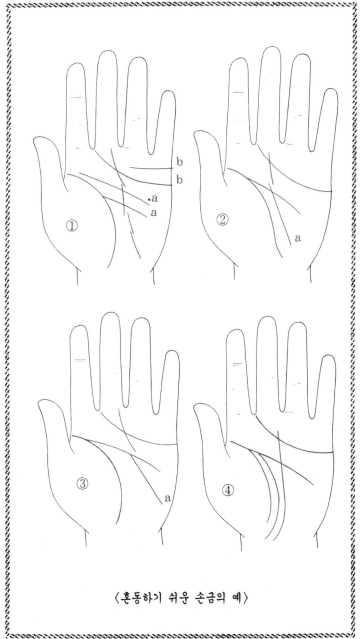

〈혼동하기 쉬운 손금의 예〉

제 2 장 기본선으로 80%는 알 수 있다.

1. 가장 중요한 생명선

생명선은 길고 짧고, 진해서 선명하고 연하여 선명하지 않은 차이는 있으나 손금자리에 모두 나와 있는 것이다.

① 건강, 병, 수명을 본다.

현재 그 사람의 신체 컨디션, 약점, 장래 일어날 병과 시기, 수명 등을 알 수 있는 중요한 손금이다.

병이나 수명도 미리 알고 주의하는데 따라 방지하거나 연장할 수 있는 것이다. 수상이란 어디까지나 지금 그대로 두면 앞으로 그대로 된다는 경고가 되는 것이다.

② 체력을 본다.

생명선은 그 선의 진하고 연하고, 굵고 가늘고, 흐트러져 있는가 아닌가에 따라 그 사람의 체력을 가늠할 수 있다.

또 크게 두드러져 나와 있는가 그렇지 않은가에 따라서 그 사람의 체력을 알 수가 있는 것이다.

바늘로 판 것처럼 선이 깨끗한 한 줄로 길게 손목에까지 들어가 있는 사람은 건강한 사람으로, 체력은 아주 좋은 상태를 알려주는 것이다.

③ 운이 트이는 시기를 알 수 있다.

생명선상에 나타난 선에 의하여 인생 도정에서 개운할 시기를 정확히 예언할 수도 있는 것이다.

④ 괴로움, 장애가 일어나는 시기를 알 수 있다.

인생의 시나리오에서 장애나 괴로움은 부지기수다. 그 시기가 수상에는 몇 년, 아니 몇십 년전에서부터 새겨져 있다.

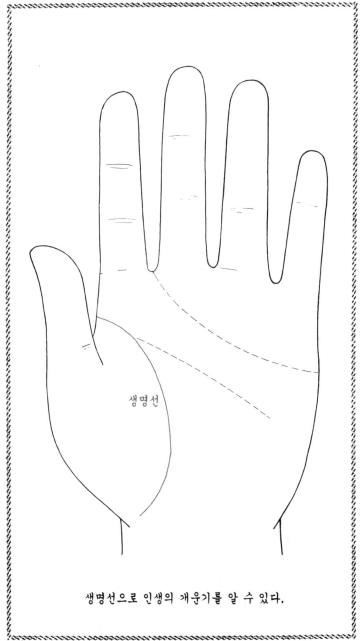

생명선

생명선으로 인생의 개운기를 알 수 있다.

⑤ 연애나 결혼시기도 알 수 있다.

어느 해에 애인이 나타나는가? 어떤 연애가 되는가? 몇 살에 결혼하는가? 등을 알 수 있다.

생명선은 수상학상 가장 정밀한 인생의 각본선!

(1) 생명선보다 위로 올라가는 개운선(開運線)

Ⓐ-생명선상에서 장지쪽으로 올라가는 세로줄을 개운선이라고 부르며 인생에서 새로운 운이 일어나는 시기를 알려준다.

가령 독립, 결혼, 입사, 개업, 집매매, 승진 등 일상의 꿈이 이루어지거나 새 운이 펼쳐지는 등 노력결실의 해가 나타나기도 한다.

몇 살에 개운이 되는가는 개운선이 시작되는 생명선 유년을 찾아보면 된다. A는 25세에 미약하나마 개운이 되는 것을 나타내고 있다.

하물며 수상은 본인이 느낀대로 나타나므로 생을 건 사업이나 기다리던 결혼이 이루어지는 등 본인의 기원이 강했던 것만 나타나게 된다. 익숙해지면 유년과 꼭 맞아떨어지게 된다.

Ⓑ-개운선중에도 이와 같이 짧은 선도 많은데 개운에 관한 것에는 변함이 없으나 역시 긴 것보다 개운도가 적은 것이기 때문에 짧게 나타나는 것이다(그림은 30세의 개운도).

Ⓒ-이와 같이 생명선 안쪽에서부터 올라가는 세로선도 많다. 이 선은 개운선이 변형된 것이며 생명선의 통과유년(그림은 35세) 속에서 몸의 힘으로 개운된다는 것을 표시하고 있다.

Ⓓ-생명선 위에서 출발하는 세로선이라도 개중에는 약지 방향으로 향하는 선이 있다.

이 선도 개운선의 변형으로 출발유년의 40세에는 명예나

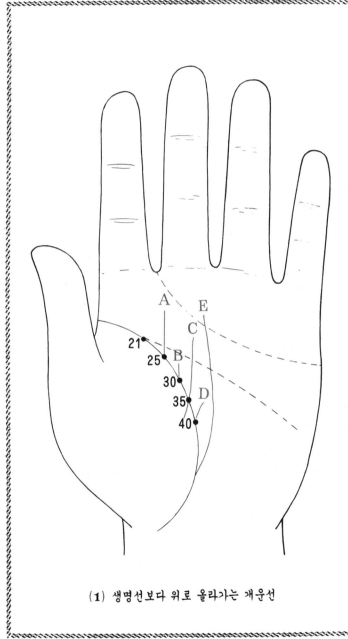

(1) 생명선보다 위로 올라가는 개운선

부를 얻을 수 있는 일이 생긴다는 것이다.

Ⓔ-생명선의 유년 45세 이후부터 올라가는 선은 노력에 의해 운명을 개척하는 상으로 개운기의 유년은 세지 않는다. 유년도 운명선 취급을 하는 것이다.

(2) 생명선보다 더 올라가는 향상선(向上線)

Ⓐ-생명선 위보다 검지손가락쪽으로 더 비껴 올라가는 선을 향상선이라고 하는데 어찌 보면 개운선과 같은 것 같지만 다른 의미의 선이다.

이 선은 일반적으로 노력선이라고 한다. 야심이 있고 목적달성을 위해 맹렬히 노력정진 하는 기개를 가진 사람에게 나타나는 것이다.

우선 생명선 위의 시작유년에 인생의 목적이 발견되고 보다 더 노력한다는 것도 나타내며 이 경우 18세에 입학시험이나 또는 취직 1년째로 역량을 다하는 해가 되리라 생각된다.

가령 30세의 사람이 이런 상이라면 "18세에 무언가를 대단히 노력했겠는데요?"라고 물으면 "아니! 그걸 어떻게 알아요?"하며 놀랄 것이다.

대개 이 무렵(유년 16~20세경)의 노력선은 1cm정도의 짧은 줄이 많이 생길 것이다.

Ⓑ-생명선의 유년 21세 이후가 되면 그림과 같이 검지가 붙은 곳까지 기세좋게 뻗어 있는 것이 많은데, 인생의 목표가 크고 강력하다는 것을 알 수 있다.

이런 경우라면 23세에 커다란 인생목표를 발견하고 보통 이상의 노력을 한다는 것을 뜻한다. 또 동시에 일생동안 노력형이라는 것을 증명하게도 된다.

Ⓒ-생명선의 도중에서 노력선이 나와 있는 사람도 있다. 그림의 경우 34세는 맹렬한 노력의 해가 된다.

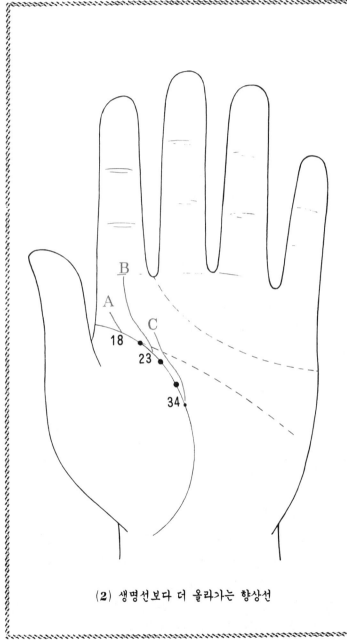

(2) 생명선보다 더 올라가는 향상선

(3) 생명선과 연애선

Ⓐ-감정선에서 출발한 가지선이 생명선을 자른 곳이 큰 연애를 하는 해가 된다. 그림의 경우라면 25세가 대연애의 해가 된다. 약혼이나 결혼을 나타낼 때도 많다.

아무튼 이성을 잃을 정도로 열심이었던 때라 생각하면 틀림이 없다.

이 선은 연애선이라고 부르며 크게 나누어 9개가 있는 결혼의 표(3장에서 풀이한다) 중 대표상의 하나이기도 하다.

자기의 수상뿐 아니라 다른 사람의 수상을 보아도 그들이 결혼한 연령의 생명선 위치에서 흔히 이 선을 볼 수 있다.

간혹 부부 모두가 이 선이 없다며 그 까닭을 질문해오는 경우가 있는데, 앞에서도 말한 바 있듯이 수상은 마음에 생각하는대로 나타나기 때문에 이 경우는 대연애로 결혼 후 1년만에야 이 선이 나타나는 부부애가 가장 최고인 커플일 것이며 또 어느 한쪽이 바람피우는 상을 갖고 있는 것이기 때문이기도 하다.

Ⓑ-같은 연애선이라도 생명선 유년 20세까지는 그림과 같이 짧은 선으로 나타나는 것이 대부분이다. 이 경우는 18세의 연애로 본다.

짝사랑도 나타난다. 교제도 별로 없어서 마음뿐인 사랑이었으니까.

(4) 생명선의 '섬'

생명선의 섬이라고 불리우는 부분은 대개 각종 슬럼프, 고난, 방황, 막다른 골목에 다다를 때 등 정신적 육체적으로 부조(不調)의 상태를 나타내준다.

구체적으로 사업이나 공부의 슬럼프, 신체 컨디션이 좋지 않은 상태 등 저조한 때의 표시로 나타나는 것이다.

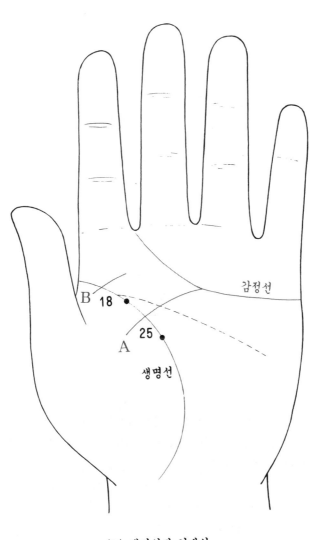

감정선

B 18 ●

A 25 ●

생명선

(3) 생명선과 연애선

젊은 독신여성의 경우 결혼문제로 막연히 괴로워하든가 실연의 고배를 마셨다든가 사회생활이 재미없어 권태로워 하는 등 고민이 많다.

그러면 다음 그림으로 풀이해 보기로 하자.

Ⓐ-이와 같이 검지 바로 아래에 해당하며 생명선 유년 18~19세의 위치에 있는 1년폭의 섬은 역시 대학입시 재수생활을 암시하고 있는 때가 많은 것 같다.

그러나 대학에 입학한 후부터 고심하는 사람도 있으니까 한결같이 말할 수는 없겠지만, 아무튼 많은 사람들에게서 이 부근의 섬을 볼 수 있으므로 이 무렵은 누구에게나 자기의 인생을 뒤돌아보며 괴로워하는 때가 될 것이다.

Ⓑ-생명선 유년 23~25세의 3년간에 걸친 인생의 슬럼프로 판단할 것이다.

여기서 명심할 것은 자기의 수상에 섬이 있으니까 장래가 불운할 것이라 믿어버리면 결코 안된다. 아무 이유없이 불운이 오는 것은 아니다. 단연코 현재의 생활에서 그것이 일어나는 것이다.

Ⓒ-이것은 만년에 있을 만성병의 경고이다.

(5) 생명선상에 나타나는 장애선

인생의 장애라 해도 앞의 섬형과 같이 그저 시시한 슬럼프, 부조가 아니고 일시적으로 크게 고심하는 때가 있다. 장애선에 대하여 설명해 보자. 그림과 같이 생명선을 끊은 것이 장애선의 주된 출현으로 각기 생명선을 끊은 해에 이혼, 살인, 병, 중상, 도산, 장애, 절망, 사고, 재난 등 본인에게 커다란 충격이 되는 사건이 일어날 것을 경고해 주고 있다.(그림 p.176)

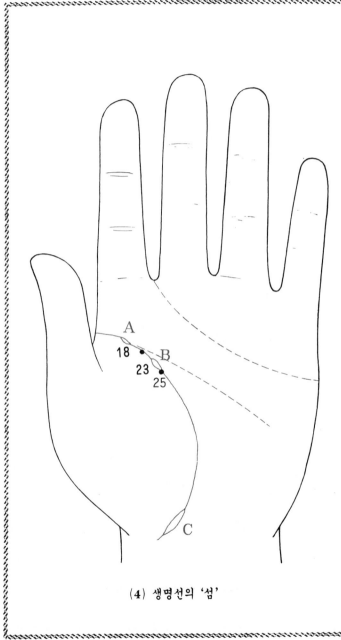

(4) 생명선의 '섬'

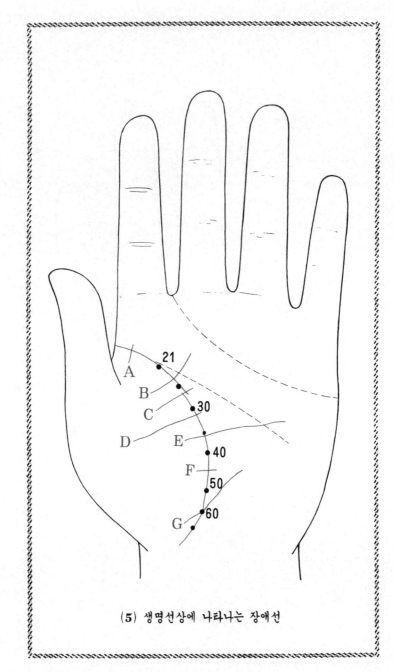

(5) 생명선상에 나타나는 장애선

• 장애의 여러가지

Ⓐ-사춘기(그림은 17세)의 장애로 실연의 아픔이나 인생을 심각하게 생각하거나 고통스럽게 생각하는 일이 많다.

Ⓑ-활형의 장애선은 대개 22세~28세경까지 나타나는 것이 보통으로 생명선뿐만 아니라 지능선까지 끊고 있어 그 장애도 사업상의 문제, 가정문제, 연애문제 등 정신적인 괴로움이 대부분이다(그림은 24세).

Ⓒ-생명선을 끊은 위치가 엇갈릴 때에는 사고나 재난 등에 의해 신체상에 일어나는 장애라는 것을 알려주고 있다(그림은 27세). 또 생명선의 어긋남이 클수록 장애선이 굵어질수록 장애는 큰 것이 된다. 그러나 미리 알고 주의하면 피할 수가 있다.

Ⓓ-가족, 친척으로 인한 장애(그림은 32세).

Ⓔ-이혼의 대표상이다(그림은 36세).

Ⓕ-짧은 선일 때는 급성병이 많다(그림은 45세).

Ⓖ-병에 시달린다는 선으로 60세에 주의.

(6) 생명부선의 여러가지 양상

Ⓐ-이것은 표준형의 생명선으로 대개는 이 선만 한 줄로 나타나 있다. 이 생명선을 따라 생겨 있는 다른 선(생명부선이라 한다)에 의해 생명선의 의미는 강화된다. (그림 p.178)

Ⓑ-이 선을 A의 본 생명선에 대하여 제2생명선이라 부른다. 이 선은 뚜렷이 나타나는 수가 대부분으로 A와 B 중 도대체 어느 것이 생명선인지 의아하게 생각하기 쉽다.

이런 경우는 2중 생명선이라고 부르고 있다. 개운선이나 연애선 등의 유년을 볼 때는 바깥쪽 선을 본다.

이런 상의 사람은 겉보기에는 약하게 보여도 실제로는 상당

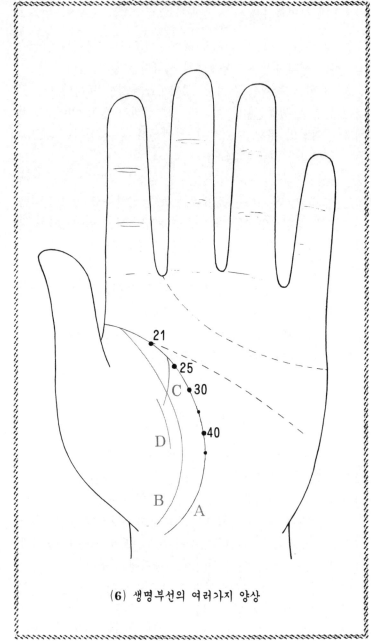

(6) 생명부선의 여러가지 양상

히 건강해 큰 병이 있다고 해도 회복이 다른 사람들보다 2배나 빠른 것이다.

ⓒ—어떤 것은 생명선의 중간에서 갈라진 것같이 생명부선이 나온 것도 있다. 이 경우는 24~32세까지 사업이나 어떤 문제에 휘말린 것을 말해주는 것이다(다망한 시기의 시작은 24세 지점).

개운선이나 노력선 그리고 이 갈라진 선 등 생명선의 한 곳에서 시작되는 모든 선은 그 지점의 생명에너지의 분출이라고 생각하면 될 것이다.

ⓓ—같은 의미를 가진 선으로 이 생명선과 나란히 한 형으로 1cm가량 양쪽으로 나온 생명부선이 있다. 이 경우는 선이 출발하는 28세에서 44세까지 다망하다고 판단을 하게 된다.

2. 인생 드라마를 알려주는 운명선

장지의 밑으로 올라가는 운명선은 생명선에 이어서 인생 드라마를 자세하게 알려주고 있다. (그림 p.180)

① 운명의 시나리오가 새겨져 있다.(변화시기 예고)

대개 수상감정에서 그 사람의 인생 드라마를 읽을 경우, 생명선과 운명선으로 80% 정도는 알 수 있다고 해도 과언이 아니다. 인생을 살아가는 동안의 전환기, 환경의 변화, 운세의 흐름 등을 손에 잡은듯이 알 수가 있다.

② 실력도를 읽을 수 있다.(사회적 실력발휘 만족도)

운명선의 세력, 굵기, 시작되는 모양 등에 의해 그 사람의 실력을 알 수가 있다. 수상에는 마음 그대로가 나타나므로 '나는 실력이 있다!'라고 생각하고 있는 사람의 손에는 당당한 운명선이 새겨져 있는 것이다. 반대로 활발한 활동을 하고 있는 저명한 사람이라도 자기의 힘이 대단한 것이 아니라고 생

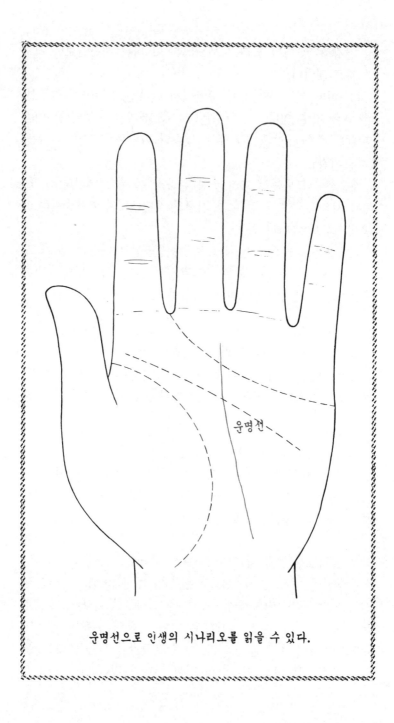

운명선

운명선으로 인생의 시나리오를 읽을 수 있다.

각하는 사람은 운명선이 선명하지 않게 나타난다. 그러므로
필자는 운명선을 당신의 사회적 실력발휘도라고 보고 있다.
육체노동을 하고 있는 사람의 운명선이 굵은 것은 오늘도 일
을 했다는 충만함이 강하기 때문이다.

③ 인생의 형태를 본다.

운명선이 나오는 모양은 크게 나누어 7개의 형태가 있고, 주
위 사람들과의 인생관계도 나타나게 된다.

④ 결혼, 연애, 배우자가 나타나는 해도 알 수 있다.

연인과 만나는 해, 결혼의 해, 강력한 원조자, 영향을 주는
사람과 만나는 시기를 알 수가 있다.

⑤ 장애의 시기도 알 수 있다.

인생살이에서 불운한 시기를 방지할 수 있다.

(1) 굵은 운명선

굵은 운명선은 그 사람의 직업이나 환경 여하에 관계없이
나날이 정성껏 일하고 충실한 하루를 보내는 사람이라는 것을
증명하는 것이다. 물론 인생에는 슬럼프도 있을 것이다. 그러
나 굵은 운명선의 소유자는 어렵고 힘든 때가 있다 해도 열심
히 일해 나가는 것이다. (그림 p.182)

성자라면 한가할 때는 한가할 때 할 수 있는 것을 배울 것
이고 분망할 때는 분망할 때 할 수 있는 일을 배울 것이다.

굵은 운명선의 사람은 성자까지는 못가더라도 그 나름대로
자기의 재능, 실력을 발휘하고 있는 것이다. 하여튼 운명선의
굵기는 그 사람의 사회적 실력발휘 정도를 나타내는 것이다.

그러나 이것이 나쁜 방면으로 향할 때는 큰 일이다. 이전에
어떤 깡패두목의 손금을 보아준 일이 있는데 그 사람의 수상
에도 굵은 운명선이 들어 있었다.

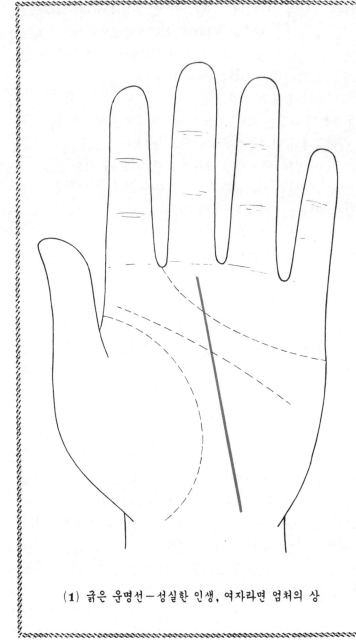

(1) 굵은 운명선─성실한 인생, 여자라면 엄처의 상

(2) 엄처의 상

굵은 운명선이 여성의 손에 있으면 엄처의 상이다. 즉 자기에게 실력이 있으니까 결국 남편의 나약함을 용납 못하고 남편을 끌고 가게 되는 것이다.

이런 상을 가진 여성은 일을 척척 해치우게 되니, 실력을 발휘해 사회에 공헌하는 일을 하는 것이 좋다. 그렇게 해서 불만을 해소하든가 자기보다 뛰어난 남편을 찾아야 한다. 그렇지 않으면 남편의 운기를 가로막게 된다.

(3) 가는 운명선

가는 운명선의 소유자는 아무래도 믿을 수 없는 우유부단한 느낌을 주는 사람이다. (그림 p.184)

오랜 경험에 비추어 보면 역시 인생의 목표를 확고하게 정한 사람들은 운명선이 뚜렷하며 반대로 인생의 목표가 정해져 있지 않은 사람은 운명선이 뚜렷하지 않다. 또한 실력발휘의 만족도가 너무 없어서 운명선이 뚜렷이 나타나지 않는 것이다. 그러면 여기서 그것을 증명하는 이야기를 하나 해보기로 하자.

운명선을 바꾼 김씨!!

벌써 10년전 일이 되는데 김씨라는 32세의 남자가 있었다. 그의 운명선은 연하고 잘 보이지 않는 형태였다. 그에게는 인생의 목표도 끈기도 없었고 실력을 발휘할 데도 없었다. 그러던 어느 날 한 권의 책을 읽은 것이 계기가 되어 '복지관계의 일을 해보자.'하고 결심을 하게 되는데……

이후 3일째가 되던 날, 그의 손바닥을 보고 놀라고 말았다. 굉장한 세력의 운명선이 손바닥에 나타나 있질 않은가!

결국 손금이란 현재 마음이 생각하는 바를 나타내주는 거울에 지나지 않는 것이다.

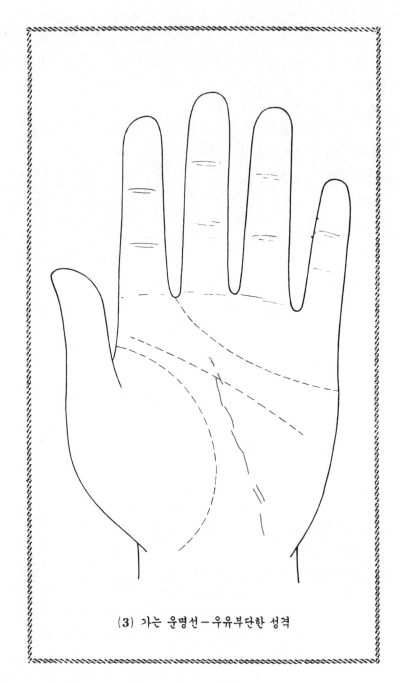

(3) 가는 운명선 — 우유부단한 성격

(4) 운명선의 여러 형태

Ⓐ─생명선의 한 점에서 올라가는 운명선은 개운선에서 말한 것같이 이 선이 그어진 생명선 유년에 승진, 비약, 독립, 결혼 등 개운으로 다망해진다. 이 경우는 22세다. (그림 p.186)

Ⓑ─이 생명선 중에서 장지의 밑으로 올라가는 운명선도 가족이나 친척의 협조, 배우자의 원조에 의해 운이 트인다는 몸속의 개운선이다.

그림에서는 생명선 유년26세에 아내가 약국이나 미용실을 경영하는 등으로 차차 개운하든가 부친의 경제적 원조에 의해 독립해서 성공의 일보를 내딛는 일이 생길 것이다.

Ⓒ─생명선의 아래에서 가운데손가락의 밑으로 올라가는 운명선은 노력과 정진에 의해 운을 개척하는 근성이 있는 사람을 나타낸다.

Ⓓ─엄지손가락에서 올라가는 운명선은 장남, 장녀의 상이고 차남과 삼남에게 이 선이 나오면 장남 대신에 가계를 계승하게 된다.

Ⓔ─손목 가운데쪽에서 중지쪽으로 올라가는 선은 독립심이 강한 사람에게 많은데, 주위 사람들에게 의지하지 않고 자기의 길을 꿋꿋이 간다.

그 사람이 인격자일 경우에는 주위의 원조도 많아 대성한다. 단지 자기 스스로 부탁하려 들지 않는 사람이다.

Ⓕ─이런 운명선은 인기선이라고 말하며 주위의 인기나 혜택을 받는 행운이 있는 사람이다.

Ⓖ─지능선에서 시작하는 이 행운선은 특별한 재능으로 살아가는·사람을 나타내며 예술가, 학자, 교사들에게 많다.

(5) 운명선의 변화를 알자.

운명선은 그 변화양상에 따라 인생의 전환기를 알려주고 있

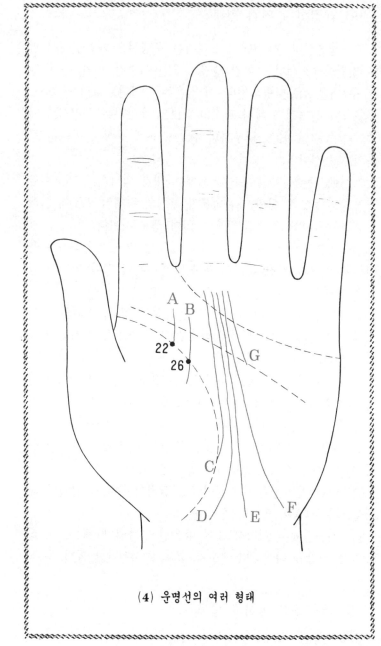

(4) 운명선의 여러 형태

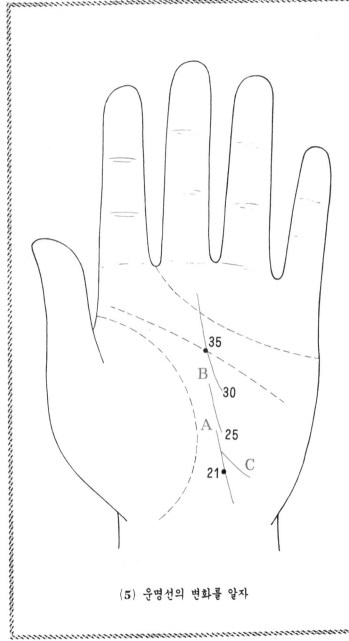

(5) 운명선의 변화를 알자

다. (그림 p.187)

Ⓐ—이와 같이 작은 운명선이 엇갈려 있는 것은 소소한 운명의 변화를 알려주고 있다. 대개 왼손의 운명적 변화는 정신적인 변화를 보여주며, 오른손의 변화는 구체적인 환경의 변화를 보여준다. 자주 듣는 소리로 좌우의 운명선이 다르고 변화의 연령 위치가 어긋나 있을 때 사람들에게 물어보면 내면의 변화가 있을 뿐 환경은 달라진 데가 없는 경우가 많다. A의 경우 변화는 25세에 일어나고 있다.

Ⓑ—운명선의 변화가 이렇게 크게 되면 그 사람의 일생을 좌우하게 되는 큰 변화가 일어나게 된다. 이 경우라면 30세에 결혼을 하든가 카페 경영에 나서든가 하는, 아무튼 본인에게는 대전환기가 된다는 것을 말해주고 있다.

그 변화가 좋은 것인지 나쁜 것인지는 운명선의 기세나 다른 선을 보아 종합적으로 판단해야만 한다. 타인이 보면 대변화라도 본인으로서는 큰 변화가 아니라고 생각하면 운명선은 약간의 변화는 나타나게 되지만 크게 변화하지는 않는다.

Ⓒ—운명선에서 올라가는 선(영향선)이 합류하면 그 유년(이 경우는 23세)에 결혼 또는 배우자와의 만남 등 인생에 많은 영향을 끼치는 사람과 만나게 되어 행복한 생활이 시작되게 된다.

(6) 운명선상에 나타나는 장애

Ⓐ—운명선상에 섬이 나타나 있는 사람을 가끔 만나게 된다. 섬은 어느 선에 있어서나 불운의 표가 되는데 운명선상에 있는 경우는 운이 따르지 않거나 건강이 나쁘거나 경영자라면 영업이 가장 부진한 시기가 되는 것이다. 이 경우라면 섬형의 시기가 23~25세로 금전상태가 나쁘거나, 하는 일이 뒷전으로

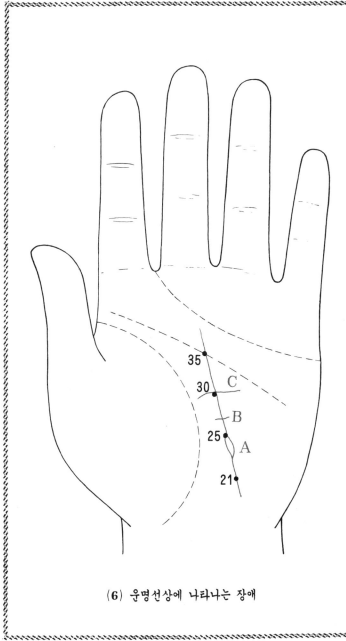

(6) 운명선상에 나타나는 장애

밀리게 되거나, 불륜의 사랑으로 고민하게 된다.(그림 p.189)

ⓑ-길게 고생하는 섬모양과는 달리 한 차례의 강력한 불운이 몰아칠 경우에 이와 같이 운명선을 직각으로 자른 짧은 장애선이 나타난다. 그림에서는 27세에 본인으로는 좌절이라는 불운이 있다.

특히 왼손에 있으면 정신적 쇼크, 오른손에 있으면 현실적인 타격이라 판단된다.

ⓒ-운명선에 나타나는 선이 이처럼 약간 길고 굵게 나타나면 장애나 고통도 크게 된다(이 경우에는 30세).

실제로 31세에 양손 모두 이런 상이 있던 사람의 경우, 그해에 오토바이 사고를 일으켜 골절로 10개월간 병원에 입원했었다고 한다.

그러나 이것은 어디까지나 사전경고로 주의하면 방지할 수 있다. 장애시기를 사전에 알게 되면 결국 마음가짐도 달라지게 되는 것이다.

(7) 운명선상에 나타나는 행운선들

ⓐ-운명선상에 나타나는 '행운의 표' 중 대표적인 손금으로 약지를 향해 갈라진다. 이 가지선은 뒤에 자세히 풀이하겠지만 태양선이라고 하며 이 운명선이 갈라져 나온 유년에 큰 행운, 큰 비약이 일어날 것을 암시해 주고 있다.

이 손금의 경우라면 27세에 멋진 상대와 결혼, 또는 일약 스타가 된다. 즉 독립해서 성공의 제일보를 내딛는 등 오랫동안의 소망이 성취되어 행운의 물결을 타게 되는 것이다.

1cm나 3mm나 길이에 상관없이 꼭 행운이 찾아오게 되는 것이니까 눈여겨 보도록 한다.

ⓑ-운명선보다 엄지손가락쪽으로 갈라져 나가는 것을 볼 수가 있다. 운명선에서 분기되는 유년에 기쁜 일이 일어날 것

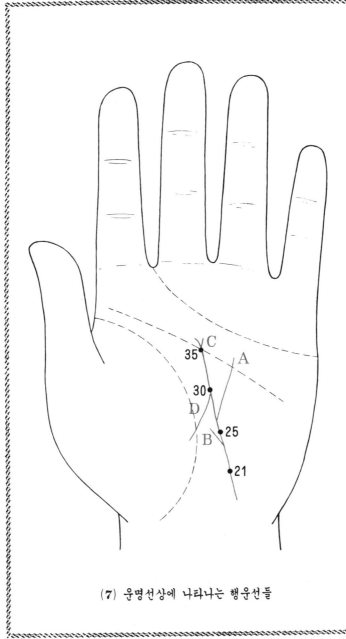

(7) 운명선상에 나타나는 행운선들

을 약속해주는 선이다.

이 손금의 경우는 24세에 자기목표를 향해 분발하든가 영전, 결혼, 개업 등 운명이 호전한다는 것을 시사하고 있다. 하여튼 운명선에서 상향하는 가지선이 나타날 때는 그 유년에 운이 좋아진다고 보아도 틀림이 없다.

ⓒ-운명선이 화살형으로 된 때도 그 분기 유년에 틀림없이 행운이 있다. 이 그림대로라면 35세에 무언가 기쁜 일이 일어나게 되어 있다.

ⓓ-운명선에 생명선내에서 올라간 선이 합류하는 것은 그 운명선의 합류 유년에 가족의 원조를 받든가 유산의 증여나 상속 등이 있는 것을 알려주고 있다(그림으로는 30세).

3. 발상력, 적합한 직업을 알려주는 지능선

지능선은 엄지손가락과 검지손가락 사이에서 시작된다. 길이, 방향, 굵기 모두 각양이지만 누구에게나 있는 선이다.

① 그 사람의 사고방식, 두뇌활동을 본다.

천재인가 둔재인가, 대성할 것인가 평범하게 지낼 것인가는 역시 두뇌의 우수함(학교성적을 말하는 것은 아님)이 결정하게 될 것이다. 약간 머리를 쓴 것이 억만장자를 만들어 주고 노벨상을 타게 하는 등 현대는 발상, 아이디어, 천재적 번뜩임의 시대이기 때문이다.

② 성격을 본다.

지능선이 시작되는 곳에 따라 그 사람의 성격을 알 수가 있다.

이 선을 읽으면 자기 성격의 재발견은 물론 남의 성격까지 한눈에 읽을 수가 있어 아주 편리하다.

③ 적합한 직업을 알 수 있다.

지능선을 보면 그 사람한테 적합한 직업을 알 수 있다. 사람

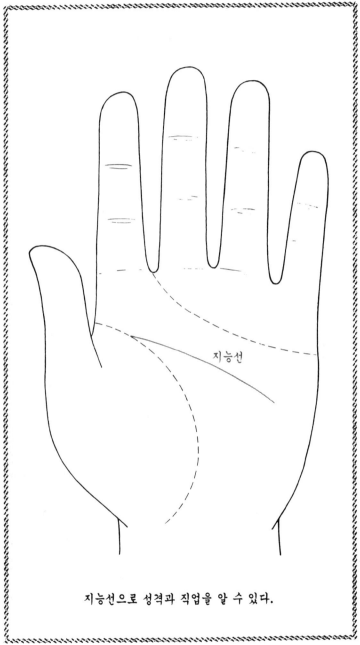

지능선

지능선으로 성격과 직업을 알 수 있다.

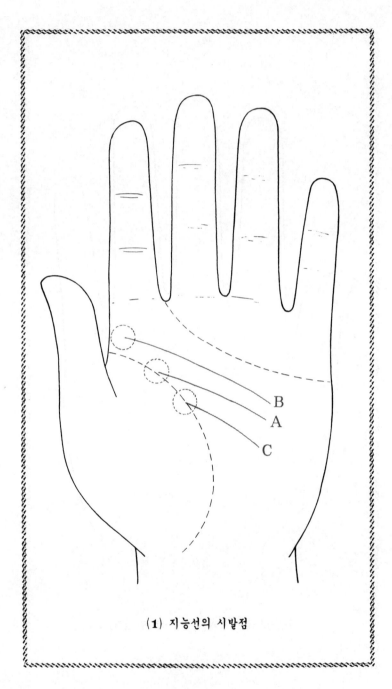

(1) 지능선의 시발점

은 직업을 제대로 선택하느냐 못하느냐에 따라 성공이 좌우된다고 할 수 있는데 낭만적 성격을 가진 사람이 흥미도 없는 경리일을 본다면 진보를 기대할 수 없다. 또 성질이 꼬장꼬장한 사람이 물장사를 한다면 성공을 거둘 수 없다.

당신이 좋아하는 일이면서 경제적으로도 윤택한 직업이야말로 행복의 근원이 된다. 지능선을 극복하여 당신의 인생을 밝게 하자.

(1) 지능선의 시발점

Ⓐ 보통형 – 표준적 지능선으로 대개 80% 정도는 이 형에 속하며 성격이 중용을 지킨다.

Ⓑ 떨어져 있는 형 – 때로는 생명선에서 떨어져 그 윗부분에서 시작되는 지능선을 볼 수 있다.

이와 같은 사람은 성품이 대담하고 낙천적이고 적극적이며 거기다 자신감까지 가지고 있어 약간의 실패에도 아랑곳없는 사람이다.

또한 정열가이고 의협심도 강해 부하를 잘 돌보는 보스타입이다. 남자라면 두목격이고 여자라면 여장부가 되리라.

그러나 떨어진 폭이 1cm 이상이 되면 너무 무모한 행동을 하든가 남이 무리라고 하는 것을 밀고 나가 스스로 무덤을 파는 수도 있다. 이렇게 떨어져 있는 형인 사람은 10% 정도가 된다.

Ⓒ 중간에 붙어 있는 사람 – 생명선 도중에 붙어서 시작되는 지능선을 갖고 있는 사람도 10% 정도 있다. 이 형의 특징은 소극적이고, 말할 것도 제대로 말하지 못하는 수줍은 소년기를 보냈다는 것이 한결같다. 그러나 20세 전후부터 대담하게 되려고 스스로 노력하여 성격이 바뀐 사람도 있다.

(2) 지능선의 길이

지능선의 길고 짧음은 성격판단의 중요한 기준이 된다.

Ⓐ 표준의 지능선-지능선의 표준 길이로 성격이 중용을 지킨다.

Ⓑ 짧은 지능선-이와 같이 짧은 지능선을 가지고 있는 사람도 많이 있다.

짧은 지능선을 가지고 있는 사람은 머리를 써서 생각하는 사람은 아니다. 그래도 센스는 빨라 직감으로 모든 것을 정해 나간다. 그런 순발력과 기억력에는 놀랄 수밖에 없다.

깊이 생각하지 않는다는 것은 쓸데없이 고심하지 않는다는 것도 되므로 꼭 단점이라고만 할 수는 없다. 또한 짧은 지능선을 가지고 있는 사람은 머리가 나쁘다고 생각하고 있는 사람이 있는데 꼭 그런 것은 아니다.

확실히 생각하고 문제를 푸는 것은 잘할 수 없으나 기억력, 암기력, 순발력, 행동력의 풍부한 점을 살린다면 수석을 차지하는 것이 꿈에 불과한 일은 아니다. 적당한 일자리를 찾으면 크게 꽃을 피울 상이다.

Ⓒ 긴 지능선-짧은 선을 갖고 있는 사람보다는 긴 선의 지능선을 가지고 있는 사람이 꼼꼼하고 신중하게 생각하는 사고형의 사람이라 할 수 있다.

복잡한 문제를 잘 생각하고 어떤 방침을 정하는 데 있어 여러 방법을 생각하므로 결국은 우유부단한 점이 단점이라 할 수 있다.

(3) 지능선의 위와 아래

지능선이 나가는 방향이 위로 갔느냐, 아래로 갔느냐에 따라 성격이 뚜렷하게 구별된다(최종 위치가 중요).

Ⓐ-이것은 표준형인 지능선이다.(그림 p.199)

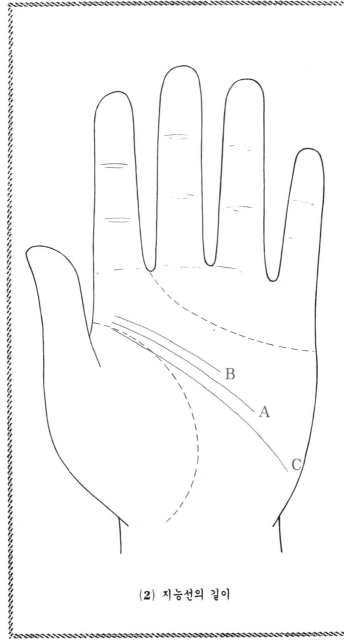

(2) 지능선의 길이

Ⓑ-지능선이 이와 같이 위로 향하면 향할수록 현실주의적 경향을 띠고 장사나 경리, 세무, 처세술, 뒷거래 등에 발군의 재능을 발휘한다.

또 유행감각 등에 뛰어난 감각을 가지고 있다.

예술가라면 순수예술보다는 대중예술, 디자이너 등의 상업예술 방면이 적합하다. 금전관계에서도 계산이 빠르고 무언가를 발상할 때도 현실성이 있는 아이디어를 발휘하는 것이다.

Ⓒ-지능선이 손목쪽으로 향하면 향할수록 그 사람은 로맨틱한 메르헨(Märchen : 신비한 내용의 옛날이야기)을 사랑하는 비현실적인 공상가 타입으로 예술이나 예능방면에 뛰어나다.

혼자서 책을 읽든가 영화를 보고 음악을 듣고 시를 쓰는 등 공상의 세계에서 노는 것을 좋아하며, 영감 또한 크게 작용한다.

한편 이런 사람이 사업을 할 경우 1년이나 반 년쯤 하다 실패하는 수가 많다. 공상과 현실의 간격이 크기 때문일 것이다.

(4) 평목선

100명 중에 두세 사람꼴로 지능선과 감정선이 하나로 되어 손바닥을 가로지른 '평목선'의 손금을 가진 사람을 볼 수가 있다.(그림 p.200)

이런 손금을 가진 사람 중에는 기인(괴짜)이 많은데, 성격이 완강하고 악착스러운 데가 있다.

또 흥망성쇠가 심한 생을 보내게 된다. 왜냐하면 강인한 성격과 결판을 내는 승부를 밥먹듯이 하는 대담성을 가지고 있기 때문에 승산할 때는 큰 득을 보지만 실패할 때는 빈털털이가 되는 것도 마다하지 않는다.

본시 넘쳐 흐를 정도로 재능을 가지고 있어 각 분야에서 우수한 사람 가운데는 이런 평목선 상을 가진 사람이 종종 있

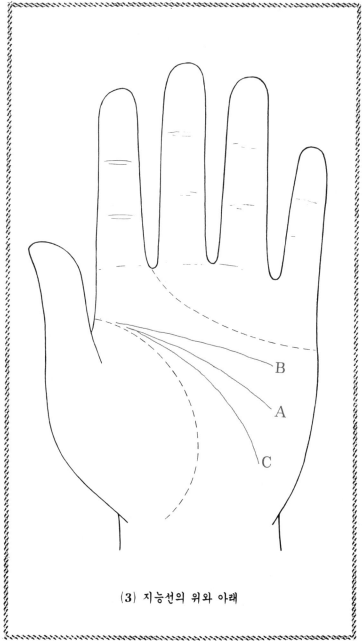

(3) 지능선의 위와 아래

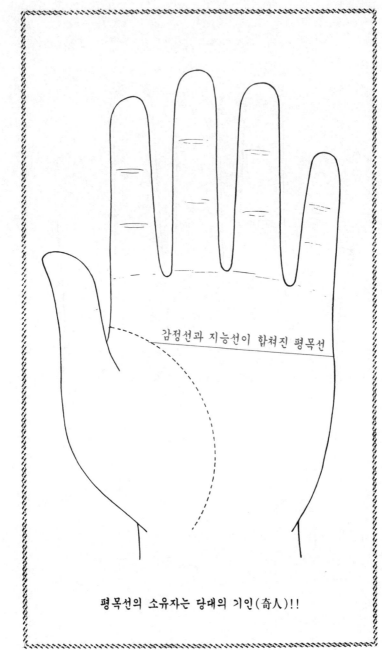

감정선과 지능선이 합쳐진 평목선

평목선의 소유자는 당대의 기인(奇人)!!

다. 그러나 자신의 과오가 화가 되어 무덤을 파는 수가 많은 것도 부정할 수 없을 것이다.

백을 움켜쥔 상!!

이런 상을 가진 사람은 잘되면 대통령이나 국무총리도 할 수 있지만 잘못되면 깡패 우두머리가 되기도 한다.

한편 천운을 가지고 있는 것은 틀림없으나 꿈이 작으면 괴짜가 되고 만다. 유년은 1년의 차가 생긴다.

(5) 지능선 위의 섬, 날아오른 손금

Ⓐ—섬은 어디 있건간에 불운, 부조를 말한다는 것을 앞서도 풀이한 바 있지만 지능선 위의 섬은 노이로제, 우울증, 머리가 선명하지 못한 것을 암시한다. 유년으로 잡는 방법도 있지만 어려워 그대로 풀이하기로 한다.(그림 p.202)

두뇌활동의 슬럼프, 즉 노이로제 등은 시야가 좁아져 있다는 상태다. 그러므로 자기의 것만 생각해 자폐의 상태에 있으므로 밝은 꿈이나 이상을 찾는 사회와 세계로 마음의 문을 열도록 기분을 전환시키는 것이 중요하다.

자살을 시도했거나 오랫동안 한 가지 고민으로 아무것도 할 수 없었다거나 하는 사람들에게는 지능선 위에 섬이 나타난다. 그럴수록 밝은 생각을 하면서 성격, 운명을 바꾸어 나가야 하는 것이다.

그러노라면 섬모양이 없어지든가 주위에 좋은 선이 자주 출현하는 등 운수는 좋은 방향으로 바뀌게 된다.

사회의 여러 분야에서 자신의 일에 선두를 달리고 있거나 봉사단체에서 활동하고 있는 사람들은 거의 모두가 밝고 낙천적이고 꿈과 희망에 가득찬 손금을 갖고 있다.

Ⓑ—지능선에서 갈라져 새끼손가락쪽으로 날아올라간 이 손

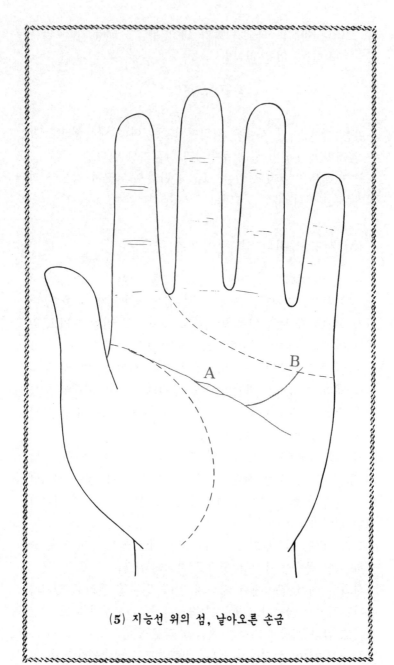

(5) 지능선 위의 섬, 날아오른 손금

금은 경영의 재능과 금전 감각이 뛰어나므로 이런 손금을 가진 사람에게 경영을 맡기면 차차 흑자운영을 하게 되는 것이 틀림없다.

(6) 다재다능한 2중 지능선

생명선이나 운명선이 두 줄 또는 세 줄로 나타나듯이 지능선도 둘로 나타나 있는 사람이 있다. 이와 같은 상을 2중 지능선이라고 한다. (그림 p.204)

2중 지능선을 가진 사람은 전혀 성질이 다른 일을 동시에 해 나갈 수 있는 다재다능한 사람으로 그림과 같이 두 줄이 나란히 나타날 때도 있고 이외 여러 가지로 나타날 수 있다.

이와 같은 경우라면 대담하고 뚜렷한 성격(a)과 사색으로 주의깊은 성격(b)을 함께 갖추고 있는 경우라고 할 수가 있다.

두 줄이 모두 기세가 좋을 때는 드물고 거의가 한쪽은 뚜렷하지만 한쪽은 허술하든가 불완전하다.

그림과 같은 경우는 a의 지능선이 확실하고 기세가 좋은데 비해 b선은 허술해 알아보기가 힘들다. 즉 a의 대담성을 80% 정도 가지고 있고 b의 소심함을 20% 정도 가지고 있다고 할 수 있다.

마치 천생연분의 부부가 서로 힘을 합치면 큰 일을 할 수 있는 것과 같다.

한 줄이던 지능선이 본인의 노력으로 두 줄이 되는 예도 많다. 지능선도 다른 여러 선과 같이 자주 바뀌는 것이다.

4. 성격을 나타내는 감정선

새끼손가락 아래 3cm 부근에서 검지손가락쪽 밑으로 뻗은 선을 감정선이라고 부른다. (그림 p.205)

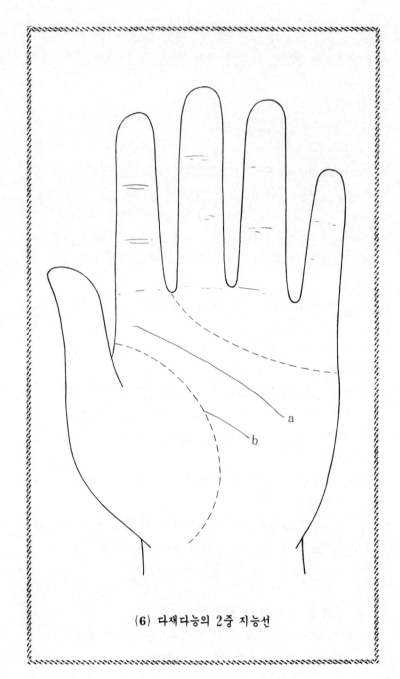

(6) 다재다능의 2중 지능선

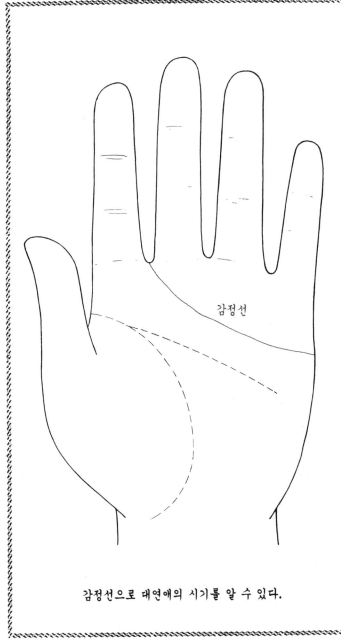

감정선

감정선으로 대연애의 시기를 알 수 있다.

① 성격을 본다.

감정선은 그 사람의 성격(감정)을 잘 나타내고 있다.

이 선을 보면서 자기의 성격을 객관적으로 보는 것도 재미 있는 일이 아닌가 한다.

② 연애의 형태를 본다.

이 감정선을 통해서 깊은 연애를 하는지, 남몰래 연애를 하 는지, 한눈 팔지 않는 열녀형이라는 사실 등을 알 수가 있다.

결국 연애는 성격대로 하는 것이기 때문에 감정선으로 읽을 수가 있는 것이다.

③ 애정 인연을 본다.

또 감정선에는 애정의 인연이 나타나게 되어 있다.

뒤에 자세히 설명하겠지만 감정선이 갈라진다든가, 두 개가 되면 두 번 또는 그 이상 결혼한다. 또는 복잡한 인연을 예고 한다.

복잡한 인연이라는 것은 단순히 성격이 어떻다느니 애정이 어떻다느니 따지는 것에 우선하는 일이다. 아무리 애정이 있 고 열정이 있다 해도 상대가 없다면 두 번 다시 결혼할 수 없 기 때문이다.

④ 건강도 볼 수 있다.

애정선으로 건강도 볼 수 있다. 심장이나 눈의 좋고 나쁜 것 을 아는 데 사용할 수 있다.

그럼 도대체 어떤 감정선의 사람이 밝고 어두운지, 또 냉정 한지, 인정이 많은지 등을 알아 보기로 하자.

(1) 감정선의 길이

Ⓐ 표준의 감정선―이 길이가 감정선의 표준 길이로서 보통 의 성격이다. 그러나 그 사람의 성격 변화에 따라 길게도 되고 짧게도 되는 자주 변하는 선이다. 간혹 생명선과 지능선 그리 고 감정선은 전혀 변하지 않는다고 마구잡이로 주장하는 사람

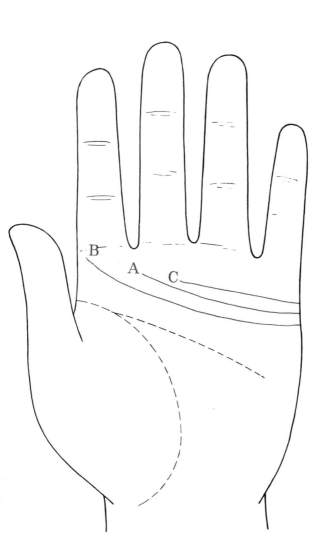

〔1〕 감정선의 길이

도 있지만 이것들은 틀림없이 잘 변하는 것이다.

분명 마음이 변하면 수상도 바뀐다. '수상을 보고 자기를 반성하라!' 손은 우리들에게 그렇게 말하고 있는 것이다.

ⓑ 긴 감정선－이런 상은 보통형이던 사람이 언제부터인가 차차 길어졌거나 본시 길었던가 둘 중 하나가 된다.

도대체 어떤 성격이면 이렇게 길어질까?

그것은 정열가라기 보다는 격정가의 성격으로 자기의 감정을 억제할 수 없어 질투의 불꽃을 태우든가, 처자 있는 남자와 열애하든가, 자기가 불리하다는 것을 알면서도 격노를 참지 못하는 성격의 사람에게 생긴다.

손의 밸런스를 보아 감정선이 부자연스럽게 길다는 것은 지능(지능선), 체력(생명선), 감정(감정선) 중에서 감정선의 세력이 제일이라는 것이다.

물론 지능선이 눈에 띄게 길면 지능에 의탁하는 사람이다.

ⓒ 짧은 감정선－짧은 감정선의 사람은 냉정, 침착하고 자기의 감정을 조절할 줄 아는 사람이다. 감정선이 짧은 만큼 감정의 기복도 적은 것이다.

(2) 감정선의 모양

Ⓐ 굽커브를 한 감정선－감정선의 커브가 급할수록 정열가라는 것을 말하여 준다. 소위 뜨거워지기 쉬운 사람이라는 것이다.

특히 그림과 같이 장지쪽으로 급커브가 상승되어 있으면 연애를 할 경우 눈먼 연애, 모든 것을 내동댕이치고라도 상대를 손에 넣으려는 형의 사람이다.

Ⓑ 일직선에 가까운 감정선－냉정하고 쓸데없는 일은 하지 않는 사람이다.

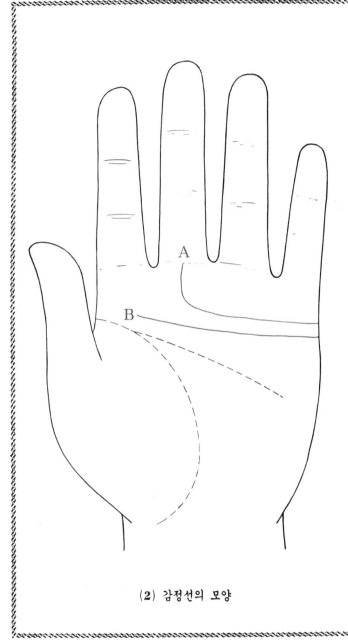

(2) 감정선의 모양

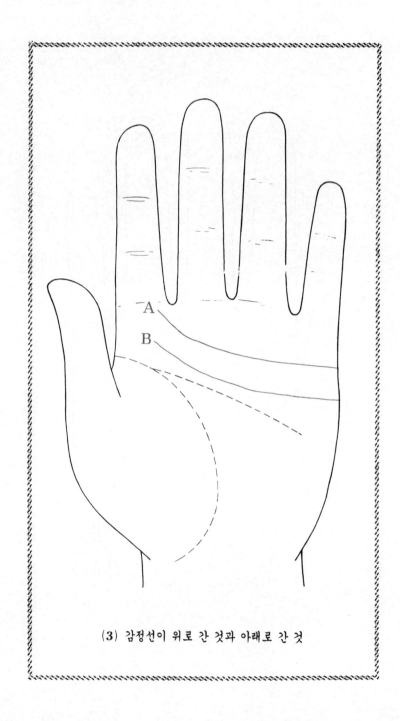

(3) 감정선이 위로 간 것과 아래로 간 것

(3) 감정선이 위로 간 것과 아래로 간 것

감정선이 위로 가는가 아래로 가는가에 따라 성격의 차이가 생기게 된다.

Ⓐ—감정선이 위쪽으로 올라가며 나타날수록 정열가로 자기의 감정을 억제하기 힘든 성격이 된다.

이와 같은 사람은 흥분도 잘하고, 집중력이 강하며, 남의 의견을 냉정하게 판단하지 못하는 사람이다. 한 마디로 자기의 감정을 조정하기 힘들어서 감정에 휘말린다는 사람이라고 생각하면 틀림없을 것이다.

그러나 이런 사람들이 천재적 예술을 만들어 낼 수 있는 것이어서 정열을 불태워 세상을 위해, 또 인류를 위해 크게 공헌할 때도 있다.

물론 어떤 수상을 하고 있을지라도 마음을 넉넉하고 애정을 가득 담는데 노력만 한다면 아름다운 예술작품이나 다른 사람은 꿈도 못꾸는 멋진 발명품을 만들어 내는 것이 가능하리라 본다.

수상이란 그 선이 어떠니까 당신이 어떻다는 것이 아니라 그 나름대로 좋은 것이다. 그저 개성이 넘치는 개개의 수상을 어떻게 이해하고 인생에서 어떻게 살리느냐에 모든 것이 달려 있는 것이다.

Ⓑ—감정선은 보통 아래쪽에 생긴다. 이 사람은 자기 감정을 조절할 수 있는 침착한 사람이다.

감정선도 위아래로 이동되는 수가 있다.

(4) 감정선의 난맥상 (그림 p.213)

감정선의 난맥양상도 성격판단에 좋은 기준이 된다.

Ⓐ—약간 흐트러져 보이는, 일반적으로 가장 많은 손금이다.

Ⓑ—다섯 사람에 한 사람 정도는 심한 난맥상의 감정선을

가지고 있다.

이런 상은 연애를 좋아하며 낭만적인 이야기거리를 많이 남기는 다감한 성격으로 연애편력을 즐긴다. 그리고 애정에 민감하고 감정이 풍부하며 인정도 많아 사람들에게 호감을 사는 흔히 기분파라고 말하는 사람이다.

그러므로 이 흐트러진 감정선의 소유자는 누구와도 의기투합하여 친해지고 연애에 빠지기 쉬운 것이다. 바람기만 주의한다면 즐거운 인생을 보낼 수 있다.

ⓒ—한 개로 길게 나타나 있는 감정선도 많다.

이런 상의 사람은 감정이 메마른 사람으로 냉정하고 부드러운 기분이 없어 냉정하게 헤어지는 때도 가끔 있는 것이다.

온순한 마음을 갖도록 노력하면 손금이 아래로 향해 갈 수도 있다.

(5) 감정선의 모양

어느 선이나 다 마찬가지지만 감정선도 하나의 선이나 모양으로 판단을 내려서는 안된다. 언제나 다른 선과 합쳐서 종합적으로 판단하는 것이 중요하다. 그러면 흔히 볼 수 있는 감정선의 모양을 보자.(그림 p.214)

Ⓐ—감정선 끝부분이 검지와 중지 사이에 들어가는 수상. 이와 같은 수상을 가진 사람은 사랑하는 사람에게 헌신적인 타입으로 여자인 경우에는 정말 현모양처형이라 할 수 있다.

온순하며 애정이 지속될 수 있어 배반할 수 없는 충실한 사람이다. 친구들 사이에서는 주로 언니, 형님 역할을 많이 하는 사람이다.

이와 같은 수상을 가진 사람을 부인이나 남편 혹은 친구로 둔 사람은 정말 행복한 사람이라 할 수 있다.

Ⓑ—감정선 끝이 금성구(애정의 언덕)쪽으로 내려가 있는 상도 의외로 찾아볼 수가 있다.

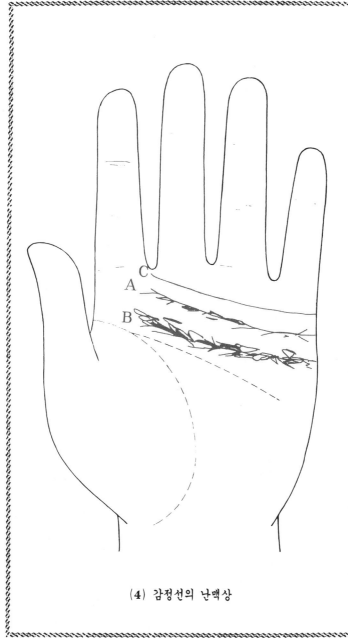

(4) 감정선의 난맥상

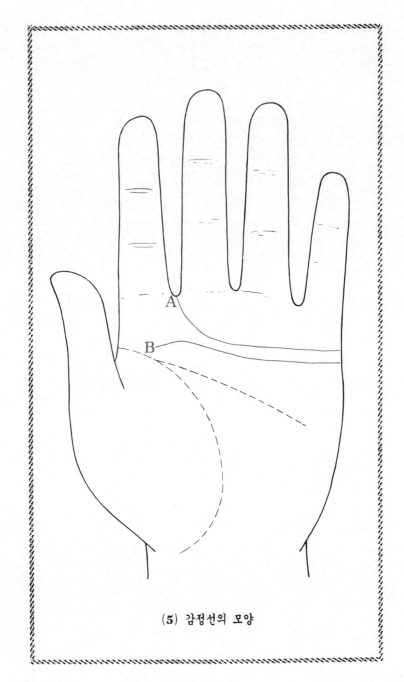

(5) 감정선의 모양

이와 같은 상은 온순한 사람의 손에 나타나는 것으로 처음에는 위로 향하던 것이 마음이 바로 잡히면 하행하는 수도 많다. 또 끝이 아래로 향하지 않아도 짧은 하행선이 나타나는 등으로 온순함을 상징할 수 있다.

5. 행운의 표, 태양선

약지쪽으로 상승하는 선은 모두 태양선이라고 하며 행운을 나타낸다.(그림 p.216)

① 명성, 성공, 행운을 본다.

이 선이 있는 사람은 유명하게도 되고 크게 성공하여 스타의 자리에도 오를 수 있고 주위 사람들의 총애를 받는다.

② 금전운도 볼 수 있다.

명성도 얻고 성공도 하게 되면 당연히 얻을 수 있는 것은 금전이다. 즉 금전운을 보는데 이 태양선의 유무, 진한 정도, 나타나는 위치 등은 가장 좋은 재료가 된다.

그러나 이 선도 운명선과 같이 자기의 기준으로 판단하여, '나는 부자다. 나는 성공했다.'고 생각하면 나타난다. 가령 월수입이 3백만 원이 된다 해도 자기에게는 부족하다고 생각하면 태양선이 나타나지 않기도 하고 희미하게 보이며, 만일 자신이 부자이며 고액 소득자라고 스스로 느끼게 되면 뚜렷하게 나타나게 된다.

태양선은 본인의 성공, 금전운, 행운의 만족도가 나타나는 것이다. 그러나 꼭 저명인사, 예능인들 모두에게 뚜렷이 나타나 있는 것은 아니다. 본인의 기준을 고려해서 판단하기 바란다.

③ 성격을 본다.

성격은 양성으로 인기와 신용이 많고 후덕한 사람이다.

양성이 아닌 경우라도 아주 열의가 있든가 진실하든가 하여 사람들에게 신용을 얻고 사랑을 받는다.

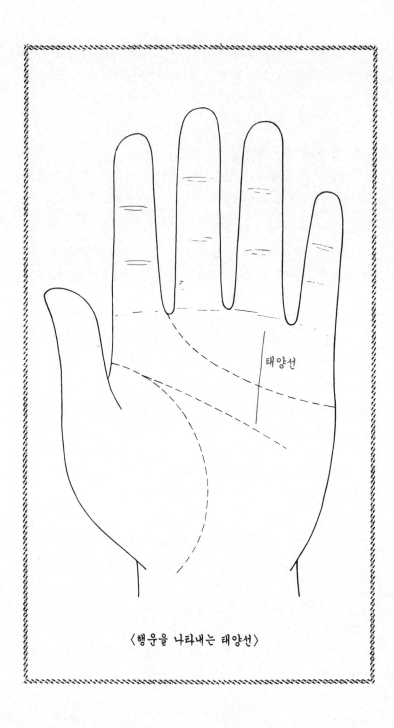

태양선

〈행운을 나타내는 태양선〉

(1) 태양선이 나타나는 7가지 종류

Ⓐ-태양선이 나타나는 양상에 따라 여러가지 해석을 할 수 있다. 생명선에서 갈라져 나와 약지쪽 위로 올라가는 태양선은 노력이 열매를 맺어 명예, 명성의 꽃을 피우게 되는 것이다. (그림 p.218)

Ⓑ-운명선에서 출발하는 태양선은 운명선의 분기 유년(그림의 경우 30세)에 큰 행운이 일어날 것을 알려주고 있다.

이 행운은 그 사람의 인생에서 크게 비약적인 사건이 된다. 그러므로 여성의 경우에는 행복한 결혼, 남성의 경우에는 결혼은 물론 독립, 승진, 합격 등 모든 것이 행운의 물결을 타게 되는 것이다.

Ⓒ-손바닥 중앙의 화성평원에서 출발, 중지가 시작되는 부분으로 나가는 태양선은 근성이나 노력에 의해 갖은 고초를 헤쳐나가 성공한다는 상이다.

Ⓓ-지능선보다 더 올라가는 태양선은 재능과 명예를 얻을 상으로 유명인들에게 많다.

Ⓔ-안전형, 월급받는 식의 태양선으로 만년에는 어느 정도 여유를 가지게 된다. 나름대로 행복하고 안정된 일생을 보낸다.

Ⓕ-대중의 인기, 지원, 조력에 의해 차차 개척되는 운을 가지고 있다.

월구(月丘)는 타인의 도움을 말하며 거기서 나오는 태양선이 뚜렷하면 틀림없이 유명하게 된다.

Ⓖ-이런 커브의 태양선은 성실하게 성공하는 형이다.

(2) 태양선의 여러 형태

대개 태양선이라는 것은 유년이 달라지지 않는 수가 많지만 이것도 유년을 따라 자세하게 볼 수 있다. 특히 운명선에서 출

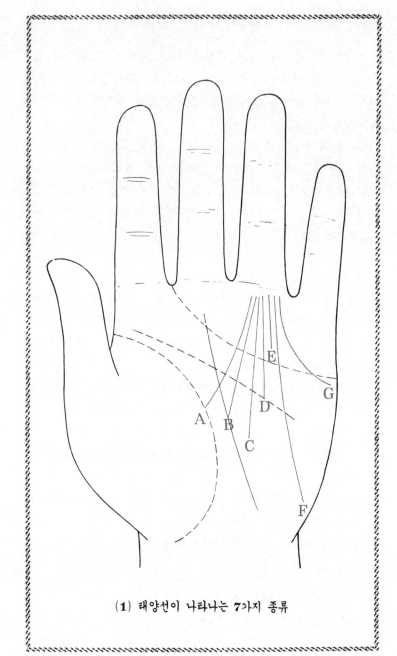

(1) 태양선이 나타나는 7가지 종류

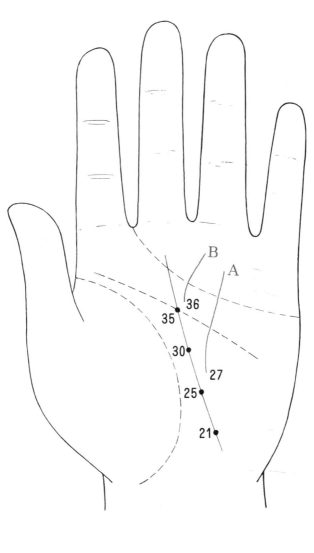

(2) 태양선의 여러 형태

발하는 태양선 또는 운명선 가까이에서 상승하는 태양선의 경우가 많다.

그런 때에는 운명선 유년을 본다. 대개 태양선이 있으면 행운이 있고 태양선이 없다가 나타나게 되면 운이 트인다고 판단하지만 유년법을 사용하는 일은 거의 없었다.

그러면 그림으로 이 태양선을 알아 보자.(그림 p.219)

Ⓐ—상승하는 태양선을 갖고 있는 사람은 출발점을 운명선에 맞추어 보고 27세에 성운이 시작된다고 보면 틀림이 없다. 운명선에서 출발하는 태양선은 시작되는 운명선 유년에 큰 행운이 있으며, 운명선 가까이에서 시작되는 태양선은 출발점의 운명선이 유년에서 성운기로 들어가는 것이다.

Ⓑ—태양선이 출발하는 36세에 성운기에 들어가 차츰 일이 성공하든가 또는 지금까지 운명선 때문에 실력이 있어도 인정받지 못한 사람이 차차 인정받게 된다는 것을 예시해 준다.

제3장 연애·결혼을 알아보자.

1. 유년법에 꼭 맞추는 법!

① 연애, 결혼의 표는 9가지가 있다.

앞으로 설명하려는 9가지의 요령을 다 익히면 당신은 자기의 결혼의 해는 물론 연인이나 남편, 친구, 친지의 연애 상황, 결혼, 약혼의 해 또는 이혼문제 등을 손에 잡은듯이 읽을 수 있게 된다.

② 연애, 결혼의 시기도 척척 맞힌다.

익숙하게 되면 배우자가 나타나는 해, 결혼하는 해 등 5년, 10년 앞의 일이라도 2~3개월 이내의 착오로 맞히게 될 수 있게 된다.

유년법의 매력은 역시 언제 무엇이 일어나는지 확실히 맞힐 수 있다는 데 있는 것이다.

③ 결혼기에는 표적이 2개 이상 나타난다.

사람의 결혼기에 9개의 표적 중 하나만 나오는 것으로 "몇 살에 결혼한다."라는 식으로 결정하는 것은 잘못이다.

왜냐하면 그 9개의 표 모두가 결혼을 뜻하는 것이라고 단정할 수는 없기 때문이다.

양손의 수상을 잘 보고 적어도 3개 이상의 결혼 상징표가 같은 유년에 확인되지 않으면 결혼이라는 판단을 내려선 안된다.

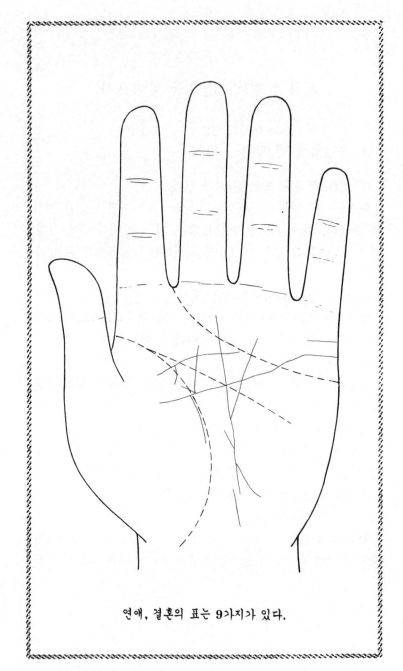

연애, 결혼의 표는 9가지가 있다.

2. 행복을 예고하는 수상

(1) 행복을 가져다주는 3개의 손금

생명선상에서 위로 올라가는 선은 행복의 의미를 지니고 있다. 우선 개운선부터 설명해 보기로 하자.(그림 p.224)

Ⓐ 개운선－이 선은 생명선 위의 한 곳에서 바로 위를 향해 올라가는 짧은 선이다.

더러는 잘 뻗어서 중지가 붙어있는 곳까지 올라간 사람도 있지만 평균 1~2cm이다. 이 손금의 경우는 26세에 결혼, 약혼, 독립, 승진, 개업, 출산, 입학, 입상 등이 있게 된다.

소망하던 소원이 이루어지는 약진의 해로 적령기의 남녀에게는 결혼의 경우가 대부분이 될 것이다.

Ⓑ 향상선－생명선상에서 올라가는 선이라도 검지손가락쪽으로 올라가는 선을 향상선이라고 한다.

이 선은 야심이나 꿈, 희망을 뜻하는 검지 방향으로 뻗은 관계로 자기의 이상, 꿈, 목표달성을 위해 노력분투하는 야심가형을 나타내고 있다.

이 연수는 생명선의 출발 연수로 계산하며 그림의 경우는 23세인 때가 된다.

즉 생명선(생명에너지와 정신에너지의 선)의 힘이 올라가는 23세의 유년점에 힘을 집약해 목표를 향해 폭발한 것이라 볼 수 있다. 혼약이 성립될 때 이런 상이 많이 나타난다.

Ⓒ 신상 원조선－생명선내에서 상승하는 이 선은 생명선 통과 유년(그림에선 31세)에 배우자에 의한 개운의 뜻이 있다.

(2) 사랑의 드라마를 연애선으로

사람의 손금에는 그 사람의 연애나 실연, 결혼 등을 나타내

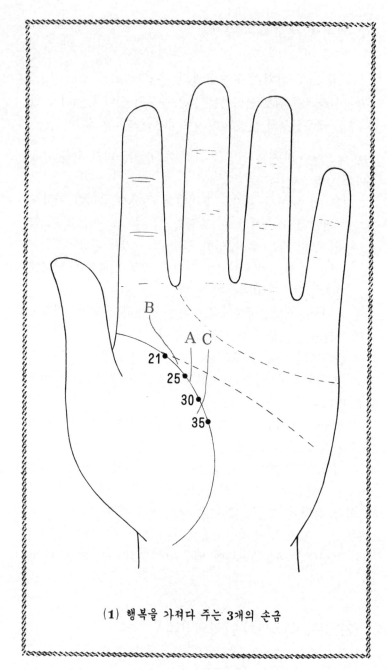

(1) 행복을 가져다 주는 3개의 손금

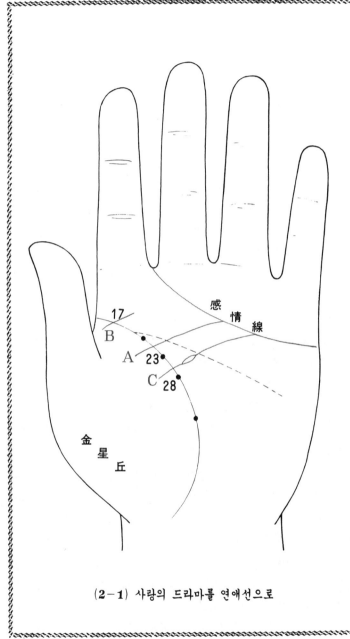

〈2-1〉 사랑의 드라마를 연애선으로

는 여러 가지 연애선이 있다. (그림 p.225)

Ⓐ 연애선—애정을 나타내는 감정선에서 애정의 언덕인 금성구(金星丘)에 흘러 들어가는 이 선을 연애선이라 한다. 이 선은 생명선을 끊은 유년(그림에서는 23세)에 깊은 사랑을 (대연애) 하게 된다고 알려주고 있다.

이 선은 그대로 결혼을 뜻하는 수도 있지만 대개의 경우 애인과 만나게 된다는 것을 뜻하고 있다. 그러나 같은 사람을 대상으로 2년 사이에 3회나 나타날 때에는 3개가 모여 가장 정점을 이루는 감정의 상태를 보여준다고 생각해야 한다. 자주 생명선을 끊는 장애선과 비슷한 형이 나타나 분간하기 힘들다고 하나 익숙해지면 바로 알아낼 수가 있다.

대연애라는 상태는 사랑에 열중하여 아무것도 손에 잡히지 않는 상태다. 또 그 사랑에 장애가 있는 경우라면 괴로워서 아무것도 손에 잡히지 않는 것이다.

즉 대연애, 장애선 양쪽이 결국 사랑과 고난에 의한 마음속의 갈등이라 생각하면 될 것이다.

또 기혼자에게 이 선이 나타나면 배우자가 아닌 애인에게 열중한다든가 아이를 갖게 되는 시기가 된다.

Ⓑ 짧은 연애선—연애선은 20세 정도까지는 그림처럼 짧게 나타나는 수가 많다. 그림은 17세의 짧은 사랑이나 짝사랑.

Ⓒ 연애선의 섬—연애선상에 나타나는 섬은 어디서 나타나나 '불륜으로 고심하는 사랑'이다. 그림으로는 28세 때가 된다.

Ⓓ 연애선 변종—연애선 같은 것이지만 감정선 위에 갈라져 들어있는 이 선을 연애선 변종이라 부른다. (그림 p.228)

이 선은 어떤 선인가 하면 이상하게도 꼭 이 선이 생명선을 자른 유년에 연애상대와 맺어지는 것이다(그림의 경우 22세).

필히 맺어진다고 하였지만 같이 산다는 식이 되는 수도 있고 정신적으로 꼭 결혼한 것같은 깊은 관계를 가질 수 있다.

아마도 전생에서부터 깊은 인연이 있었음을 생각할 수 있다.

이런 손금은 어떤 수상 서적에도 나타나 있지 않는 새로 발견된 선이라 본다.

Ⓔ 동강난 연애선―자주 끊어져 나타나는 연애선도 있는데 대단한 사랑임에는 틀림없고 그림의 경우, 25세가 그런 해이다. 단, 그냥 지나치기 쉬우니 주의가 필요하다.

Ⓕ 체크 무늬상―이 모양의 상이 당신의 손금에 나타나면 이 체크무늬가 생명선에 걸리는 유년에 당신을 둘러싼 삼각관계가 일어날 것을 예시해주는 것이다. 대개 어떤 사람과 교제하고 있는 중에 새로운 연인이 하나둘 나타나 열렬한 프로포즈를 하는 경우가 많다(그림으로는 30세).

Ⓖ 생명선을 침범한 체크상―이 선이 생명선 안으로 들어가면 문제가 생기게 된다.

Ⓗ 체크끝에 달린 섬―체크무늬에 달린 섬이 생명선 내에 형성하게 되면 큰 문제가 일어나고 큰 일이 생긴다는 경고가 된다. 주의해야 할 것이다.

(3) 연애상황 예고의 영향선

다음엔 그 사람의 연애상황을 가장 잘 알려주는 연애 예고의 컴퓨터선을 보자. (그림 p.229)

Ⓐ―이와 같이 생명선 안쪽 5㎜ 이내에 연하게 나타나는 선을 영향선이라고 한다.

이 선은 손바닥 전체에 잔금이 많은 사람에게 나타나기 쉽고 손가죽이 두텁고 굵은 선만 나타나는 손에는 나타나지 않는다.

그림과 같이 생명선 안에 근접해 있다가 드디어 합류할 때, 그림의 손금으로는 20세에 좋아하는 이성이 나타나 시간이 지

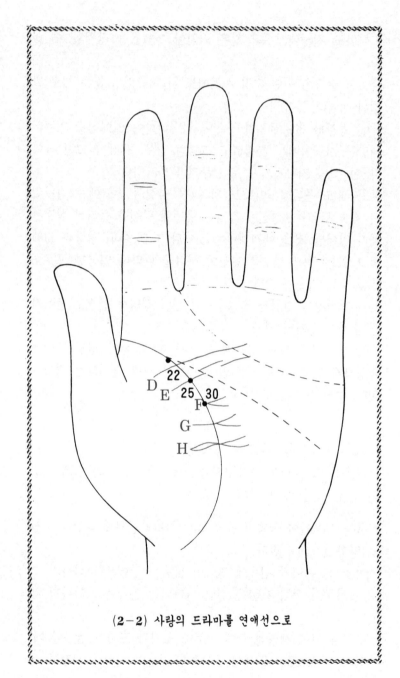

(2-2) 사랑의 드라마를 연애선으로

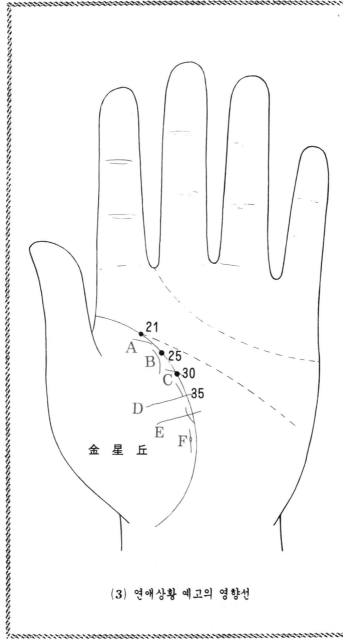

(3) 연애상황 예고의 영향선

남에 따라 애정이 더해져 23세에는 결혼에 골인한다는 것을
나타내고 있다.

또 오른손에 나타나면 자기로부터의 애정, 왼손에 나타나면
상대로부터의 애정이라고 판단, 그 선의 농도에 따라 서로의
애정도를 읽을 수가 있다.

양손에 모두 나타나면 쌍방이 서로 사랑하는 상이 된다.

Ⓑ-이처럼 떨어져 나가는 영향선은 24세에 열렬하게 시작
된 애정이 햇수를 거듭할수록 식어져 28세에는 완전히 헤어지
는 것을 뜻한다.

Ⓒ-생명선을 가로 지른 영향선은 그 통과 유년에 상대로부
터 배반당해 헤어지는 것을 나타내고 있다(30세에 이별).

Ⓓ-신상을 나타내는 금성구(金星丘)에서 출발하는 장애선
이 영향선을 가로막고 있다. 집안의 반대로 인해 연애가 중단
되는 상이다(그림으로는 35세).

Ⓔ-장애를 뛰어넘어 행복하게 결혼하는 상이다.

Ⓕ-이 섬이 있는 동안 상대방 때문에 괴로워하게 된다.

(4) 영원한 사랑의 긴 영향선

생명선내에 나타나는 영향선 가운데 다음은 그 영향선이
긴 경우를 소개하고자 한다(연한 선).

Ⓐ-이 긴 영향선은 여러 사람에게서 볼 수 있다.

이 상은 애정이 오래 계속되는 상으로 왼손에 있으면 상대
로부터의 오랜 사랑, 오른손에 있으면 자기로부터 오래 지속
되는 사랑을 말한다.

양손에 있으면 서로의 사랑이 언제나 계속되는 결혼상이라
할 수 있다.

왜냐하면 생명선에 흘러들어온 영향선처럼 심하게 두드러져
올라와 급진전된 결혼과는 달리, 친한 친구와 같은 관계였다

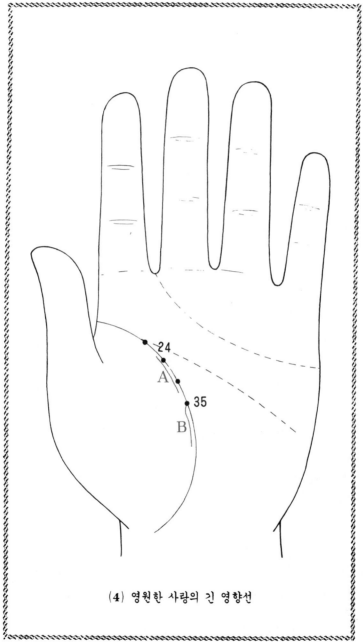

（4） 영원한 사랑의 긴 영향선

든가 서로의 인격을 존중, 존경하는 사이인 경우가 많아 뜨겁게 연애를 하다 열정이 식거나 싫증이 나서 헤어지는 일은 없기 때문이다.

부부가 이혼할 때 성격이 맞지 않는다든가 또 생활방법이 틀린다고 해서 헤어지는 일이 많은데 만일 연애결혼을 하였다면 결혼전에 고작 소경놀이만 하였다는 말밖에 안된다는 결론이다. 이렇게 생각하면 긴 영향선을 갖고 있는 사람은 참사랑을 하는 사람이라 할 수 있을 것이다. 또 이 선의 출발 유년은 결혼의 해가 많다.

Ⓑ—생명선에서 출발한 긴 영향선은 출발 유년에 결혼이다. A는 24세, B는 35세.

(5) 누구나 모르고 있는 결혼상

• 생명선에서 짧게 갈라진 선

생명선에서 안쪽으로 2mm∼1cm 정도의 길이로 짧게 갈라져 나온 가지선(A)이 있다. (그림 p.233)

이 선은 대개 연하여 각도를 바꾸어 보아야 하는데, 반면에 뚜렷이 나타나는 사람도 있다. 그러나 뚜렷하게 2cm나 되는 선은 생명 보충선으로 이와는 다른 것이다. 이것은 흔히 볼 수 있는 상은 아니다.

또 생명선의 분기점이 결혼이나 약혼의 해도 된다(그림에서는 25세).

(6)결혼! 이혼의 위기!

독신자에게는 결혼, 기혼자들에게는 다른 사람과의 애정행각으로 이혼의 위기라는 선을 소개하기로 하자. (그림 p.234)

Ⓐ—결혼선에서 긴 선이 뻗어 생명선내에 금성구(金星丘)를

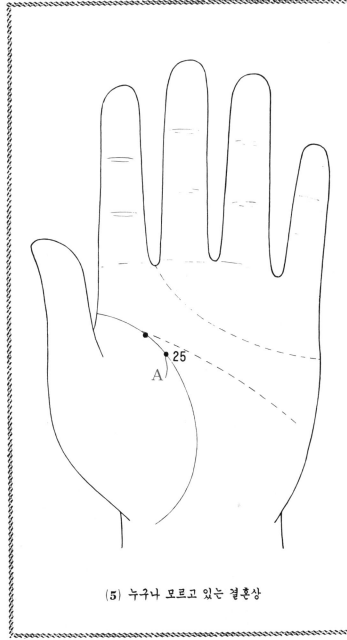

(5) 누구나 모르고 있는 결혼상

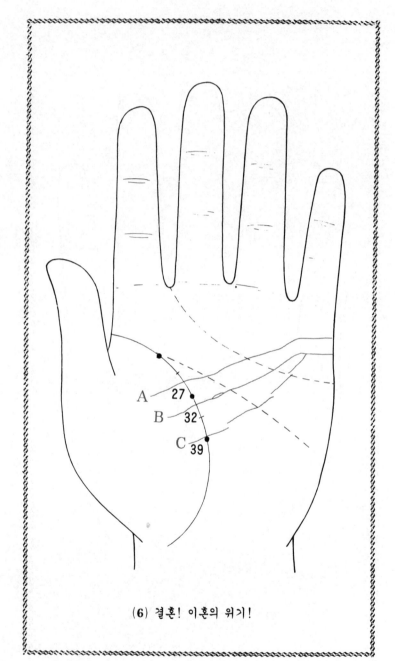

(6) 결혼! 이혼의 위기!

뚫고 들어간 상을 결혼의 파이프 라인이라고 하여 결혼선의 하나로 보고 있다.

대개 선이라는 것은 출발점과 종점(목적지까지 도달하지 않아도 그 방향으로 추측)을 보아 뜻하는 것을 알 수 있다.

이런 경우 결혼운을 보는 결혼선에서 출발하여 애정의 언덕인 금성구에 뻗어 있어 결혼에 중대한 일이 있다고 보아야 한다.

그림으로는 27세에 독신자라면 행복한 결혼을, 기혼자라면 새 연인과 결혼할 것인가로 크게 고심하는 상황이 된다. 결혼하고 안하고는 둘째로 하더라도 그 정도로 심각한 상황이라고 할 수 있다.

어떤 수상가는 이 선을 이혼의 상이라고 하나 꼭 그런 것만은 아니고, 기혼자의 70%는 다른 이성의 프로포즈가 있을 경우 한때 방황하지만 가정의 평화를 생각해 원위치로 돌아가게 된다.

ⓑ-결혼선에서의 파이프 라인이 위치에 상관없이 섬형을 형성한다면 독신자, 기혼자 모두 문제가 발생한다. 이 경우라면 32세에 애정에 탈이 난다.

ⓒ-이와 같이 잘라진 파이프 라인도 A와 같이 판단하면 틀림이 없다.

• 지레짐작은 금물!(응용편)

결혼의 표식은 생명선상에 크게 나누어서 A, B, C, D, E, F 6종이 나타나게 되어 있지만 그중 하나가 있다고 지레짐작으로 결혼선이라고 단정해서는 안된다. 왜냐하면 그 표는 동거를 뜻하기도 하고, 약혼을 뜻할 수도 있으며 사랑을 시작하게 된다는 것을 뜻할 수도 있기 때문이다. (그림 p.236)

결혼의 표시란 즉 사랑하는 사람을 만나 깊은 사랑에 빠져

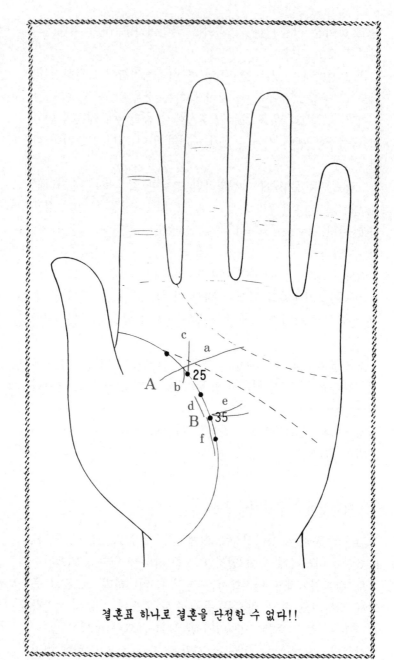

결혼표 하나로 결혼을 단정할 수 없다!!

있음을 나타내는 표식으로 꼭 결혼이라고 한정하기는 힘들다.

대개의 경우 결혼기에는 2~4회 정도 결혼표가 겹치게 되니 그 표 하나하나를 잘 음미하고 종합적으로 판단해야 틀림이 없다.

Ⓐ—이와 같이 a, b, c 세 개의 결혼표가 같은 유년에 종합되지 않는 경우가 있다. 이럴 때의 해석은 a의 연애선이 생명선을 가로지르는 24세에 큰 연애를 하고, b의 짧은 선이 있어서 우선 약혼까지는 간다고 볼 수 있다. 그리고 c의 개운선이 올라가는 다음 해인 24세에 결혼이라고 읽으면 된다.

그러나 그중에는 24세에 사랑을 하여 결혼을 하고 개운선에 의해 25세에 출산을 하는 경우도 있다.

Ⓑ—이런 경우는 d의 영향선으로 시작되는 30세부터 이성과의 교제가 시작되고 e의 35세에는 새로운 이성이 사랑을 위해 후자 f을 선택하여 결혼하게 되는 것을 알려준다.

(7) 운명선으로 보는 결혼상

결혼의 정확한 시기는 생명선과 운명선상에 나타나는 것이다. 그럼 운명선상에 나타나는 결혼상을 보자. (그림 p.238)

Ⓐ 운명선의 엇갈림(대)—엇갈림점이 결혼을 나타내는 수가 많다. 그리고 이렇게 크게 엇갈리는 것은 큰 운명상의 변화, 즉 환경의 변화가 있든가, 직업이 바뀌든가, 결혼을 하여 생활이 크게 변하는 수가 있다(그림으로는 21세). 이런 엇갈림이 크면 클수록 변화는 크게 되고 엇갈림이 작을수록 변화가 작다.

Ⓑ 운명선의 엇갈림(소)—이와 같이 작은 엇갈림은 본인에게는 작은 변화로 결혼의 경우에 교제기간이 길어 결혼의 무드를 충분히 가지고 가정을 가졌어도 전과 다름이 없다든가,

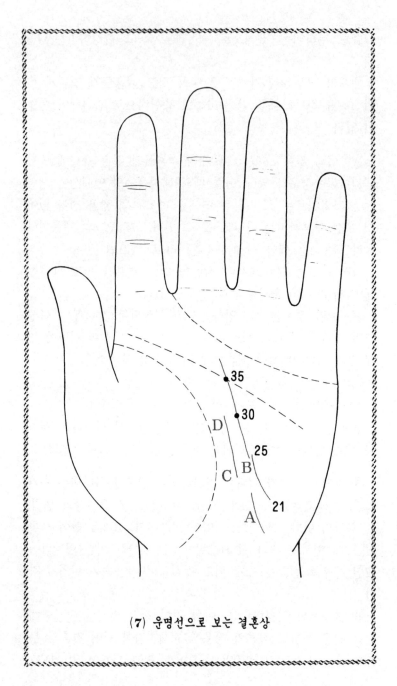

(7) 운명선으로 보는 결혼상

또는 결혼 후 아이가 생겨 생활이 변화했을 때 이런 작은 엇갈림이 생기는 사람도 있다(이 그림에서는 25세에 변화).

ⓒ 운명선의 출발─결혼의 경우가 많다. 이것은 지금까지 아무것도 하지 않던 여성이 결혼에 의해 다망한 일을 하는 경우가 된다. 이 경우라면 23세이다.

ⓓ 운명선의 종점─결혼상의 하나로 지금까지 직장생활을 하던 여성이 결혼과 함께 가정에 들어간 경우이다. 이 경우라면 30세가 결혼하는 해이다.

(8) 연애? 중매? 어느쪽?

결혼의 시기를 알려주는 가장 대표적인 상은 뭐라해도 운명선에 기울게 올라가 합류하는 영향선이다.(그림 p.240~241)

ⓐ 연애결혼의 상─영향선이라도 이와 같이 월구(月丘 : 타인, 제삼자)에서 올라가 합류할 경우는 연애결혼을 하게 된다. 또 결혼 이외에도 인생에 많은 영향을 주는 사람이 나타나는 수가 있는데, 그 출현시기는 영향선이 운명선에 흘러들어간 운명선 유년이다.

이 경우라면 24세에 결혼이나 약혼, 배우자와 만나든가 파트너가 나타나 정신적으로 원조를 받게 되는 것이다. 적령기의 남녀 95%가 틀림없이 결혼, 약혼, 연애시작, 배우자와 만나는 것을 뜻한다. 이 선이 연하고 단소해도 그 합류지점에 꼭 큰 일을 만나게 된다. 물론 진하고 연한 것은 그 인상도를 말해준다.

이 선에 의한 결혼은 연애결혼으로 상사나 아는 사람의 소개로 만나게 되는, 즉 타인의 소개로 결혼이 되는 경우이다.

ⓑ 맞선의 결혼상─맞선을 보고 결혼할 때는 영향선이 엄지손가락쪽, 즉 금성구(金星丘)쪽에서 나와 운명선에 합류할 경우이다. 그림은 27세에 멋진 상대와 선을 보고 결혼하는 상.

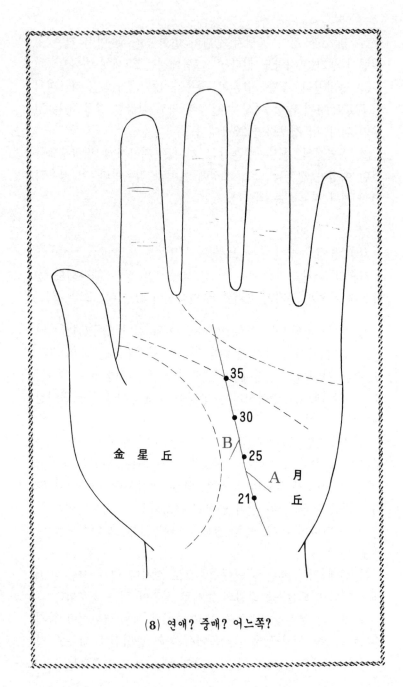

(8) 연애? 중매? 어느쪽?

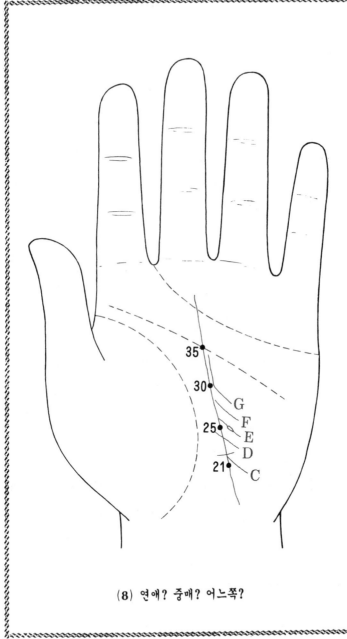

(8) 연애? 중매? 어느쪽?

ⓒ 장애가 있는 상—영향선이 운명선에 흘러들어간 지점을 가로지를 경우 연애가 성사되는데 큰 장애가 있다는 것을 나타낸다. 이 선이 연한 경우에는 장애도 가볍지만 결국 헤어지는 수가 많다.

이 그림의 경우 그 장애는 22세 때가 된다.

ⓓ 슬픈 안녕—영향선이 운명선을 가로지르는 수가 있다. (그림에서는 24세). 이런 상은 상대의 배반에 의해 슬픈 이별이 일어날 것을 암시하고 있다. 기혼자라면 이혼의 상이다.

ⓔ 괴로움이 많은 연애—영향선에 섬이 나타날 때도 있다. 이것은 괴로움이 많은 연애이고 불륜의 관계라든가 상대의 바람기나 결점에 의해 상처를 입는 것을 보여주고 있다.

상대에게 섬이 있는 경우나 교제중에 섬이 생기면 주의를 요한다. 그림에서 26세가 그런 해가 된다.

ⓕ 열이 식는 상—영향선이 운명선에 들어가려는 그 직전에서 멎게 되는 경우가 있다. 이것은 결혼직전에 열이 식어 결혼에까지 이르지 못하는 것을 나타낸다. 대개 약혼까지 했다가 헤어지게 된다. 이 경우라면 28세가 열이 식는 해이다.

ⓖ 친구로서의 교제—영향선이 운명선에 가까이 가다 합류하지 않고 평행해 올라가는 선이 있을 경우는 결혼에 이르지 않고 친구사이로 계속되는 상이다(그림의 경우 30세).

(9) 행복한 운명선의 3지선

운명선에서 나오는 상행지선은 여러개가 있지만 다음에 거론하는 세 가지는 결혼선의 표로 가장 많이 등장한다.

ⓐ 운명선상의 태양선—이것은 그 지선(태양선)이 운명선에서 분기되는 유년에 큰 행운이 찾아온다는 표가 된다.

그 행운은 당사자로서는 기쁜 것으로 어떤 것이라고 정해져 있지는 않다.

그림과 같은 경우라면 30세에 이상적인 행복한 결혼 또는

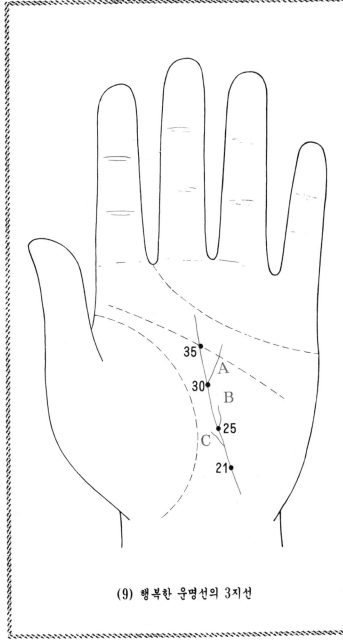

(9) 행복한 운명선의 3지선

사업 등으로 성공의 제일보를 내딛는 후계자가 되어 행운의 물결을 타는 대비약이 찾아오는 것이다.

이 선은 1cm나 3mm 정도의 것이라도 길이에 상관없이 꼭 행운이 찾아오는 것을 나타내 주는 것으로 결혼의 경우라면 9개의 결혼표 중에서도 가장 행복한 결혼을 뜻하는 것이다.

현재는 나타나 있지 않다 해도 1~2년전에 돌연 나타나 행복한 결혼을 예고해 주는 수도 있다.

그러나 행복한 결혼을 하더라도 이후에는 역시 노력을 해야 한다.

이 태양선이 있어 멋진 배우자와 결혼을 했어도 너무 자기 주장대로만 하여 3년후에 이혼을 하게 된 사람도 있다. 물론 이럴 경우에는 결혼후 장애선이 나타나 이혼의 경고를 예고해 준다.

이와 같이 손금은 바뀌는 것이다. 그러므로 흉상이 나타난다 해도 길상으로 바뀔 수 있다.

Ⓑ, Ⓒ 운명선상의 가지선—올라가는 가지선은 모두 결혼과 같은 행운을 나타내고 있다. B는 25세, C는 23세 때이다.

· 운명선상의 결혼표(특수선)

그러면 운명선상에 나타나는 결혼표의 특수한 경우를 보자.

Ⓐ—운명선상을 따라 나타난 이 짧은 선은 그 사람에게 아주 좋은 협력자, 영향을 주는 사람이 출현한다는 표시로 영향선의 하나로 보면 된다.

그리고 그 행운은 선이 나타나 있는 동안 계속된다. 이 경우라면 24세에 그 행운을 가져다주는 상대가 나타나 29세까지 도움을 받게 된다.

그 상대가 결혼상대가 되는 수도 있다. 그럴 때는 24세에 결혼하게 될 것이다.

흔히 영향선이 끝나는 29세에 헤어지는 것으로 알기 쉬운

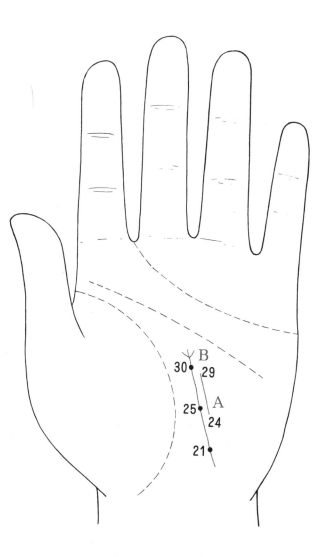

운명선상의 결혼표 (특수선)

데, 상대가 큰 영향을 주는 기간(정말 도움을 받는다고 느끼는 기간)이 끝났다는 것은 보통 부부가 되었다고 생각하면 된다.

간혹 영향선 출발이 24세로 마음에 드는 상대가 나타나 교제를 계속하다 종점인 29세에 이루어지는 수가 있고, 이와 반대로 갈라지고 마는 수도 있다.

Ⓑ—이와 같이 화살표가 된 경우가 결혼이 되는 수도 있다. 이 손금이라면 31세가 결혼의 해가 된다. 쌍갈래 화살표도 같다.

· 결혼표의 겹침, 변형(응용편)

여기에 예로 들 것은 결혼표가 두 개 겹쳐 있을 경우, 또는 변형으로 자주 볼 수 있는 결혼상이다.

Ⓐ—우선 영향선이 흘러든 운명선의 위치가 엇갈려 변화된 경우이다.

이런 경우는 그대로 해석하면 된다. 즉 운명선에 영향선이 흘러들어간 22세에 결혼을 하여 환경이 바뀐 것을 보여주고 있다(정신적 변화도 될 수 있다).

또 같이 살고 있을 때나 약혼을 했을 때도 이 영향선이 흘러드는 수가 있다. 즉 영향자와의 합류에 의한 좋은 변화를 나타내 준 것이라고 생각하면 된다.

이 경우는 지금까지의 운명선에 영향선이 들어가 운명선으로 둔갑한 경우가 된다.

Ⓑ—이 경우도 영향선이 운명선으로 변화한 해인 25세에 결혼이라고 보면 된다. 또한 영향자가 당사자의 운명을 잘 이끌어 행복한 운명으로 만든 것을 말해주고 있다.

이런 상을 가진 사람은 그 행운의 영향자가 배우자에 한하지 않고 원조자에 의한 것도 있다. 하여튼 감사하는 것을 잊어서는 안된다.

Ⓒ—운명선에서 태양선이 갈라져 그 위치가 엇갈려 있을 경

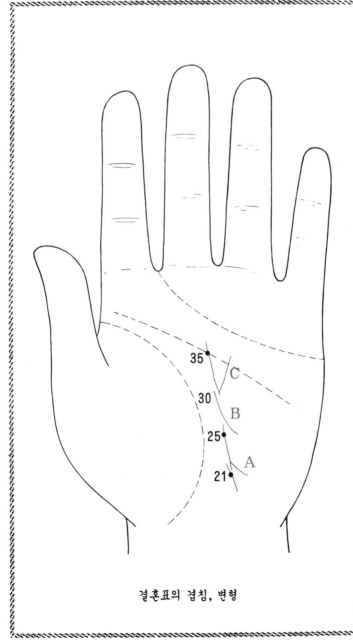

결혼표의 겹침, 변형

우로 그 유년(그림에서는 30세)에 결혼과 같은 큰 행운에 의
해 환경이 변화할 것을 나타내며 행복한 나날이 계속된다.

• 고생? 행복?(응용편)

여기서는 결혼한 후 '고생이 도사리고 있다!'라는 경고상과
함께 이와는 대조적인 행복한 상을 소개하고자 한다.

Ⓐ 고생하는 상-운명선에 영향선이 흘러들어간 위치에서
운명선상에 섬이 있는 경우가 있다.

그림의 경우 그 영향선이 합류한 23세에 결혼에 의한 운명
적 슬럼프, 악운, 고통이 섬모양이 있는 동안 계속될 것을 예
고하며, 25세에 괴로움과 고통에서 탈출한다. 이혼을 한다든
가, 결혼후 앓던 병이 완쾌되었다든가, 남편의 바람기가 죽어
행복이 돌아오거나, 사이가 나빴던 시집식구가 없어졌다는 등
등, 일일이 말할 수 없을 정도다.

이 상은 본인의 성격 탓이거나 재난에 대한 대처방법이 부
족한 때문인 수가 적지 않으니 이런 상인 사람은 사전에 반성
하는 것이 상책이다.

Ⓑ 행복한 상-이런 상을 가지고 있는 사람은 만세를 외쳐
도 좋을 것이다.

틀림없이 멋진 배우자나 원조자와 만나게 되는 것이다(독신
자 90%가 결혼을 하게 된다).

운명선에 영향선이 흘러들어가 행운이 나타나는 태양선으로
멋진 손금이다. 이 보기라면 28세에 인생을 좌우하는 좋은 사
람과 결혼한다.

(10) 연애에 다망한 상

연애 사건이 많은 로맨스 제조기라고 불리는 사람은 어떤
상을 하고 있을까? (그림 p.250)

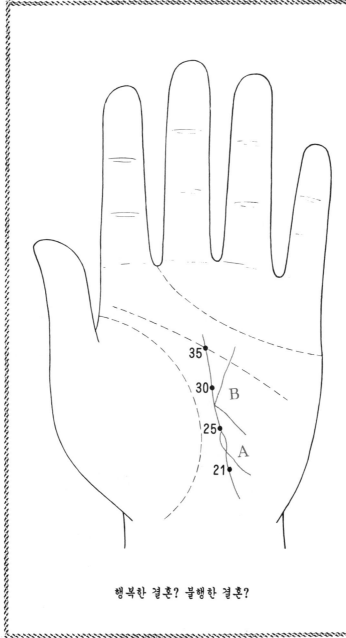

행복한 결혼? 불행한 결혼?

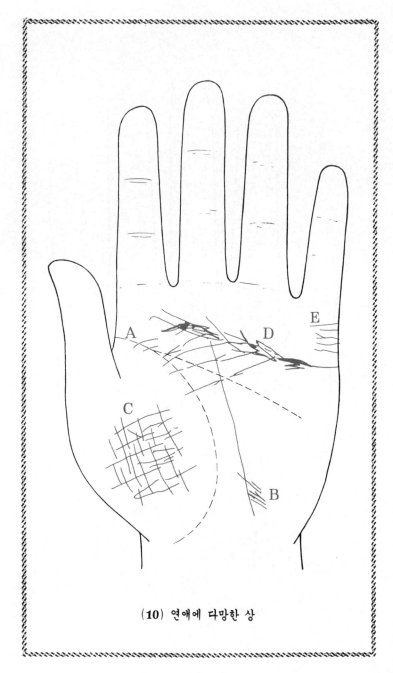

(10) 연애에 다망한 상

Ⓐ−우선 그림과 같이 생명선을 가로지른 연애선이 많을 경우가 연애를 하는 상이다. 한 선이 한번 크게 연애하는 것인데, 4~5개나 있으니 보통이 아니다. 생명선을 가로지른 해에 연애가 이루어진다.

한편 한 사람과 연애를 할 경우에 반복해 여러 줄이 생기는 수가 있고, 자주 연애를 하는 사람에게 한번 하는 연애선이 두드러지지 않아 이 연애선에는 나타나지 않는 수도 있으니 임기응변의 판단이 필요하다.

Ⓑ−운명선에 영향선이 많은 것은 여러 사람으로부터 호의나 애정을 받는 상으로 인기상업, 접객업, 서비스업 등이 알맞아 번성한다. 당연히 연애 사건도 많다.

Ⓒ−이 애정의 언덕, 금성구(金星丘)에 종횡의 격자무늬가 많은 사람은 다정다감하여 터무니없이 연애담도 많다.

꿈과 같은 사랑을 속삭일 것이다.

Ⓓ−난맥의 감정선 소유자는 바람기 있는 연애가 많아 기분으로 열을 냈다 식기 쉬운 사랑을 할 것이다.

Ⓔ−결혼선에 선이 많은 것은 뒤에 결혼선 풀이에서 다시 설명하겠지만 깊은 인연이 많이 나타나는 상으로 연애도 많을 것이다.

(11) 연인의 출현

그럼 이번엔 연인 출현시에 나타나는 표와 미출현의 표를 소개해 보자. (그림 p.252)

Ⓐ−감정선이 중지 밑쪽으로 상행하는 짧은 선이 나타나면 연인이 나타난다든가 또는 가까운 시일내에 나타난다는 표식이 된다.

기혼자이면 애인의 출현이 된다. 배우자나 연인에게 그런 것이 없는지 자주 살펴볼 일이다. 당신에게 한번 더 열정을 갖

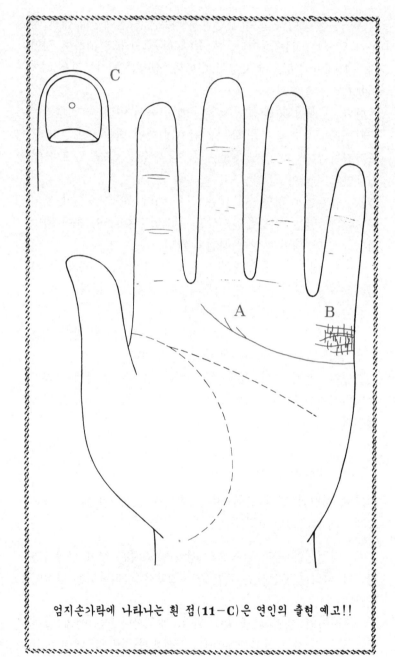

엄지손가락에 나타나는 흰 점(11-C)은 연인의 출현 예고!!

게 하는 수도 있어 좋겠지만, 그렇다고 바람 피운다고 생각하면 큰코 다친다.

ⓑ—결혼전에 세로의 짧고 엷은 줄이 몇 줄씩 나타나는 사람이 있다. 이런 사람은 앞서와는 달리, 연인이나 애인이 나타나지 않은 상태인 것을 알려주고 그 선이 연해지든가 지워지게 되면 연인이나 애인이 나타나게 된다.

ⓒ—손톱에 나타난 흰 점을 보자. 이것은 옛날부터 행운의 표시로 알려져 있는데, 이 흰 점이 생기면 옷이 생긴다거나 생각지도 않은 돈이 생기는 행운이 있다.

특히 엄지손가락에 나타나는 흰 점은 사랑하는 사람이 나타날 것임을 말해주며 손톱 아래쪽에서 올라오는 시점에 있으면 기쁜 일이 많을 것이다. 그러나 어떤 손톱에라도 나타나기만 한다면 대개 연인의 출현이 기대된다.

(12) 연애형의 여러가지

사람들의 성격이 모두 다른 것같이 사랑하는 방법이나 표현에도 그 사람의 개성이 나타나기 마련이다. 그러면 여러 유형의 사랑을 살펴보자. (그림 p.254)

Ⓐ—이렇게 위로 올라가는 선이 있는 사람은 희망에 차고, 이상을 향해 돌진하는 사람이다. 그러므로 사랑에서도 남성은 이상적인 여성을 찾고, 일단 만나게 되면 어떻게든지 손에 넣으려고 마음을 집중한다.

여성의 경우라면 이상이 높아 타협을 위한 결혼은 할 수 없는 형이 많고, 결국 30대에 결혼을 하는 사람이 많게 된다.

Ⓑ—태양선이 확실한 수상을 한 사람은 대개 명랑하고 낙천적이고 이성이나 친구에게 호감을 사는 사람이다. 그러므로 여성이면 빨리 결혼하는 사람이 많다.

그럼 반대로 결혼이 늦은 사람은 어떤 타입인가하면 차갑고 살찌고 명랑하지 않은 사람이 대부분이다. 그러나 낙심은 금

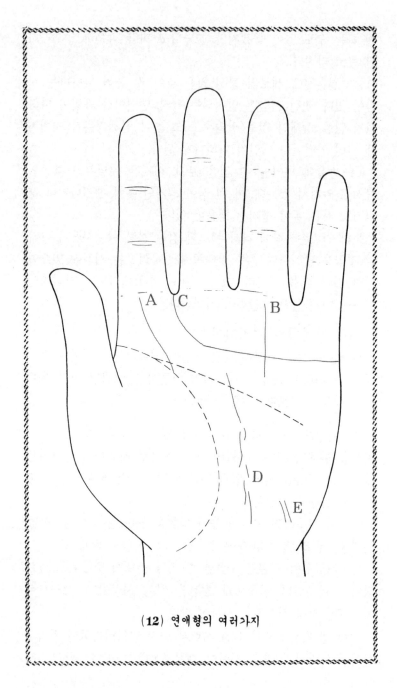

(12) 연애형의 여러가지

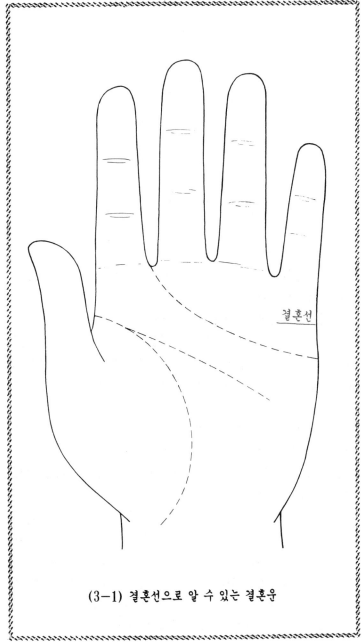

결혼선

(3-1) 결혼선으로 알 수 있는 결혼운

물! 성격이나 체형은 바꿀 수 있는 것이다.

ⓒ-감정선이 급커브를 형성하고 있는 사람은 열정적이고 맹목적인 사랑을 하기 쉬워 한번 열을 올리면 가정이 있어도 물불을 가리지 않기 때문에 막을 수 없다. 그런 성격이라는 것을 잘 고려하여 자기를 잘 콘트롤해야 한다.

ⓓ-동강난 운명선을 한 사람은 사업이나 연애도 중도에 포기를 반복하게 된다.

ⓔ-총애선. 애교있는 연애를 하게 된다.

3. 결혼의 시작과 끝을 알려주는 수상

(1) 결혼선으로 알 수 있는 결혼운

결혼선은 새끼손가락 밑에 감정선 사이에 만들어지는 선 1~6개의 짧은 횡선이다. (그림 p.255)

수상가 대부분이 결혼운은 결혼선으로 보려고 한다.

결혼이나 연애의 시기를 계산하는데 생명선이나 운명선을 측정하면 수상을 조금 아는 여성들은 "선생님, 결혼의 해는 결혼선으로 보는 것이 아닌가요?"라며 의아한 눈초리로 묻곤 한다.

결혼이나 연애의 해는 생명선과 운명선에 자세히 나타나 있다. 결혼선은 결혼운을 보는데 사용할 뿐이다.

하지만 수상에 관한 대부분의 책에는 결혼선이 나온 위치로 결혼의 해를 보아야 한다고 적혀 있다.

그러나 생각해 보라! 새끼손가락 붙은 데서 감정선 사이 2~3cm 정도에서 100년가량의 결혼년수를 산출하기란 너무나 힘들지 않은가? 확실히 말해서 맞힐 수가 없는 것이다. 한 해라도 어긋남이 없이 결혼의 해를 알려고 한다면 우선 생명선, 운명선의 유년법이 가장 정확한 것이어야 한다.

그러므로 결혼선은 결혼운을 주로 보는 것이 된다.

(2) 결혼후의 부부생활을 본다. (그림 p.258~259)
결혼선은 부부사이의 애정을 나타내며 때때로 자주 변한다.

Ⓐ—단 한 줄의 결혼선이 있는 사람은 극히 드물다. 당신이 이런 상을 가지고 있다면 이상적이고 화목한 가정을 꾸밀 것이다. 좌우 손이 모두 그렇다면 좋으련만 한쪽 결혼선이 난맥상을 이루고 있으면 반감되고 만다.

그러나 수상은 마음먹기에 따라 바뀌므로 '내가 최고의 결혼운을 타고 났다.'라고 하여 노력을 게을리하면 어느 사이엔가 바뀌고 만다. 그러니 수상을 참고하여 좋은 가정을 꾸미도록 노력하자.

Ⓑ—두 줄이 평행하게 나타날 때도 있다. 이것은 두번 결혼하는 상으로 양손에 있으면 90%가 두번 결혼식을 올리게 된다.

두번이라고 해도 같은 사람과 두번이라는 수도 있고, 양손 중에 한쪽만이 그렇다면 피할 수도 있고 양손에 있다 해도 노력여하에 따라 피할 수 있다.

Ⓒ—끝이 두 갈래로 갈라져 있는 것은 별거할 상, 같이 살고 있다 해도 부부의 마음은 떨어져 있다는 것을 나타내고 있다.

Ⓓ—아래로 향하고 있는 결혼선이 거의 대부분으로 부부사이의 결속이 약한 것을 말해주고 있다. 또 애정이 저하하면 아래로 향하게 된다. b와 c처럼 되면 위험하다.

Ⓔ—결혼선의 끝에 평행한 짧은 선이 있으면 이것은 애인을 나타내는 표시이다. 이 짧은 선도 A처럼 위쪽에 있으면 결혼후에 애인이 생기고 바람을 피워 첩을 두는 상이고, B와 같이 아래쪽에 있으면 결혼전에 만났던 옛 연인과 결부되는 것을 말하는 것이다. 이 선의 농도나 눈에 띄는 정도에 따라 당사자가 애인에게 가진 애정의 깊이를 말해 준다.

Ⓕ—연하며 세로줄이 많이 있는 격자형의 상도 자주 볼 수

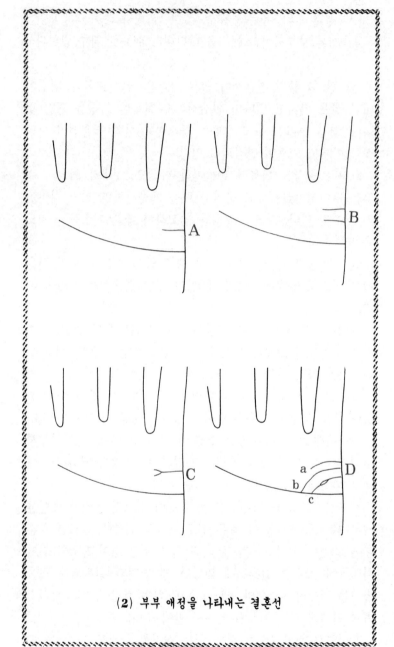

⑵ 부부 애정을 나타내는 결혼선

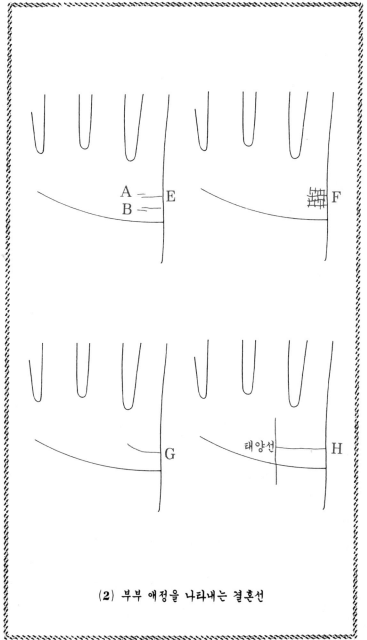

(2) 부부 애정을 나타내는 결혼선

있다.

이 상은 결혼하고자 하는 이성을 만나지 않았다든가 본인이 결혼을 절실히 원하고 있지 않다는 것을 말해준다. 이 상도 세로선이 지워지게 되면 결혼상대가 출현하게 된다.

ⓖ―이렇게 위로 향한 결혼선은 자신의 이상보다 훨씬 좋은 사람과 만나는 행운의 결혼운을 말해주고 있다.

그러나 그 사람의 결점이 결혼생활중 뚜렷해지면 단시일에 하향되고 부부간의 애정도 희미하게 된다.

ⓗ―결혼선 끝이 태양선과 합류한 사람이 가끔 있다. 금전운이나 성공, 행운을 말해주는 태양선과 결혼선이 합류하게 되므로 이런 상을 한 사람의 결혼은 흔히 '옥가마를 탈 상'이라고 한다.

그러나 이런 사람도 더욱 노력하여 최고의 결혼을 하여 주기 바란다. 잠자코 있으면 운수도 도망가고 마니까…….

(3) 연애 파탄의 상

ⓐ―운명선에 영향선이 흘러들어 가는 위치를 장애선이 가로지르면 사랑이 성사되지 않게 된다. 집안 식구들의 반대, 상대 가족들의 반대, 연애 상대에 기인한 여러 문제 등, 하여튼 결혼에 이르기까지는 '산을 넘으니 또 산'이라는 식으로 난관이 많다는 것을 말해주고 있다.

이 장애선이 연하고 희미하면 장애의 정도도 작지만 진하고 뚜렷하면 그 지점에서 결혼은 암초에 걸리고 마는 것이다. 그러나 장애를 예지하고 주의해 그 고비를 넘겨 대란(大亂)을 소란(小亂)으로 만들어 무사히 결혼하게 된 사람도 있다(그림으로는 24세).

몇 번째 이야기하는 것이지만 수상은 어디까지나 그대로 두면 그렇게 된다는 경고이다. 단연코 인생의 충고라 보는 것이 온당하다.

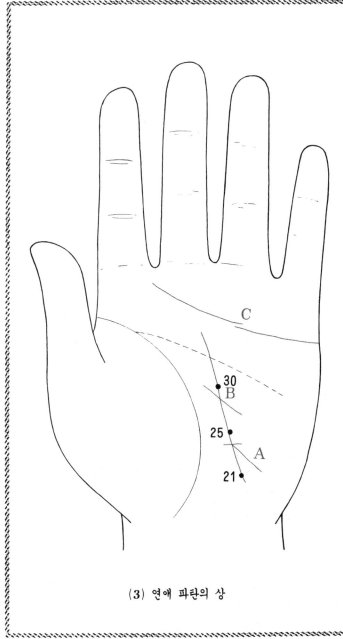

C

30
B

25

A

21

(3) 연애 파란의 상

Ⓑー운명선을 통과하는 영향선은 상대의 배반이나 진실하지 못한 교제로 결국 실연하게 된다.

대부분의 경우 당사자는 상대와의 결혼을 꿈꾸다 마음에 깊은 상처를 남기고 만다. 그림의 경우는 28세 때이다.

Ⓒー감정선이 뚜렷하게 끊어져 있다든가 연애중이나 결혼후에 끊어지는 것은 그 애정의 파탄을 경고하는 것이고 그 후 다시 한 개가 연결되면 애정이 호전되는 것을 말해준다.

(4) 한번 결혼으로 끝나지 않는 상

Ⓐー감정선이 두 개 있는 사람도 있다. 그림과 같이 뚜렷하게 나란히 나타나 있는 사람은 300명에 한 사람 꼴이 되고 불완전하나마(그림 b와 같이 감정선이 연하거나 동강나 있을 때) 두 개로 된 감정선의 소유자는 30명에 한 사람 꼴이다.

이 두 개의 감정선을 이중(二重) 감정선이라 하여 두번 결혼하든가 첩이나 애인을 두고 있는 사람의 상이라 할 수 있다.

아무튼 감정을 나타내는 감정선이 두 개(즉 2인분) 있으면 두 명의 결혼상대가 있다고 보아야 한다. 이중 감정선은 남성에게 많아 이런 상의 소유자 80%는 두번 결혼하게 된다. 그러나 수상에서는 동거나 약혼도 한번의 결혼으로 보기 때문에 (동거는 결혼과 같고 약혼은 정신적으로 맺어진 것이므로), 그것이 끝난 뒤에 결혼을 하면 결국 두번 결혼한 것이 되어 이중 감정선의 역할을 한 것과 같다.

Ⓑー이 힘차게 뻗은 운명선이 여성의 손에 있으면 전형적인 부인천하의 상으로 그 남편은 영락없이 엄처시하격이다.

이밖에 남편과 별거, 이혼을 한다거나, 남편의 행방불명 또는 병약 등으로 상대 남자의 운으로는 좋지 않은 상이다. 이 상이 나타나는 여성은 남성을 내세우는데 애를 써야 한다.

Ⓒー두 줄이 평행한 결혼선은 두번 결혼하는 상으로 양쪽에

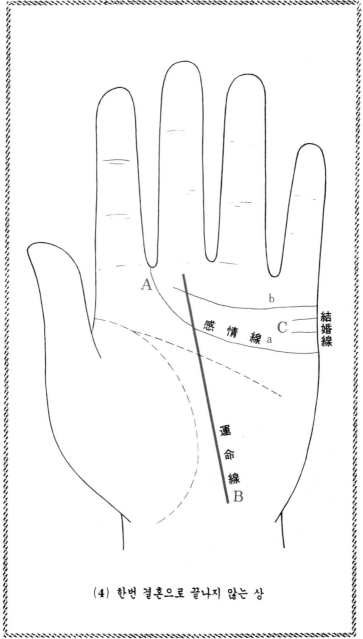

(4) 한번 결혼으로 끝나지 않는 상

나타나 있으면 90%는 두번 결혼한다. 그러나 이 선도 처음부터 주의하면 방지할 수 있다.

(5) 불륜, 삼각관계, 이혼의 상

Ⓐ-감정선에서 금성구로 향하는 연애선은 짧은 생명선의 유년에 깊은 사랑을 할 경우에 앞서 말한 것과 같이 그 연애선에 섬이 있을 때를 가끔 볼 수가 있다.

이 섬은 어디 있으나 사랑에 문제가 많은 것을 말하며 가정이 있는 사람과 불륜의 관계를 말할 수도 있다.

또 로미오와 줄리엣같이 처음부터 결혼이 불가능한 사람과의 사랑이라든가 부자연한 삼각관계로 괴로워하는 것을 말해주는 것이다(그림에서는 25세).

Ⓑ-결혼선에서 금성구에 길게 뻗은 파이프 라인은 생명선을 자른 해(그림으로는 30세)에 독신이라면 멋진 결혼이 있을 것을 말해주지만 기혼자에게는 열렬한 사랑을 하는 애인과 바람 피우는 것을 말해준다.

선 위에 섬이 있거나, 이후 나타나게 되면 거의 이혼까지 몰고 가게 된다. 이혼율은 30%정도가 된다.

Ⓒ-이런 모양을 한 수상은 2mm정도의 단선이 두 개 형성되는 것, 3cm정도 되는 선이 두 개 형성되는 것 등 여러가지가 있다.

이 선은 35세(그림의 경우)에 두세 명의 이성에게 프로포즈를 받는 것을 나타내는 인기있는 상이다. 그러나 기혼자에게는 애인문제로 부부관계의 위기를 말해주는 상이다.

Ⓓ-긴 횡선은 이혼의 대표상으로 생명선 통과유년에 주의를 요한다(그림에서는 40세).

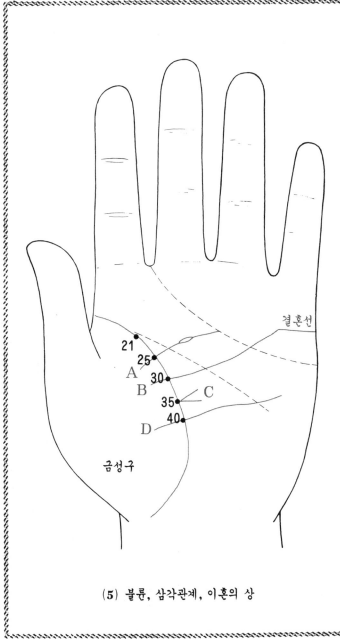

결혼선

21
25
A
B 30
35 C
40
D

금성구

(5) 불륜, 삼각관계, 이혼의 상

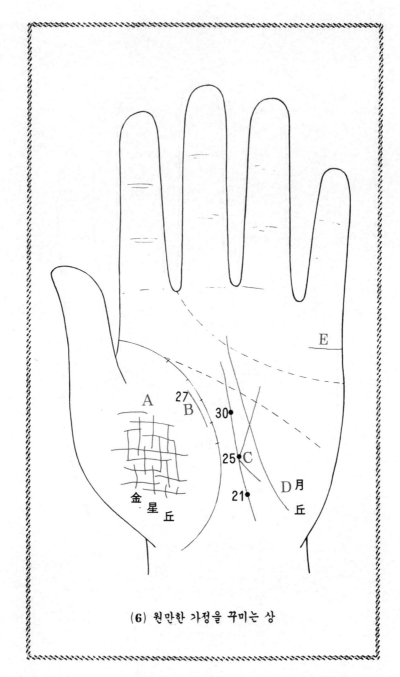

(6) 원만한 가정을 꾸미는 상

(6) 원만한 가정을 꾸미는 상

원만하고 평화로운 가정은 누구나 원하는 것이다. 그럼 어떤 상이 행복한 상일까?

Ⓐ—엄지손가락 밑의 금성구(金星丘)는 애정을 나타내며 이 언덕에 종횡으로 격자선이 많은 사람은 애정이 넘쳐 흐르고 온순한 사람으로 상대편 짝에게 마음을 써주는 것도 대단해 사이좋은 부부가 많다.

그러나 다른 이성에게도 지나치게 친절한 결점(?)은 고쳐야 할 것이다.

Ⓑ—생명선 안쪽으로 흐르는 이 긴 영향선은 결혼한 후에도 애정이 계속 이어지는 상으로 원만한 가정을 꾸린다(그림에서는 27세경).

Ⓒ—영향선이 운명선에 흘러드는 그 합류지점에서 약지쪽으로 갈라진 선(태양선)이 있는 사람은 결혼상대가 멋진 상대이며 단연 행운의 물결을 타게 되는 것을 말해주고 있다.

이 경우라면 25세에 결혼하여 행운이 시작된다.

Ⓓ—월구(月丘)에서 올라가는 운명선은 인기선이라 하여 많은 사람들로부터 사랑받으며 인기있다는 것을 말해준다. 부부 사이는 물론이고 자식복도 따른다. 여성이라면 현모양처의 상이며 남편의 내조도 부부원만의 원인이 된다. 그러나 이 선이 지나치게 굵든가 세력이 강하면 아내가 남편을 누르게 된다.

Ⓔ—하나로 뚜렷이 나타난 결혼선은 이상적인 결혼으로 행복하다.

제4장 적성, 직업 선택

1. 지능선으로 알아보는 성공의 비결

세상에는 여러가지 직업이 있다. 그러나 정작 자기에게 맞는 직업을 선택하는 사람은 얼마나 될까?

자기에게 맞는 직업을 택한 사람은 성공을 거두나 부적합한 직업을 택한 사람은 지극히 평범한 생활을 보내게 된다. 그것은 잠재적으로 가지고 있는 능력(재능)을 발휘하지 못하는 불행한 일이라고 보아야 한다.

그러면 여기서 자기 재능을 객관적으로 볼 수 있는 수상의 적성, 직업운을 소개해 보고자 한다.

• 지능선으로 보는 적성, 직업운

Ⓐ-가장 낭만적인 수상이다. 공상에 잠기거나 소설을 좋아한다. 꿈을 꾸는 형으로 직업으로는 예술방면이 가장 적합하다. 즉 창조적인 일에 뛰어나 시인, 음악가, 화가, 소설가 등의 예술가가 많다.

Ⓑ-사물을 합리적으로 보는 눈이 있는 사람이다. A가 공상가인데 비해 이와 같은 사람은 현실적 감정을 정확히 행할 수 있다. 직업으로는 사무직의 총무, 서무, 관리 등이 적합하다.

Ⓒ-금전운선이라고도 하는데 이 선이 있는 사람은 금전감각이 뛰어나 사업수완이 있다. 단 인간관계를 돈과 같이 생각하게 되는 수가 있으니 주의해야 한다.

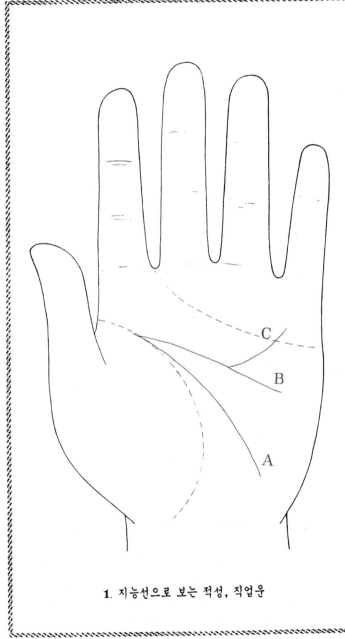

1. 지능선으로 보는 적성, 직업운

2. 대성공을 거두는 상

지능선과 감정선이 연결되어 손바닥의 중앙을 가로지른 것
이 평목선이다.

이런 수상의 사람은 자기에게 적합한 일을 만나면 모든 능
력을 발휘한다. 또한 본래 평목선의 사람은 강운이고 두뇌가
있는 사람이다. 거기에다 사람을 끌어들이는 힘까지 가지고
있어 대성공을 거두는 수가 있다.

자기자신이 '이거다!' 하고 생각하는 일을 하면 성공하는 반
면, 그런 일을 못하면 자기의 개성을 발휘할 수 없고 재능을
가지고 있어도 활용할 기회가 없으니 평범한 인생을 보내게
된다. 따라서 이런 손금이 있는 사람은 빨리 자기한테 맞는 직
업을 찾는 것이 성공의 열쇠가 될 것이다.

디자이너, 음악가, 소설가, 건축가, 만화가 등 예술분야나 자
유업이 좋다.

또 의사, 교사, 종교에 종사하는 사람이 많다. 개성을 살리는
일과 독특한 아이디어를 그대로 살리는 일에 종사하는 것이
성공의 조건이다.

이 외에도 큰 기업을 경영하는 사람이 많고 중소기업이나
어떤 단체나 조직의 리더에 이런 손금을 가진 사람이 많고 개
성이 넘치는 완고한 사람, 신앙심이 깊은 사람, 흔히 내노라하
는 사람 등 개성이 강한 인물이 많다.

유년은 1년이 어긋난다.

3. 만능형, 유행재능과 향상심

Ⓐ-지능선이 아래쪽을 향해 몇 개의 지선이 있으면 다재다
능의 만능형 인간이라는 것을 말해준다. (그림 p.272)

이런 사람은 호기심이 강한 사람으로 어떤 것이라도 흥미를
가지면 몰두해버리는 사람이다. 거기다가 자기 마음과 틀리는

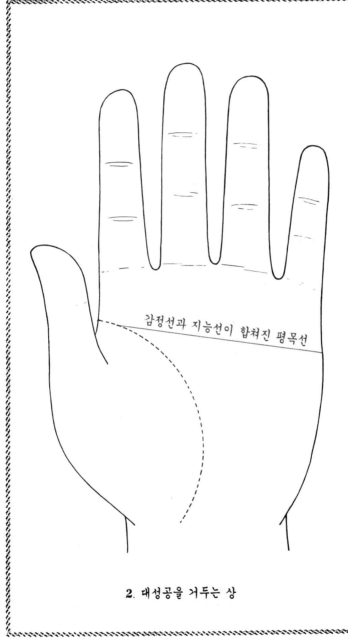

감정선과 지능선이 합쳐진 평목선

2. 대성공을 거두는 상

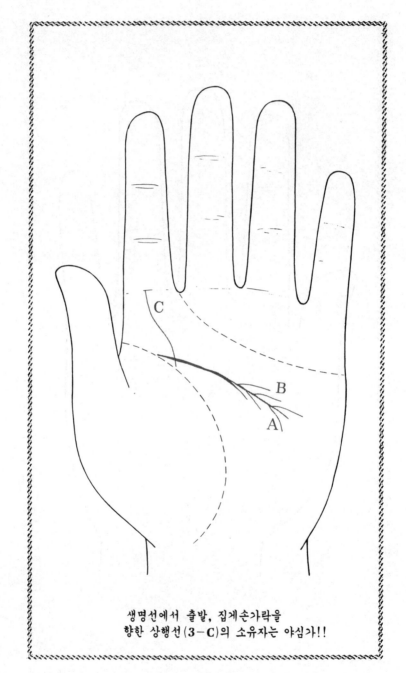

생명선에서 출발, 집게손가락을
향한 상행선(3-C)의 소유자는 야심가!!

분야의 일이라도 모두 프로가 해내는 것같이 처리하는 사람이다. 현대에는 바야흐로 그런 사람이 활약하는 시대이다.

가령 배우라도 노래를 부를 수 있고 글도 쓸 수 있으며, 그림, 시를 하면서 가게도 운영할 수 있는 등 모든 일을 멋지게 해내는 사람이다. 즉 어느 것이 본업인지 모를 정도로 팔방미인격으로 활약하는 사람이다. 그러나 여러 것에 힘을 쓰다보면 그것에 대한 지선이 나타나게 되므로 만능형 인간도 노력으로 된다고 할 수 있다.

Ⓑ-지능선 위쪽에 나타나는 지선은 남보다 빠른 감각으로 유행에 앞장서서 걷는 사람으로 어떤 일에나 적극적이다.

Ⓒ-생명선에서 출발, 집게손가락쪽을 향한 상행선은 이상을 향해 열심히 노력하는 분투형으로 야심가의 상이다. 또한 모든 사람에게 있어서 향상의 마음을 나타내 주는 선이다(1㎝정도라도 같다).

역으로 이 선이 없는 사람은 남녀를 불문하고 목표나 이상이 없는 평범한 사람이다.(그러나 노력만 하면 성공할 수 있다.)

4. 어떤 일이 적합한가?

Ⓐ-지능선의 기점이 생명선보다 떨어져 출발하는 사람은 대담하고 적극적이며 행동파인 사람으로, 그 행동력과 적극성을 살려 독자적인 창의력으로 돌진하는 경영자 타입이다.

자기 배짱을 살려서 영업주로서 대성을 하는 사람도 있고, 조직에서 존경받는 확고한 지도자도 있다. (그림 p.274)

Ⓑ-생명선의 아래쪽에서 시작하는 운명선의 소유자는 움츠리고 사색하는 사람으로 '장(長)'으로는 부적합한 사람이다.

그러나 성격을 바꾸는 노력으로 장이 되는 사람도 있다.

대개 사회나 단체에서 소신껏 하는 진취성은 없다. 보좌역

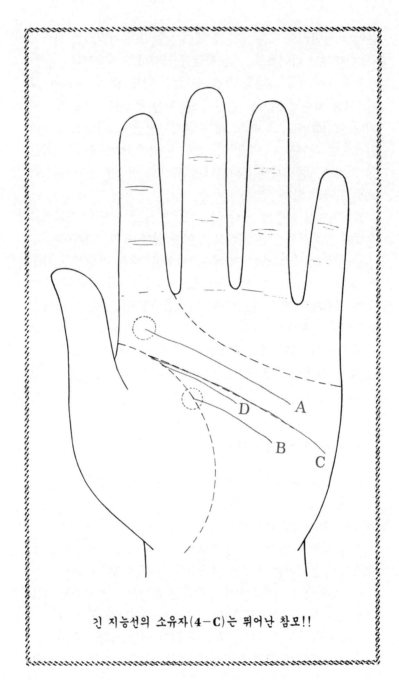

긴 지능선의 소유자(4−C)는 뛰어난 참모!!

이나 참모에 이런 형이 많다.

ⓒ—이런 긴 지능선은 심사숙고하는 타입으로 사려깊고 머리는 좋으나, 돌다리도 두드리고 건너는 사람이기 때문에 경영의 우두머리보다는 기획의 구성, 참모역에 뛰어난 사람이다. 지적 노동을 하는 직업이 적합하다.

ⓓ—짧은 지능선은 직감력, 순발력이 뛰어난 사람으로 행동이 빠른 작은 회사의 사장 중에 이런 사람이 많다.

5. 지성파! 육체파!

지성파인가, 육체파인가, 꼼꼼한가, 덤벙대는가, 민감한가, 둔한가…… 이와 같은 것을 잘 알려주는 것이 다음의 보기다.

한편 손바닥에 잔금이 많은 사람과 적은 사람에 따라 적합한 직업이 판이하게 달라진다. (그림 p.276)

Ⓐ—대범하고 몸이 우락부락한 사람으로 육체노동이나 운동에 적합한 상이다.

실제 육체노동을 하고 있는 사람들은 99%가 잔금이 없는 사람들이다. 체격도 육감적인 사람이 많고 발과 몸을 움직이는 일에 종사하고 있다.

이런 타입은 책상 앞에서 하는 일에는 흥미가 없는 사람이다.

Ⓑ—꼼꼼한 사람이다. 감수성이 예민하기 때문에 사람들이 이래라 저래라 하는 것을 싫어한다.

큰 소리로 웃지 않고 대범하지도 못하고 신경질적이어서 예술방면이 활동무대가 되기 쉽다. 또 섬세한 일도 제대로 하지 않으면 마음이 개운하지 않아 경리일이 적격일 것이다. 또 학자나 문필가같이 두뇌노동, 섬세한 표현묘사를 요하는 지적 노동도 적합하다.

그러나 자잘한 선이 없어서 지적활동을 못하는 것은 아니

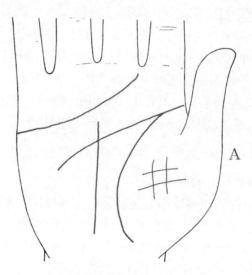

잔금이 적은 육체파(5-A)

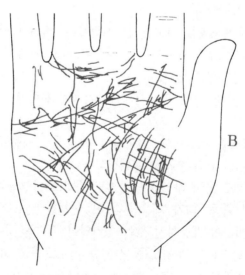

잔금이 많은 지성파(5-B)

다. 그러한 사람도 지적이고 정신적인 일을 하게 되면 작은 줄

다. 그러한 사람도 지적이고 정신적인 일을 하게 되면 작은 줄들이 단시간 내에 생기게 된다. 수상이란 현재를 나타내 주고 있기 때문이다.

277 제4장 적성·직업 선택

6. 운명선으로 적합한 직업을 알아본다!

사람의 운명은 가지각색으로 고생 끝에 대성공을 거두기도 하고, 유복하던 생활에서 무일푼의 빈털털이가 되는 수도 있다. 그럼 운명선의 몇 가지 모양을 보면서 직업 관계를 알아보자. (그림 p.278)

Ⓐ-이 운명선은 생명선에서 올라가는 것으로 이 유년에 이르러 꾸준한 노력이 열매를 맺어 자립, 승진, 영전, 입학, 결혼 등의 인생의 개운기를 맞이하는 것을 나타내고 있다.

이 운명선을 노력선이라고도 하는데 노력가의 수상에서 자주 볼 수 있다. 또 개운시에는 주위의 친구들이나 지인의 협조에 의해 성공을 하는 수가 있는데, 이런 때는 남의 밑에서 일하는 것보다 독립해 일하는 것이 좋을 것이다. 그림에서 개운하는 시기는 26세이다.

Ⓑ-손목 중앙에서 곧장 토성구로 향하는 운명선이다. 이 타입의 사람은 큰 노력을 하여 성공하는 실력가이다.

또 나면서부터 자기길을 걷는 기질이 있어 단독 경영자에게서 많이 볼 수 있는 상이다. 한편 사업운은 다른 선으로 판단한다.

Ⓒ-재능을 먹고 사는 사람이다. 그러므로 예술분야나 전문분야에서 대성하는 사람이다. 또 가르치는 데 재능이 있어 교교사를 비롯, 학원 강사가 적격이다.

Ⓓ-이 타입의 사람은 타인의 원조나 대중의 지지를 받아 개운하는 사람으로 이 선을 인기선이라 한다. 예능이나 예술 방면 또는 물장사 등 접객·서비스업으로 성공하는 사람이 많다.

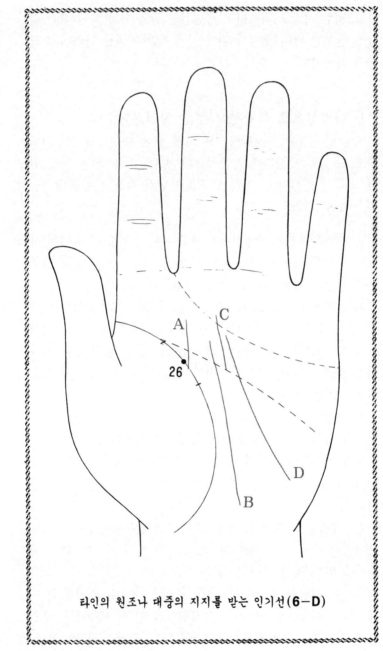

타인의 원조나 대중의 지지를 받는 인기선(6-D)

제5장 성격을 본다.

1. 싫증내기 쉬운 도중하차형의 사람

ⓐ 운명선이 연하고 동강난 사람 — 끈기가 없고 일에 싫증을 잘 내고 사업도 환경도 자주 바꾼다. (그림 p.280)

무슨 일을 하건 3~5년 한 뒤 일에 익숙해질만 하면 단념하고 다른 사업으로 바꾸고 만다. 직장을 자주 옮기고 사랑을 한다해도 상대를 자주 바꾸며 진실성이 없다.

모든 일을 중도에 끝내고마니, 이런 성격은 반드시 고쳐야 할 것이다.

ⓑ 지능선이 동강난 사람 — 이와 같은 사람은 생각이 자주 바뀌어 종잡을 수가 없다. 이 일을 할까, 저 일을 할까로 끙끙대기만 하여 우유부단하고 신념이 없다.

반면 정도 없어 이런 사람은 누구나 상대를 하지 않게 된다. 그러나 이런 사람도 성격을 바꾸면 차차 지능선도 수정되어 한 가닥의 좋은 선이 된다.

ⓒ 감정선이 동강난 사람 — 이런 상의 사람은 기분이 자주 바뀌는 변덕쟁이이다. 마음이 허공에 떠 변하기 쉽고 연애 소문도 자자한 사람이다. 결혼을 했다해도 흔들리는 사람이 되기 십상이다.

모든 선과 마음을 바로잡아야 한다. 마음가짐에 따라 수상은 차차 좋아지게 된다.

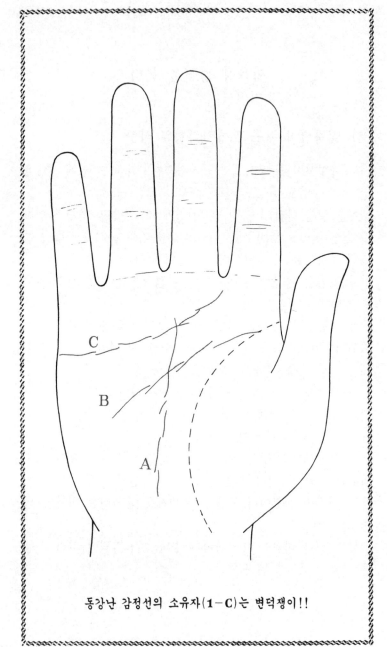

동강난 감정선의 소유자(1-C)는 변덕쟁이!!

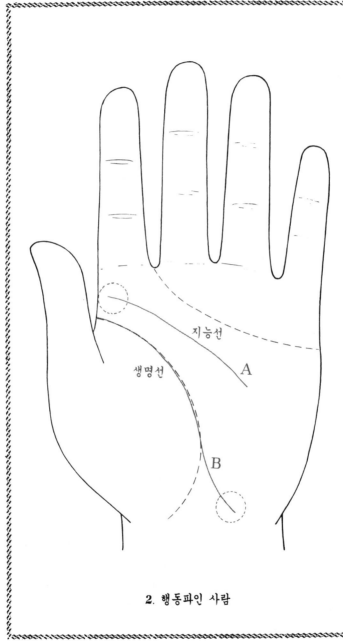

지능선

생명선

A

B

2. 행동파인 사람

2. 행동파인 사람

Ⓐ-지능선의 기점이 생명선에서 떨어져 출발한 사람은 대담한 행동파이다. (그림 p.281)

정열가이며 또 의협심이 강해 친구나 부하들의 귀찮은 일을 잘 돌보아주는 타입의, 소위 지도자형 인간이라 본다. 또 마음 씀씀이도 커서 외견은 그렇지 않은 것 같으나 모든 사람 앞에서 당당하게 이야기를 전개한다.

그러나 자칫 행동이 지나쳐 엉뚱한 일로 주위사람들을 곤혹스럽게 하는 수가 있다. 그리고 본인은 실패를 해도 아무렇지도 않게 생각한다. 허나 개중에는 돌이킬 수 없는 실패를 자초하기도 하니 지나치지 않게 주의하자. 특히 지능선의 출발 부분이 생명선에서 떨어지면 떨어질수록 지금까지 이야기한 성격이 강해져 지나친 자만으로 실패를 자초하기도 한다.

Ⓑ-생명선은 보통 사람의 경우 엄지손가락쪽에 흘러 들어가게 되지만 10사람중 한 사람꼴로 그림과 같이 밖으로 흐르는 사람도 있다. 이런 형의 사람은 한 순간도 가만히 있지 못하는 행동파이다.

"집이나 사무실에 있으면 머리가 돌 것 같다."며 기어코 외출을 하는 형의 사람으로 영업직에 적당하다. 그러므로 물론 여러 사람과 자주 만나게 된다.

3. 신경질을 싹 쓸어 상쾌하게

Ⓐ 잔금이 전혀 없는 수상-생명선, 지능선, 감정선, 운명선 4개가 뚜렷이 나타나는 사람은 활달한 사람으로 사소한 것에 괴로워하는 일이 없다. 가령 있다 해도 하루면 확 씻어버린다.

이와 같은 사람은 남성에게 많으며 여성에게 있다면 그 사람은 산뜻한 여장부로 푸른 하늘 같은 여성이다.

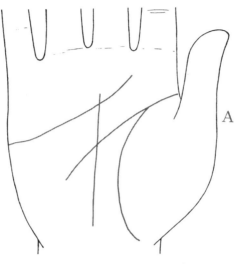

잔금이 전혀 없는 수상(3-A)

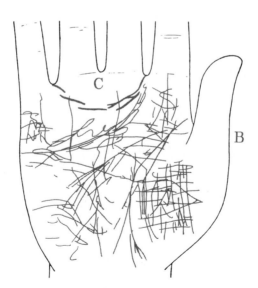

금성대(3-C)는 예민한 감수성의 소유자!!

ⓑ 무수한 잔금-손바닥에 무수한 선이 나타나 있으면 신경질적이고 섬세하여 사소한 일에도 신경을 쓴다. 그리고 언제나 꾸물대는 사람으로 여성에게 많다. (그림 p.283 아래)

ⓒ 금성대(金星台)-집게손가락과 장지 사이에서 약지와 새끼손가락 사이에 걸쳐서 나타나는 활모양의 구부러진 선을 금성대라고 하며 감수성이 예민한 것을 나타내고 있다.

그러므로 이 선이 있는 사람은 대단히 섬세하고 이성에 대해서도 관심이 많고 또 성(性)에 대해서도 민감한 사람이 많다.

예술에 관계하는 사람에게는 절대 빼놓을 수 없는 감성의 예민함과 의지의 굳건함도 나타내고 있다. 이 금성대가 한 줄로 뚜렷이 나타나 있을 때나 2중선이 나타날 때는 더욱 강조되게 된다.

동강나 있을 때는 이 선의 의미가 허술해 의지가 박약하다. 그러나 정신을 단련하는 노력이나 수양으로 한 줄 또는 2중선으로 바꿀 수 있다.

4. 영감이 강한 신비주의자

ⓐ-운명선이 감정선에서 지능선에 다리를 놓은듯이 열십자(十) 모양이 되면 신비의 십자형이라고 한다.

이런 선을 가지고 있으면 신앙심이 강한 사람이거나 그런 소양이 있을 때가 많다. 또 조상이 공덕을 많이 쌓은 덕으로 생기는 상으로 조상의 공덕이 그 사람을 지켜주기 때문에 사고가 생겨도 혼자 살아남는 등 강한 운수의 소유자가 되는 것이다.

영재나 초능력이라는 신비의 세계를 믿는 사람들에게 이 신비의 십자형 수상을 많이 볼 수 있다.

ⓑ-지능선이 아래로 크게 뻗었을 때의 상이다. 지능선 끝

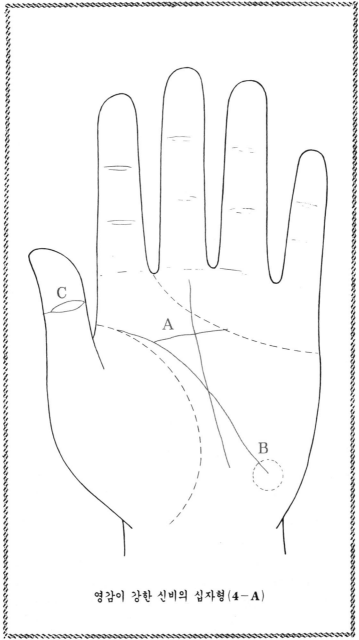

영감이 강한 신비의 십자형 (4-A)

이 내려가 월구(둥근 점선부근)에 닿는 경우로, 선이 언덕 아래로 내려가면 내려갈수록 정신적, 예술적인 것에 강하게 끌린다고 할 수 있다.

즉 현실을 떠난 로맨티스트로 여성인 경우는 특히 백마 탄 기사가 돌연 눈앞에 나타난다는 등의 공상을 꿈꾼다.

ⓒ-엄지손가락의 첫째마디에 '눈모양'이 나타나 있는 상은 영감이 강한 것을 나타내 주고 있다. 이것은 예로부터 부처의 눈이라고 하여 영능자에게만 나타나는 것으로 영능자까지는 못 되어도 육감이 강한 영적 능력을 가지고 있는 사람이다.

5. 노력, 현시욕, 인기, 기지의 상

Ⓐ-생명선에서 집게손가락의 밑으로 올라가는 선을 향상선이라고 한다. 이 선은 소위 노력하는 사람에게 나타나는 것으로 노력상징선이라 하는 것이다.

Ⓑ-검지(집게손가락)와 장지 사이에 나타나는 선으로 자기현시선이라고 한다. 자기를 나타내는 데 뛰어나 상황에 따라 자기표현을 잘 한다.

ⓒ-월구(月丘)에서 토성구로 올라가는 운명선이다. 이런 운명선은 인기선이라고도 하는데 이런 상의 사람은 다른 사람의 원조나 대중의 지지를 받아 운세를 펴나가는 행복한 사람이다.

예술이나 예능 방면 또는 물장사라면 성공한다. 또 다른 사업에 옮겨간다고 해도 남들한테 호감을 얻고 이성에게도 인기가 있으므로 어느 정도 성공을 할 수 있다.

Ⓓ-월구의 아래 짧게 나타나는 한 개에서 여러 개의 세로줄로 총애선이라고 한다. 이 선을 가지고 있는 사람은 회사에서 동료들에게 호감을 사고 상사에게도 인정받는 선택받은 사람이다. 애교있고 미워할 수 없는 성격이어서 누구에게나 사

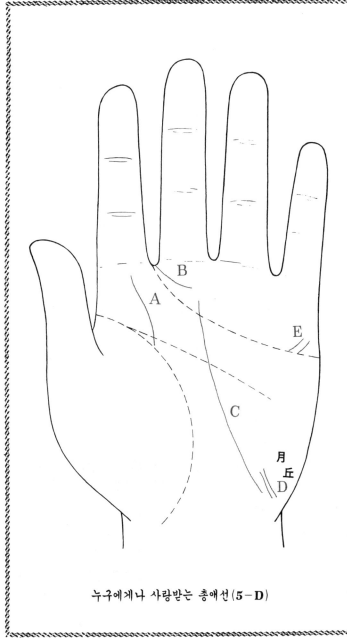

月丘

누구에게나 사랑받는 총애선(5-D)

랑을 받게 되어 즐거운 생을 보낸다.

Ⓔ-유머가 풍부한 재미있는 사람이다. 또한 나이를 먹어도 농담을 즐길 수 있는 사람으로 같이 이야기를 하고 있으면 전혀 지루하지 않다.

6. 애정이 풍부? 결핍?

Ⓐ-생명선의 안쪽으로 살이 많이 붙어 있는 곳, 이른바 금성구에 격자 무늬로 된 종횡선이 그물과 같이 있는 상.

이와 같은 상이 있는 사람은 다정다감하고 온순한 사람이다. 특히 이런 상을 가진 여성은 남성의 결혼상대로 최고다. 왜냐하면 애정표현이 풍부하고 섬세해 밝고 좋은 기분을 만들어 주기 때문이다.

물론 남성의 경우엔 결혼 후에도 애정이 넘치는 가정꾸미기에 노력함으로써 여성에게는 최고의 남편이라 할 수 있을 것이다.

그러나 애정이 섬세하기 때문에 다른 여자의 애정을 불러일으킬 가능성을 배제할 수 없을 것이다. 그러므로 여성들은 주의를 요한다.

Ⓑ-A와는 아주 반대로 종횡선이 거의 없는 경우다.

이와 같은 사람은 애정에 둔감한 사람으로 상대가 좋아하는 상냥한 말이나 칭찬하는 말을 할 줄 모르는 타입이다. 그러므로 이런 사람이 애인을 가지게 되면 상대를 기쁘게 해 주지도 못하고 가정을 갖는다 해도 그리 애정이 가득찬 가정으로 만들 수가 없다.

따라서 특히 이런 수상을 가진 남성을 애인으로 둔 여성은 주의를 요한다. 이런 남성이 애정을 호소한다는 것은 기대할 수가 없으니 친구관계나 연애를 하더라도 이 점을 고려하고 행동하길 바란다.

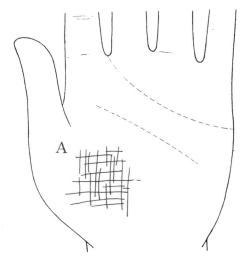

애정이 풍부한 상(6-A)

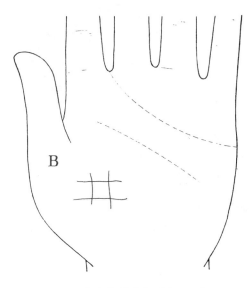

애정에 둔감한 상(6-B)

7. 손이 큰 사람, 작은 사람

여기서 말하는 손의 크고 작음은 신체의 크기에 비해 손이 비교적 크거나 작은 것을 말한다.

Ⓐ 큰 손—섬세한 것을 정교하고 치밀하게 행할 수가 있다. 일반적으로 큰 손을 하고 있으면 큰 일만 생각하고 작은 것에는 등한시한다고 생각하기 쉽지만 겉보기와는 다른 것이다. 따라서 손이 큰 사람은 주의가 깊어 그룹의 리더보다는 차석이 되는 경우가 많다.

솜씨가 좋아 양재, 한복, 기타, 피아노 등의 악기연주, 미술공예품 기술자들이 많고 조수 입장에서 큰 힘을 발휘한다.

Ⓑ 작은 손—몸에 비해 손이 작은 사람은 대담한 사람이 많다. 그러므로 소소한 일에는 질색이며, 크고 전체적인 것을 생각하고 있다.

일도 빠르며 머리도 민첩하게 돌아가 분망한 일도 무난히 해치운다. 또한 추진력도 강하다.

단, 면밀한 계획없이 비교적 감정적으로 일을 결정하는 경향이 있어 잘못된 결정을 하는 수가 있다. 섬세한 주의력이 필요하다.

8. 우유부단형, 제멋대로형, 고생형

운명선의 모양에 따라 여러가지 성격판단도 할 수 있다.

Ⓐ 연한 운명선—인생살이에서 자기의 힘을 발휘하고 있다고 하는 충실감이 적은 사람이다. 왜냐하면 운명선이란 그 사람의 실력(사회적 실력발휘 만족도)을 말해주는 것이기 때문이다. (그림 p.292)

이런 상을 가진 여성은 남편의 말을 그대로 믿는 순종형, 그리고 남자라면 목표가 없는 우유부단한 사람이 많다.

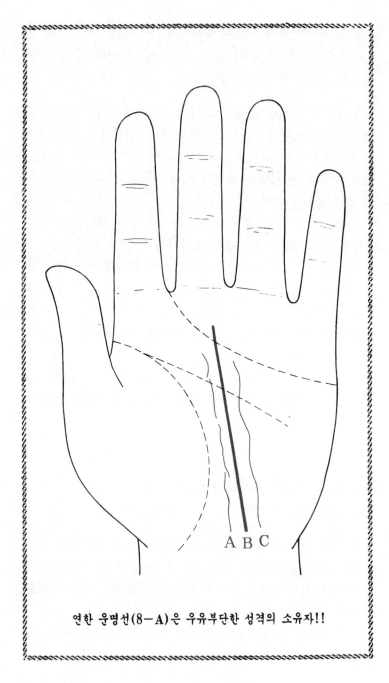

A B C

연한 운명선(8-A)은 우유부단한 성격의 소유자!!

ⓑ 굵은 운명선 — 연한 것과는 반대로 여성이라면 남편을 깔아뭉기는 엄처의 상이고 일도 척척 해치우는 타입이다. 성격이 뚜렷하고 자신만만한 실력가 상으로 남자라면 독단적인 사람에게 이런 형이 많다.

그러나 운명선만 갖고 판단하는 것은 위험하다. 역시 태양선과 지능선을 보아 종합적인 판단을 내려야 한다. 운명선만 진하고 다른 선이 빈약하면 단순한 고집쟁이로 자기욕심만 차리는 인생이기 쉽기 때문이다.

ⓒ 구불구불한 운명선 — 뱀이 지나간 듯한 선으로, 젊은 시절에 보통이 넘는 고생을 한다고 알려주고 있다.

고생한 후 대성하는 사람이 있을 수 있고, 그저 요령이 나빠 평생 고생하는 사람 등 여러 경우가 있을 것이다.

9. 행운의 표, 손톱의 흰 점

행운의 표라는 것은 수상에만 나타나는 것이 아니라 손톱 가운데 흰 점이 되어 나타나는 수도 있다. 여기서 주의해야 하는 것은 어디까지나 흰 점은 하나 또는 두 개가 나타나는 때에만 행운의 표이며, 여러 개가 나타나면 신경이 혹사되어 노이로제 상태인 때가 되므로 휴식을 취해야 한다.

흰 점이란 손톱이 자라면서 밑에서부터 같이 올라오는 것으로 행운은 흰 점이 출현할 때 일어나든가 또는 동시진행으로 출현한다.

이 흰 점이 나타났다가 지워질 때의 기간은 약 4개월간으로 이 기간이 행운기라고 할 수 있다. (그림 p.294)

흰 점이 나타나는 손가락에 따라 달라지는 행운

한편 흰 점이라고 해도 이것이 나타나는 손가락에 따라 의미가 조금씩 달라지게 된다. 이는 5개의 손가락이 각기 뜻이

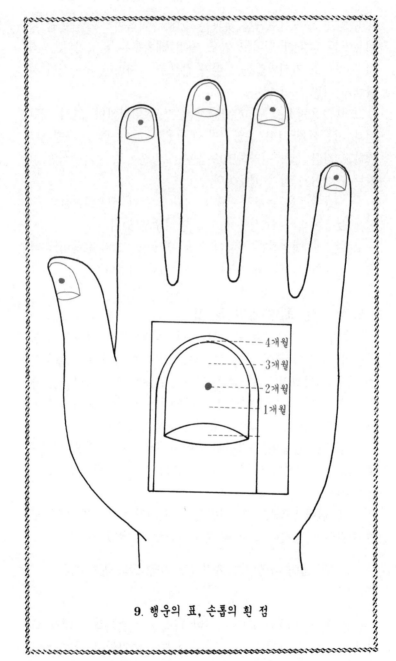

9. 행운의 표, 손톱의 흰 점

다른 이름으로 되어 있는 것같이 출현하는 흰 점도 당연 뜻이 달라지게 되는 것이다.

대개 새끼손가락에 나타나는 경우에는 '부동산이나 금전의 행운', 약지에 나타날 경우에는 '금전과 명성에 대한 행운', 중지에 나타날 때는 '여행 등의 행운', 검지에 나타나는 것은 '사업상의 행운' 그리고 엄지손가락은 '애정관계의 행운'이라고 보면 된다(단, 이것은 어디까지나 일반적인 보기에 지나지 않는다).

10. 운수가 수상을 바꾼다!

일정기간이 지나 운좋게 슬럼프를 빠져나온 후 차차 성운기에 접어들 무렵은 수상이 어떻게 될까?

여지껏 '손금은 바뀌지 않는다.'고 인식되어 왔으나 오늘날 그런 말을 하는 수상가는 진리를 역행하는 것이 된다.

수상은 마음먹기에 따라 자주 변하는 것이기 때문에 하루에도 몇 번씩 변하기도 한다. 즉 마음먹기에 따라 수상은 세력을 살려 그 기백을 나타내게 된다. (그림 p.296)

11. 운수의 강약

수상을 보고 한눈에 그 사람의 운수의 강세와 약세를 알아내는 방법이 있다.

그것은 손바닥 위에 세로줄이 많은지 적은지 또는 그 선이 뚜렷한지 아닌지를 보는 것이다. 세로선은 바로 운수를 나타낸다. (그림 p.297)

Ⓐ 향상선─이 선이 집게손가락 밑에까지 뻗은 사람은 짧은 향상선보다 야심, 향상심, 꿈, 희망의 힘이 크다.

Ⓑ 개운선─이 선도 연하게 들어가 있는 것보다 진한 쪽이 개운력이 훨씬 강하다.

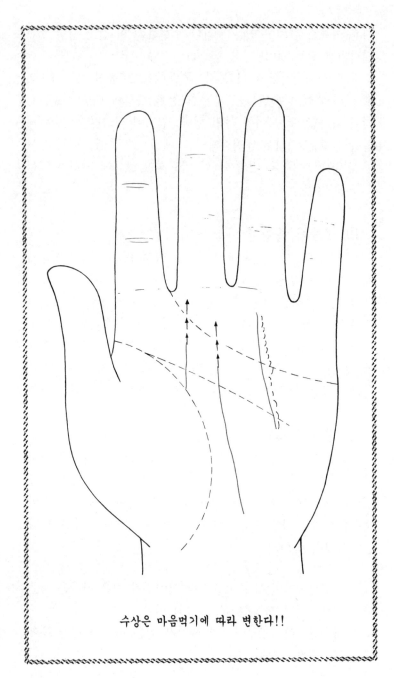

수상은 마음먹기에 따라 변한다!!

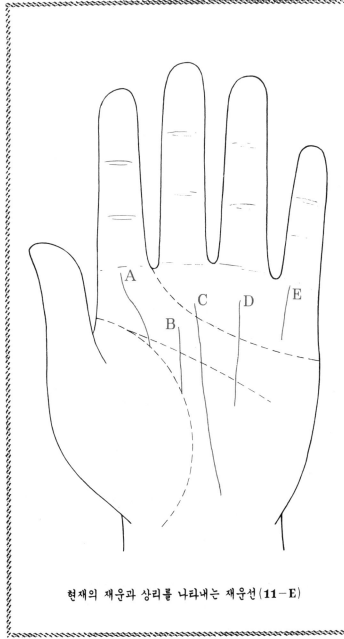

현재의 재운과 상리를 나타내는 재운선(**11-E**)

ⓒ 운명선-이 선은 실력을 나타낸다. 남성의 경우엔 물론 강세인 것이 좋고 여성이라면 보통(진하지도 않고 연하지도 않은 것)이 좋다.

ⓓ 태양선-뚜렷이 나타나는 것이 행운력이 강하다.

그러나 생명선이나 지능선과 같은 세력으로 약지로 향한 태양선은 가짜(보기에만 태양선)인 경우가 많다.

태양선은 역시 태양선 표준의 굵기가 있으니, 너무 뚜렷한 것은 다른 선과 대조하여 정말 그런 큰 명성운이나 대성공에 적합한 인물인가를 가늠해 보아야 한다.

ⓔ 재운선-현재의 재운과 상리(商利)운을 나타낸다. 이 선이 나타나면 반드시 행운이 따른다.

12. 출세, 이중생활, 재산운의 상

Ⓐ-검지(집게손가락) 밑으로 난 활모양의 선이다.

이것은 '솔로몬의 반지'라고도 하는데, 이런 선이 있는 사람은 대단히 머리가 좋고 야심가로 이에 수반한 실력도 소유하고 있어 상당한 사회적 지위를 얻고 권력을 잡을 사람이다.

그러나 자칫 자신감이 지나쳐 교만하게 되기 쉽고 또 그것이 태도에 나타나면 적을 만들어 생각지 않은 함정에 빠지는 수가 있다. 겸허한 마음을 가지도록 힘쓰자.

Ⓑ-생명선 아래쪽에 2중선이 되어 있는 상이다.

우리나라와 외국 또는 서울과 지방 등 두 지구에서 이중생활을 하는 사람에게 잘 나타난다.

Ⓒ-새끼손가락 밑을 향한 2cm정도의 세로선을 재운선이라 한다.

a. 동강난 재운선 : 돈이 생겨도 지출이 많아 결국 돈이 모이지 않는다. 금전운이 좋아지면 연결이 되고 곧은 선이 된다.

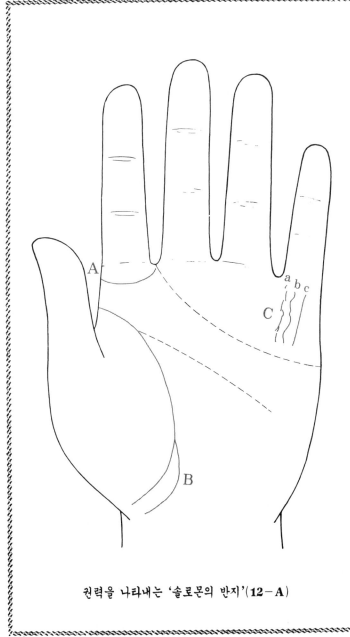

권력을 나타내는 '솔로몬의 반지'(12-A)

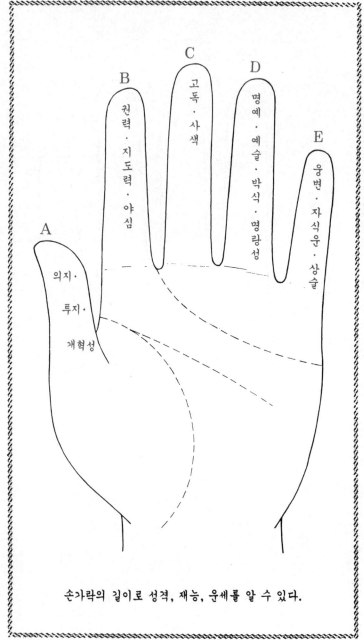

A 의지 · 투지 · 개혁성

B 권력 · 지도력 · 야심

C 고독 · 사색

D 명예 · 예술 · 박식 · 명랑성

E 웅변 · 자식운 · 상술

손가락의 길이로 성격, 재능, 운세를 알 수 있다.

b. 구불구불한 선 : 현재 돈을 모으려고 고생하는 사람이다.

c. 곧은 선 : 재운이 가장 좋은 사람으로, 금전도 잘 돌아가고 사업도 번창하게 하는 멋진 수상이다.

13. 손가락의 길이

수상뿐 아니라 손가락의 길이로도 그 사람의 성격과 재능 또는 운세를 알 수 있다.

이는 '손톱의 흰 점'항에서 풀이한 것같이 다섯손가락도 각기 다른 뜻을 지니고 있어 길면 길수록 그 손가락이 지니는 의미를 강조하게 된다. 그러면 각 손가락이 가지고 있는 의미를 알아보자.

Ⓐ 엄지손가락—의지, 투지, 애정, 인내 등을 나타내는 손가락으로 튼튼하고 긴 사람은 투지가 있고 의지가 강건한 성격이라고 할 수 있다.

Ⓑ 인지(집게손가락)—지도력이나 야심, 권력 등 극히 남성적인 의미를 지니고 있다. 그러므로 인지가 짧은 사람은 지도력이 결여된 사람이 된다.

또 인지는 형제·자매를 나타내며, 인지가 중지쪽으로 기울어져 있으면 형제동기가 자기에게 의존하는 상으로 자신이 형제에게 도움을 주어야 한다.

Ⓒ 중지—이것은 고독 또는 생각이 깊은 것을 나타내 주며 고독을 즐기는 타입이 된다.

Ⓓ 약지(무명지)—명예, 명성, 박식, 예술을 뜻한다. 역시 약지가 긴 사람은 예술가 타입이라고 보아야 한다.

Ⓔ 새끼손가락—자식운을 나타내는 것으로 짧은 사람은 자식운이 희박하다고 할 수 있다.

이와 같이 손가락의 길이는 그 사람의 성격이나 운수를 나타내고 있어 처음 보는 사람이라도 손가락을 보고 성격의 일면을 파악할 수 있는 것이다.

제 6 장 건강진단

1. 건강상태의 진단

건강처럼 인간의 운명과 밀접한 관계를 가지고 있는 것도 달리 없으리라.

건강상태를 체크하는 것이 건강선이다. 이 건강선이란 그림과 같이 손바닥에 경사지게 나타나는 선으로 건강한 사람에게는 나타나지 않는다.

Ⓐ―이와 같은 선이 나타나 있을 때는 신체의 어딘가 좋지 않은 때이므로 자각증상이 없다해도 수상에 따라 폭음, 폭식을 삼가해야 한다.

건강선은 병의 예고로 나타나는 것이니 발병이 10년, 20년 후라도 하나의 경고로 받아들여 대처를 해야 한다.

또 이 선은 다른 선과 달리 본인의 신체조건에 따라 심하게 변하니 주의를 게을리해서는 안된다.

Ⓑ―병이 숨어서 진행하면 이와 같이 건강선이 생명선을 끊어버리게 된다. 건강선이 생명선을 끊은 유년에 꼭 병을 앓게 된다. 이 경우는 50세에 병이 나타난다. 또 건강선의 굵기는 병의 경중을 나타내고 있어 생명선보다 굵게 끊어져 있으면 그때가 바로 사기(死期)가 되는 것이다.

무엇보다 건강선이 나타나는 주의 신호를 재빨리 포착해 자기 신체의 약점을 알고 병의 예방, 조기 발견 등에 애쓰는 것이 중요하다.

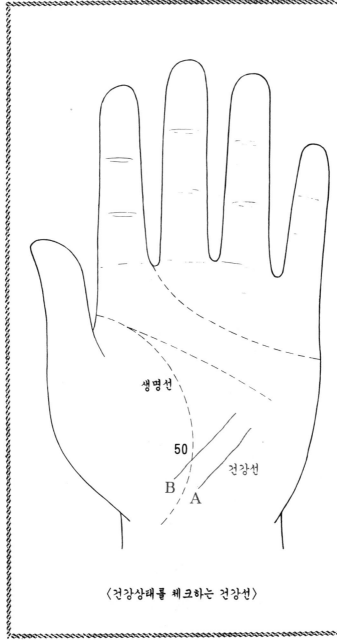

생명선

50

건강선

B   A

〈건강상태를 체크하는 건강선〉

2. 생명선의 끊어진 상

Ⓐ 생명선이 바깥쪽으로 커브졌을 때

병이나 상처를 입어 생명이 위험하지 않을까 하여 근심이 많은데 전혀 쓸데없는 고민이다. 이것은 남달리 튼튼하고 건강한 사람이라는 것을 나타낸다.

대개 바깥쪽의 커브는 20~30세에 많이 나타나는데, 모두 건강하게 그 유년을 넘기고 있다.

Ⓑ 생명선 안쪽에 커브선이 있을 때

이 경우는 35세에 병이나 상처에 주의를 해야 한다. 이 커브가 겹쳐 간격이 넓어질수록 병이나 상처가 무거워지게 된다.

그러나 너무 무리하거나 위험한 일을 삼가면 대난은 소난으로, 또 소난은 무사로 변하고 만다. 가령 과속운전이나 위험한 스포츠를 하는 일은 삼가하도록 하자.

Ⓒ 생명선이 끊어져 틈이 생겨 있을 때

여기서는 병이나 상처, 재난에 주의하라고 경고하고 있다 (그림의 경우 43세에 주의할 것!).

Ⓓ 생명선 안쪽을 돌고 횡선이 두 개 들어 있을 때

큰 병이나 큰 상처를 입어도 운좋게 생명을 보존한다는 것을 말해 준다(그림에서는 50세때).

Ⓔ 생명선이 짧을 경우

대개 그림과 같이 운명선에 생명의 걸림다리 a가 있으니, 운명선이 생명선 역할을 하여 장수하는 수가 많다. a선이 없을 경우도 생명 보강으로 20~30년은 연명한다.

3. 위장이 약한 사람 (그림 p.306)

Ⓐ-동강난 건강선이다. 이것은 세 사람에 한 사람 꼴로 흔히 볼 수 있는 건강선이다. 이 동강난 건강선은 위장이 퍽 약

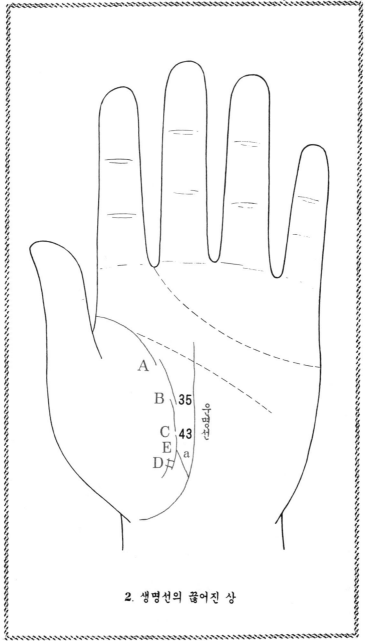

2. 생명선의 끊어진 상

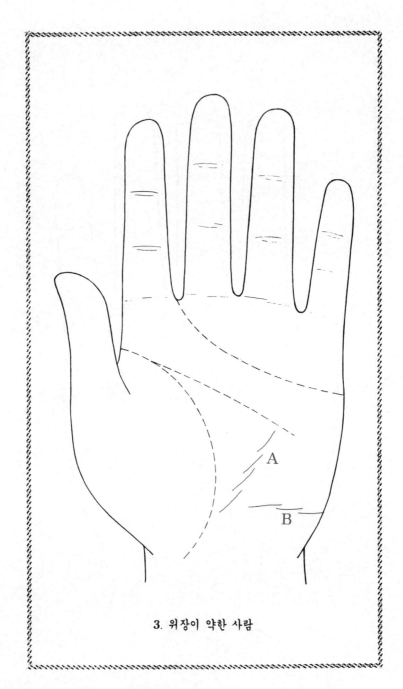

3. 위장이 약한 사람

해진 것을 나타내며 폭음, 폭식하면 나타나게 된다.

또 화를 잘 내든가 스트레스가 쌓인 경우에도 나타나 현대인들에게 많다.

그리고 폭음, 폭식이나 스트레스가 계속되면 이 선은 아래로 뻗어 드디어 생명선을 끊게 된다.

만일 건강선이 생명선을 끊을 경우, 그 생명선의 유년에 위장에 큰 병이 일어난다는 경고인 동시에 현재도 위장이 악화되어 있는 상태를 나타내고 있으니 주의해야 한다.

⑧-바깥쪽에서 생명선을 향해 뻗은 동강난, 혹은 한 개의 횡선도 하나의 건강선이다.

이 선도 A와 같이 폭음, 폭식에 의해 나타나는 건강선으로 차차 악화하면 늘어나 생명선을 끊게 된다.

단 A가 위장이 약해진 것을 나타내는 대신에 이 경우는 장의 질환을 말해주고 있다. 그러므로 이 횡선이 뻗어 생명선을 끊으면 그 유년에 장에 큰 병이 생기므로 규칙적인 식생활로 안정된 정신상태를 갖도록 하는 것이 중요하다.

4. 간장, 신장, 폐의 위험 신호

Ⓐ 구불구불 굽은 건강선-이런 선의 소유자는 간장이나 신장 중 어느 하나가 좋지 않을 때가 많다. 어느 쪽인가는 손과 얼굴을 보고 알 수 있다. 손바닥에 노란 빛이 짙으면 간장이 나쁘고 얼굴이 부으면 신장이 나쁘다. (그림 p.308)

그러나 이렇게 구부러진 사람은 흔하지 않고 거의 모두가 그림처럼 서서히 커브를 형성하고 있다.

Ⓑ 완만한 커브를 한 건강선-처음에는 곧았던 선이 간장이나 신장의 혹사로 서서히 커브를 이루는 경우가 많다.

그러므로 술을 자주 마시든가 피로가 누적된 사람은 자신의 건강선의 변화를 주의깊게 지켜보아야 한다.

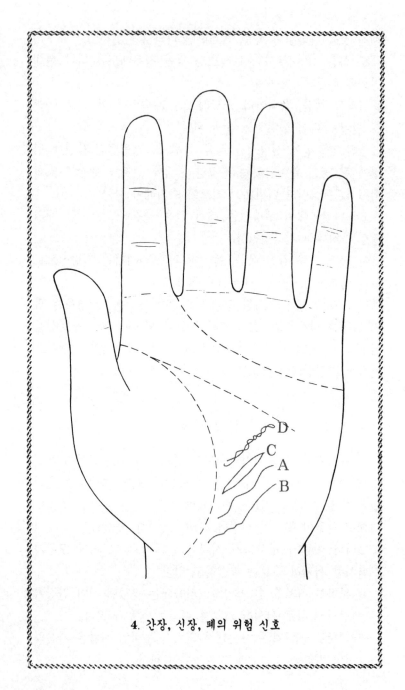

4. 간장, 신장, 폐의 위험 신호

ⓒ 큰 눈모양을 한 건강선-이 경우는 폐나 기관지 등 호흡기 계통이 약해진 것으로, 거의 모두가 이와 같이 뚜렷하게 나타나지 않으니 주의를 요한다.

담배가 원인일 때가 많고 절연 또는 금연으로 폐의 부담을 줄여 회복을 시켜주는 것이 첩경이다.

ⓓ 작은 섬으로 이어진 건강선-이것은 C와 비슷한 경우로 폐를 중심으로 흉부가 약해진 것을 나타내며 폐결핵이 되기 쉬우니 주의를 해야 한다.

5. 쇠약, 노이로제, 눈의 질환

건강선은 신체에 결함이 있는 것을 경고해주는 고마운 선으로 병의 조기 발견에 귀중한 도움이 된다.

그러나 이 건강선 외에도 다른 선에서 신체의 결함을 찾아낼 수 있다. 가령 그림(p.310)과 같이 각 선에 나타나는 섬은 각각 신체의 어디엔가 나쁜 곳이 있다는 것을 알려주고 있다.

Ⓐ 생명선상의 섬-이 경우는 심신의 쇠약을 뜻하며, 이 유년 동안 그 사람의 건강이 좋지 않은 것을 말해준다.

그림에서는 25~29세가 건강이 좋지 않은 기간.

Ⓑ 지능선상의 섬-이와 같은 상태일 때는 그 사람이 노이로제에 걸리기 쉬운 상태라는 것을 알려준다.

Ⓒ 감정선상의 섬-그림과 같이 약지 아래쪽에 나타날 때에는 눈이 나빠진 것을 나타낸다. 특히 눈질환이 오른쪽눈이면 왼손에, 왼쪽눈이면 오른손에 나타나 각각 반대쪽이 나빠진 것을 나타낸다. 이것은 뇌생리학적으로도 증명이 된다.

사랑과 같이 건강도 잃은 후에야 알게 되는 것이다. 이런 수상에 충분히 주의를 하여 병의 조기 발견이나 예방에 노력해 건강한 인생을 보내기 바란다.

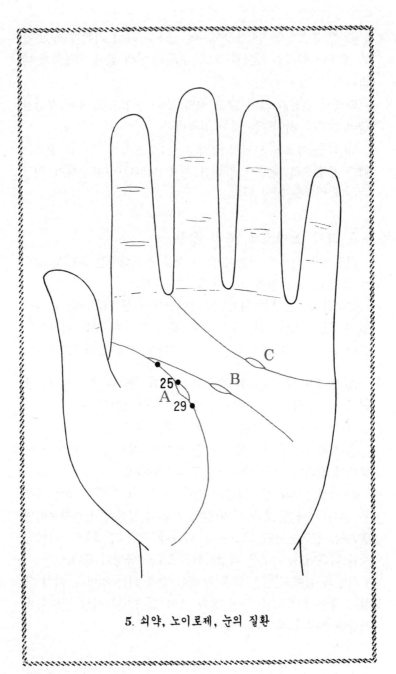

5. 쇠약, 노이로제, 눈의 질환

6. 손바닥으로 병을 발견

Ⓐ 생명선상에 나타나는 반점－적·청·흑색 등의 반점이 생명선에 나타날 경우 그 생명 유년에 위험이 있다는 것을 경고해 준다(그림의 경우 27세). 이 반점은 급병이나 이전부터 있던 질환이 갑자기 악화한 때에 나타난다. (그림 p.312)

생명자체에는 별 이상이 없으나 반점이 지워지지 않는 경우에는 특별히 조심하여 빨리 지워지도록 노력해야 한다.

Ⓑ 생명선상에 연하게 많은 가지선이 나타날 때－이 가지선이 나타나 있는 동안에는 신체가 허약해진 것을 나타낸다. 그림의 경우에 50~63세가 그 시기가 된다. 특히 이 가지선이 생명선 유년 55세 이후에 있을 때는 거의 이에 해당한다. 젊을 때의 무절제한 생활이 원인으로 이 선을 발견하면 절제된 생활로 빨리 지워버려야 한다.

Ⓒ 허술한 선이 조금씩 커브를 그리며 들어올 때－이것은 방종선이라고 하는 일종의 건강선으로, 불규칙한 생활이나 성생활의 무절제 등이 원인이 되어 체력이 소모된 것을 말하여 준다.

무리를 하지 말고 몸을 돌보아야 한다. 한편 방종선이 한두 개밖에 없을 때도 눈여겨 보아야 한다.

Ⓓ 난맥상을 이룬 감정선의 경우－변덕쟁이로 느끼기 쉬운 성격이며 심장이 그리 튼튼하지 못한 사람이 많다.

7. 손의 색깔(6가지형)

손의 색깔은 사람마다 다르다. 또한 날씨에 따라서 변하기도 하는데 특히 몸의 컨디션이 나쁠 때도 손의 색과 윤기가 변화한다.

그러면 색에 의한 건강진단법을 소개하기로 한다.

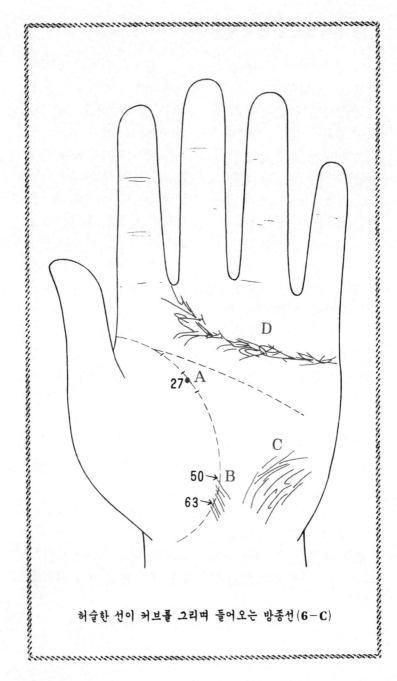

허슬한 선이 커브를 그리며 들어오는 방종선(6-C)

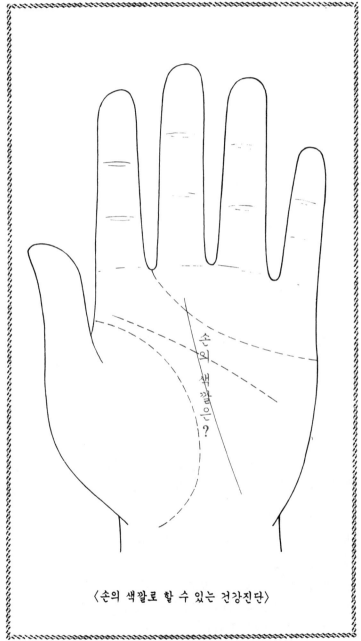

손의 색깔은?

〈손의 색깔로 할 수 있는 건강진단〉

Ⓐ 분홍색의 손 ─ 건강상태가 좋고 볼수록 원기가 있는 사람이다. 성격도 당연히 밝다.

Ⓑ 청색의 손 ─ 주로 혈관이 튀어나와 생기는 것으로 순환기 계통이 약한 사람이다.

또한 손바닥에 혈관이 많이 비치는 사람은 변비나 과식에 의해 내장이 팽팽하든가 피로해 있는 상태를 나타낸다. 또 설사나 변비를 반복하는 경우도 많다. 혈관이 두드러져 나타나는 것은 축적된 변으로 정맥이 긴장되어 일어나는 상태이니, 우선 식사량을 좀 줄이고 통변을 정돈하는 데 주의해야 한다.

그러나 청색혈관이 두드러지게 보이는 사람도 컨디션이 회복되면 혈관도 두드러지게 보이지 않고 건강한 핑크색으로 돌아오게 된다.

Ⓒ 빨간색의 손 ─ 혈압이 높은 사람, 심장이 약한 사람, 콜레스테롤이 쌓여있는 사람 등에 많고 핏기가 많다. 활동가중에 이런 사람이 많다.

Ⓓ 하얀 손 ─ 무기력한 사람이 한 몫 끼게 된다.

Ⓔ 황색의 손 ─ 간장이 피로한 사람에게 많다. 그러나 손의 색깔은 몸 컨디션 조절 여하에 따라 변화한다.

8. 손가락으로 보는 건강운

각 손가락마다 상징적인 성격이 있다. 여기서는 손가락으로 알 수 있는 건강진단을 소개하기로 한다.

Ⓐ 엄지손가락(친지) ─ 이 손가락은 다섯손가락의 대표로 이것이 튼튼하고 정상적인 모양이면 생명에너지가 가득한 사람이라 할 수 있다.

다른 손에 다소 결함이 있다해도 이 손가락의 에너지가 모든 것을 무마하고 각 기관을 통솔해 나가는 것이다. 엄지손가락에 힘이 없으면 무기력한 사람이 된다.

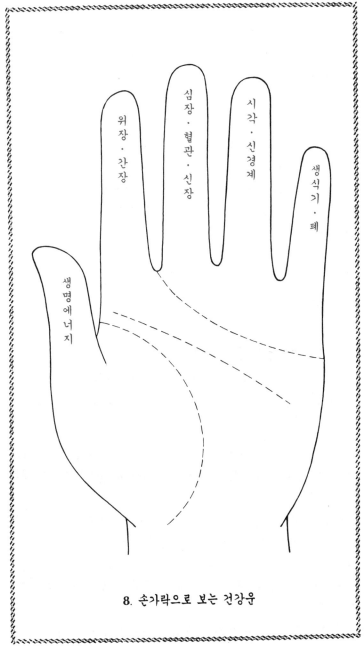

위장·간장

심장·혈관·신장

시각·신경계

생식기·폐

생명에너지

8. 손가락으로 보는 건강운

ⓑ 집게손가락(인지)−위장, 간장 등 주로 소화기 계통을 장악하고 있어 이 손가락이 길고 견고하면 위장, 간장이 튼튼한 것을 나타내고 역으로 짧고 다른 손가락보다 약하면 그 기관이 약한 것을 말해 준다.

ⓒ 가운데손가락(중지)−심장, 혈관 등 순환기 계통과 신장을 담당한다. 이 손가락이 길고 튼튼하면 그 기관들이 왕성하게 움직이고 있는 것을 말해주고 역으로 짧으면 그 기관이 허약한 것을 말해준다.

ⓓ 약손가락(약지)−시각 신경계를 상징하여 이 손가락이 인지보다 길면 그 기관이 튼튼하고, 짧으면 약하다는 것을 말해준다.

ⓔ 새끼손가락−이 손가락은 주로 생식기와 폐를 암시한다. 길고 탄탄하면 자손복이 있고, 아주 짧은 편이면 자식복이 없다고 본다.

9. 체력이 튼튼한가? 허약한가?

생명선의 굵기는 그 사람의 체력을 나타내며 건강을 체크하는 데 중요한 기준이 된다. 그밖에 튀어나와 있는지 아닌지에 따라서도 관련이 된다.

Ⓐ−크게 돋보이는 생명선이다. 이와 같은 생명선의 소유자는 아주 튼튼한 체력으로 생명력, 활동력이 풍부하다. 또 정력도 절륜하다.

남성의 경우라면 아주 남성다운 육체과 남성에게서 많이 볼 수 있는 수상이다. 그러나 여성이라면 그리 볼 수 없는 상으로 말하자면 남자 전용의 수상이라 해도 과언이 아니다.

Ⓑ−A와는 전혀 반대로 무리가 통하지 않는 체질이 약한 사람이다.

한편 이런 상의 사람은 외견상으로는 건강한 것 같지만 한

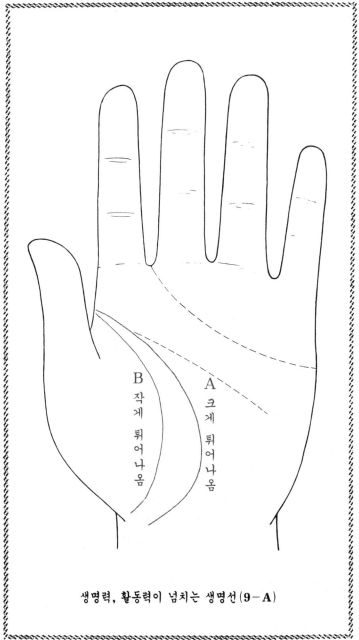

생명력, 활동력이 넘치는 생명선(9-A)

번·병이 걸리면 원상으로 복귀하는 데 다른 사람의 배나 시일이 걸린다.

이런 사람은 무리를 해서는 안되고 항상 절제, 양생에 주의해야 하며 가벼운 운동을 정기적으로 하여 조금씩 몸을 튼튼하게 하는 노력이 필요하다. 생명선이라 해도 바뀌게 되는 것이다.

10. 생명선의 굵기, 진하기.

무슨 일을 하더라도 건강이 제일! 좋아하는 술을 마실 때도 등산을 할 때도 신체가 건강하지 못하면 마음도 즐거울 수가 없는 것이다. 또 억만금이 있다해도 건강이 따르지 않을 때는 돈도 종이에 불과할 정도로 아무 쓸모가 없는 것이다. 이와 같이 인간에게 있어서 가장 중요한 것을 알려주는 것이 생명선이다.

Ⓐ-굵고 진한 생명선의 소유자는 강건한 육체를 가진 사람으로 철야 등 다소 무리를 하더라도 이후의 회복이 빠른 사람이라 할 수 있다.

Ⓑ-A와는 반대로 연한 생명선을 한 사람. 이와 같이 약한 생명선을 가진 사람은 대단히 섬세한 육체를 가졌다. 그러므로 외견상 빈약하게 보이는 때가 많다.

이와 같은 사람은 기력의 충실을 볼 수 없고 감기에 걸리든가 위장이 좋지 않은 허약한 체질이 특징이라 할 수 있다.

한편 생명선이 연한 사람과 마찬가지로 생명선이 전부 흐트러져 있는 사람도 건강한 사람은 못된다. 그러나 이와 같은 사람도 의지와 노력으로 좋은 수상으로 바꿀 수 있다. 그러기 위해서는 무엇보다 건강하게 하는 노력을 게을리하면 안된다.

급작스레 생명선이 연하게 되어 죽음에 직면해 있다고 경고하는 때가 있다. 역시 생명선이 진한 것은 당사자의 생명력과 깊은 관계가 있는 것이다.

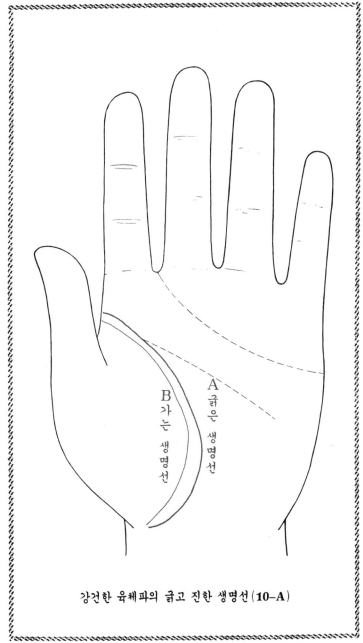

강건한 육체파의 굵고 진한 생명선(10-A)

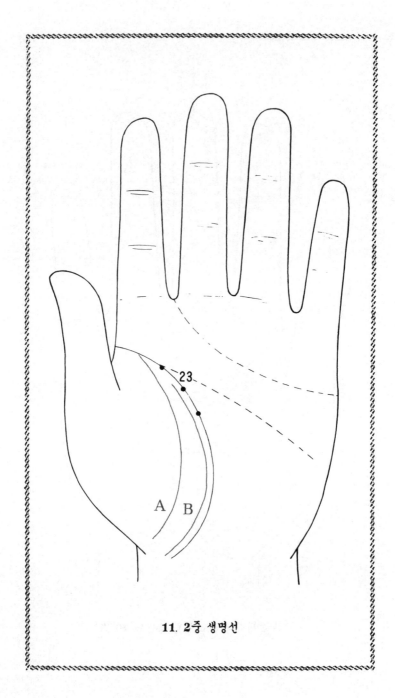

11. 2중 생명선

11. 2중 생명선

Ⓐ—생명선이 2중으로 나타난 수상으로 2중 생명선 또는 부생명선, 제2생명선이라고도 한다.

때때로 이와 같은 수상을 가진 사람을 볼 수가 있는데 외견은 허약체질 같으나 실제로는 대단히 건강한 사람으로, 가령 큰 병을 앓아도 회복력이 보통사람보다 2배나 빠른 원기왕성한 사람이 많다. 거기에다 이런 사람은 의지력도 강하며 인내력도 대단하다.

평균수명은 75세. 즉 한 개의 생명선으로 75년을 살 수 있으니까 한 줄이 더 있는 사람은 그 수명이 대단한 것이다. 약간의 무리한 철야는 보통으로 변화무상한 현대사회의 거친 파도를 뛰어넘는 것은 식은 죽 먹기이다.

단 한 가지 걱정으로는 자기를 너무 믿어 폭음, 폭식이나 무리를 하여 몸을 해치는 수가 많다. 너무 과식하지 말고 주의를 하자!

Ⓑ—부생명선이라도 생명선의 2~3mm 안쪽에 나타나 있는 사람도 있다. 이것은 부생명선이 있는 유년동안(그림에서는 23세~만년까지) 강인한 체력이 있는 것을 말해 준다. A가 보통이라면 B는 70, 80세까지라도 마라톤하듯 뛰어난 건강을 유지함을 말해주고 있다.

12. 심신의 상태가 나쁨을 나타내는 수상

Ⓐ—15~19세에 몸상태가 나쁜 것을 말해준다. 또한 어릴 때부터 몸이 튼튼하지 못해 자주 감기나 배탈을 앓은 사람에게 나타나는 상이다. (그림 p.322)

Ⓑ—장애선이라 하여 젊을 때는 그림과 같이 활모양으로 나타나는 수가 많고 지능선까지 끊는다.

이 장애선은 큰 병이나 사고, 재해 등에 의한 육체의 직접적

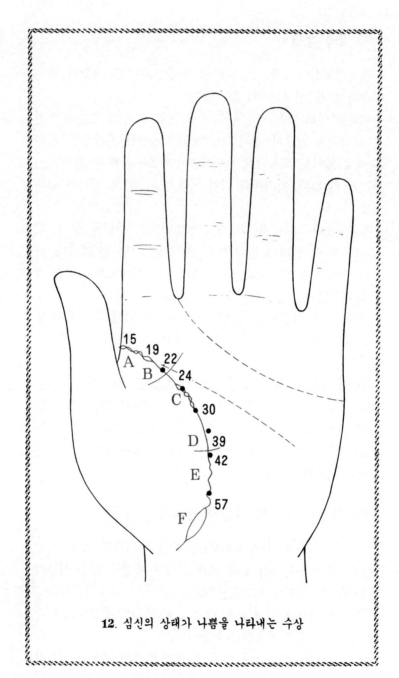

12. 심신의 상태가 나쁨을 나타내는 수상

인 장애는 아니고 정신적인 괴로움인 때가 많다(그림에서는 22세).

ⓒ-생명선이 부분적으로 사슬모양을 하고 있을 때는 위장이 나쁘다는 것을 알려준다. 그림의 경우는 24~30세가 그 기간이다.

위장에 탈이 생기는 이 시기를 미리 알아 주의를 하면 생명선은 바로 잡아진다.

ⓓ-B와 같은 장애선으로 급박한 병이 생기는 수가 많고, 이 선이 길고 진할수록 병세가 대단한 것을 말해준다(이 경우는 39세에 장애가 일어날 것을 말해준다).

ⓔ-생명선의 어떤 부분이 이와 같이 굵은 선일 때 순환기 계통이 약해진다는 것을 알려준다. 그림의 경우는 42~57세가 문제를 일으키는 시기가 된다.

ⓕ-이와 같은 수상은 만년에 이르러 만성병이 되는 것을 알려준다. 특히 당뇨병 등이 많이 생기게 되므로 젊을 때부터 주의를 해야 한다.

13. 가장 단순한 건강 진단법

사람의 건강상태는 안색이나 손바닥의 혈색으로 판별하는 것이 일반적이지만 손톱을 보고서도 건강상태를 알 수 있다.

손톱 뿌리쪽에 흰 부분이 있는데 이 흰 부분을 수상학에서는 초생달이라고 하여 그 사람의 건강상태를 체크하는 간단한 기준이 되고 있다.

드물게 어릴 때부터 전혀 나타나지 않는 경우도 있지만 거의 모든 사람들에게 이 초생달이 있어, 이것이 그 사람의 신체의 상태에 따라 커졌다 작아졌다 하면서 변화한다. 대개 2~3 일간으로 변화한다.

324
·
좋은
손금

· 초생달에 의한 건강진단법

Ⓐ-초생달이 손톱의 5분의 1정도가 되면 건강상태가 좋은 것이다.

Ⓑ-초생달이 3분의 1이 되는 경우는 아주 건강하다. 특히 위장이 아주 튼튼하다.

Ⓒ-소위 '숨겨진 형태'라 하는 것으로 초생달이 전혀 없을 때이다. 이것은 B의 경우와는 달리 위장이 약해진 사람이나 변비가 있는 사람에게 많이 나타난다. 무절제한 생활이 원인이 되는 수가 많은데 리듬이 잡힌 올바른 생활을 영위하면 초생달도 얼굴을 내밀게 된다.

몸의 컨디션에 따라 나타났다 없어졌다 하므로 매일의 건강상태를 알 수 있다.

14. 수상을 볼 때의 마음가짐

실제 감정을 할 때 점술가로서의 마음가짐은 다음과 같아야 한다.

(1) 한 줄의 손금에 구애되지 말고 전체를 보자!

수상감정에 익숙해지기 전에는 하나의 상에만 매달려 이렇다 저렇다 단정을 내리는 수가 많다. 가령 뛰어난 지능, 재능이 있는 수상을 하고 있다해서 거기에만 집착해 잘못 판단을 하는 수가 있는 것이다.

그러나 눈이 아무리 아름답고 잘 생겼다해도 얼굴 반쪽만 가지고는 괴물과 같아진다. 코도 입도 마찬가지다. 중요한 것은 얼굴 전체의 조화이다. 즉 수상은 어디까지나 종합판단이어야 한다. 가령 이혼의 상이 하나 있다해도 그것을 방지할 수 있는지 없는지 당연히 다른 선을 보고 종합해서 판단해야 한다. 대개 좋은 점이 없는 상은 하나도 없으니까……

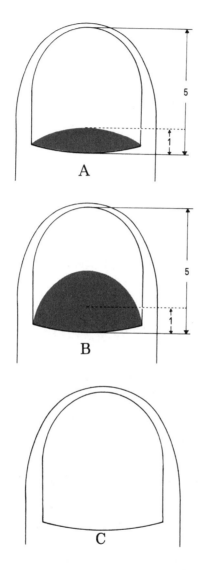

〈손톱의 초생달에 의한 건강진단법〉

(2) 수상은 마음가짐에 따라 변하는 것이다.

수상을 볼 줄 알게 되면 "야! 나는 좋은 상이다!", "나는 금전운이 없어……" 하며 일희일비하지만 이는 당사자의 노력에 의해 바뀐다.

거듭 말하지만 수상은 어디까지나 그대로 두면 그렇게 된다라는 예고이다. 그러므로 현재가 나쁘다해도 걱정할 필요가 없는 것이다. 수상이 좋은 사람도 마찬가지로 노력이 필요하다.

수상이란 말하자면 인생을 향상시키는 어드바이스로 활용하기 위해 있는 것이다.

(3) 구원없는 충고는 엄금!

수상을 조금 맞힐 수 있게 되면 맞히는데 마음이 쏠리기 쉽다. 그러나 이것은 위험하다.

가령 수명이 다했다거나 회사가 도산한다든가 또는 3년간 방랑한다라는 말을 해 상대를 절망시킨다면 도리어 불행을 초래하게 할 수도 있기 때문이다.

수명이 짧은 상이라면 무엇이 원인인가 그리고 그것을 연장시키는 방법도 알려주어야 한다. 또한 회사가 도산할 것 같으면 번성하게 하도록 충고를 해주어야 한다.

3년이나 방랑한다고 말한 것에도 무책임하게 방랑하게 놔둘 수 없다.

불운에 대해 구조할 자신이 없다면 손금을 볼 자격이 없다. 언제나 자초지종을 설명한 후 개운하도록 도와주어야 한다.

수상을 맞힌다는 것은 중급에 속한다. 그리고 그 사람을 행복으로 이끄는 것이 상급인 것이다. 이것이 수상이나 점을 보는 본래의 목적이다.

(4) 수상을 보는 데에는 상황판단이라는 묘가 있다.

수상은 같은 상이라도 사람에 따라 답이 달라야 한다.

가령 개운선 하나만 하더라도 결혼, 약혼, 개업, 독립, 승진, 입학, 합격, 수상, 건물 완성, 출산, 퇴원 등 여러가지 개운의 뜻이 있다. 그러나 어떤 사람에게는 이혼이 개운일 경우도 있다. 본인에게 운이 트인다는 것이므로, 일괄적으로 무엇이 운이라고 말할 수 없는 것이 아닌가?

연애선이라해도 연애, 실연, 부부간의 사랑이나, 수태, 외도 등 각기 그 사람의 상황이나 입장에 따라 대답이 달라지게 된다.

이와 같이 변화 자체에 대한 대응의 묘를 체득하기 위해서는 많은 사람을 감정해 보는 길밖에 없다. 익숙해지면 어떤 한 사람에게 이 선은 무엇을 말하는지 알게 된다.

옛날 공자께서 인(仁)이란 무엇인가라고 물었을 때 어떤 사람은 부모에게 효도하는 것이라고 대답했고 다른 사람은 공부하는 것, 또 다른 사람은 열심히 일하는 것이라고 대답했다고 한다. 마찬가지로 석가여래도 한 사람 한 사람 모두에게 같은 진리를 여러가지로 풀어주었다. 상대에게 가장 좋은 충고를 하기 위해서는 그 대답을 여러 모로 바꾸는 묘를 체득해야 한다.

무엇보다 한 사람이라도 더 많이 감정해 보기를 권한다. 그것이 가장 실력을 키우는 길이다.

(5) 첫인상에 주의하라.

사람을 처음 만났을 때 그 사람의 분위기를 감지할 수 있다면, 그것은 여러분도 모르는 사이에 경험에 의해 인상의 기초를 마스터하게 된 증거다. 마찬가지로 수상도 기초만 잘 마스터하면 수상을 보는 순간 한눈에 "야! 이 사람은 감정선은 길지만 지능선은 되게 짧군." 등의 사실을 알게 된다.

첫인상이 제일 중요한 판단재료가 되는 것이다. 전체적인 선의 밸런스를 보고 지능선이 눈에 띄면 지적 부분이 제일 발달해 있다는 사실을 알아차리는 식으로 말이다.

결국 가장 좋은 것은 전체의 밸런스가 좋아야 한다. 특히 생명선, 지능선, 감정선 등 3가지 선의 밸런스가 중요하다.

(6) 수상은 마음 먹은대로 나타난다.

수상은 당사자가 마음에 느낀대로 나타나는 것이다. 그러므로 같은 불운이 있다해도 장애선으로 나타나는 사람, 나타나지 않는 사람 등 갖가지이다. 한 달 수입으로 200만 원을 많게 생각하느냐, 적게 생각하느냐는 열 사람이면 열 사람 모두 생각이 다르다. 즉 원래 태양선이 없었어도 2백만 원이 수입으로 많다고 생각하는 사람에게는 태양선이 나타나는 수가 있는 것이다.

15. 특수 평목선 유년법

수상 중에서 평목선은 다른 선과는 다르게 유년을 잡는다.

간단히 말하면 보통 수상의 유년과는 약 1년을 어긋나게 잡는다. 왜냐하면 옆의 그림에서 볼 수 있는 것같이 에너지(電流)가 왼손은 손가락 끝에서 들어가 손목으로, 오른손은 손목에서 들어가 손가락 끝으로 빠지고 있기 때문이다.

누구의 손에나 다 그렇게 흐르고 있지만 평목선은 그것이 강렬하여 1년이 어긋나는 것이다. 유년을 잡는 법으로 왼손 생명선과 오른손 운명선은 보통 유년 마이너스 1년, 왼손 운명선과 오른손 생명선은 보통 유년 플러스 1년으로 계산하기 바란다.

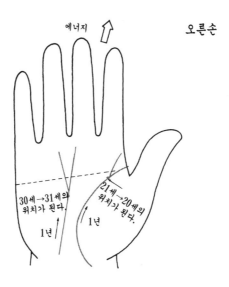

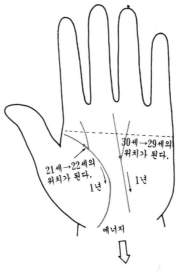

〈편선의 새 유년법〉

〈 유년(연령)의 산출법 〉

1. 생명선

① 검지가 붙은 밑폭 a를 생명선상에 취한 점을 21세로 한다.

② 그 a와 같은 폭을 기준으로 하여 29세, 40세, 55세로 한다.

③ 각기 그 중간을 18세, 25세, 34세, 47세로 한다.

④ 그밖의 연령은 위와 같은 유년을 기준으로 쪼개 나가도록 한다.

2. 운명선

① 손목선 (여러개가 있는 사람은 맨 위의 진한 선)

과 중지의 붙은 밑중간을 30세로 한다.

② 4분의 1지점을 21세, 4분의 3지점을 52세로 한다.

③ 그 중간을 각기 25세, 35세로 한다.

④ 그밖의 연령은 위와 같은 요령으로 잡는다.

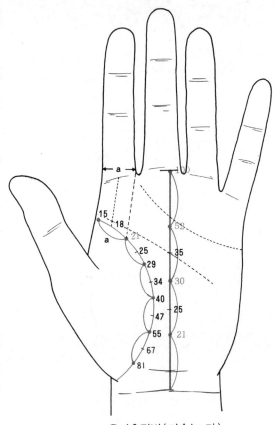

유년측정법(연수는 만)

앞쪽의 유년측정법에 의해 연령을 잡은 그림이다.
이와 같은 표준 경사의 지능선과 운명선의 교차점은
35세, 감정선과 운명선의 교차점은 56세로 본다.

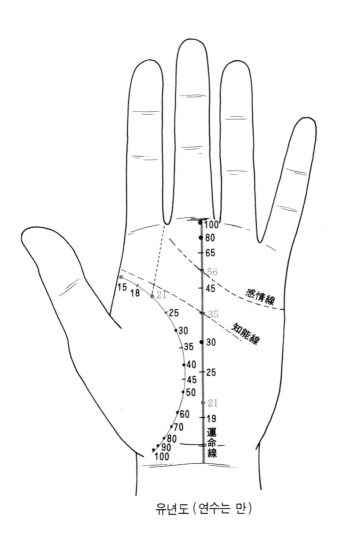

유년도 (연수는 만)

적천수 정설
유백온 선생의 적천수 원본을 정석으로 해설

원래 유백온 선생이 저술한 적천수의 원문은 그렇게 많지가 않으나 후학들이 각각 자신의 주장으로 해설하여 많아졌다. 이 책은 적천수 원문을 보고 30년 역학의 경험을 총동원하여 해설했다. 물론 백퍼센트 정확하다고 주장할 수는 없다. 다만 한국과 일본을 오가면서 실제의 경험담을 함께 실었다. 공부하는 사람들에게는 많은 도움이 될 것이라 믿는다.
신비한 동양철학 82 | 역산 김찬동 편역 | 692면 | 34,000원 | 신국판

궁통보감 정설
궁통보감 원문을 쉽고 자세하게 해설

『궁통보감(窮通寶鑑)』은 5대원서 중에서 가장 이론적이며 사리에 맞는 책이며, 조후(調候)를 중심으로 설명하며 간명한 것이 특징이다. 역학을 공부하는 학도들에게 도움을 주려고 먼저 원문에 음독을 단 다음 해설하였다. 그리고 예문은 서낙오(徐樂吾) 선생이 해설한 것을 그대로 번역하였고, 저자가 상담한 사람들의 사주와 점서에 있는 사주들을 실었다.
신비한 동양철학 83 | 역산 김찬동 편역 | 768면 | 39,000원 | 신국판

연해자평 정설(1·2권)
연해자평의 완결판

연해자평의 저자 서자평은 중국 송대의 대음양 학자로 명리학의 비조일 뿐만 아니라 천문점성에도 밝았다. 이전에는 년(年)을 기준으로 추명했는데 적중률이 낮아 서자평이 일간(日干)을 기준으로 하고, 일지(日支)를 배우자로 보는 이론을 발표하면서 명리학은 크게 발전해 오늘에 이르렀다. 때문에 연해자평은 5대 원서 중에서도 필독하지 않으면 안 되는 책이다.
신비한 동양철학 101 | 김찬동 편역 | 1권 559면, 2권 309면 | 1권 33,000원, 2권 20,000원 | 신국판

명리입문
명리학의 정통교본

이 책은 옛부터 있었던 글들이나 너무 여기 저기 산만하게 흩어져 있어 공부하는 사람들에게는 많은 시간과 인내를 필요로 하였다. 그래서 한 군데 묶어 좀더 보기 쉽고 알기 쉽도록 엮은 것이다.
신비한 동양철학 41 | 동하 정지호 저 | 678면 | 29,000원 | 신국판 양장

조화원약 평주
명리학의 정통교본

자평진전, 난강망, 명리정종, 적천수 등과 함께 명리학의 교본에 해당하는 것으로 중국 청나라 때 나온 난강망이라는 책을 서낙오 선생께서 자세하게 설명을 붙인 것이다. 기존의 많은 책들이 오직 격국과 용신을 중심으로 감정하는 것과는 달리 십간 십이지와 음양오행을 각각 자연의 이치와 춘하추동의 사계절의 흐름에 대입하여 인간의 길흉화복을 알 수 있게 했다.
신비한 동양철학 35 | 동하 정지호 편역 | 888면 | 46,000원 | 신국판

사주대성
초보에서 완성까지

이 책은 과거 현재 미래를 모두 알 수 있는 비결을 실었다. 그러나 모두 터득한다는 것은 어려울 것이다.역학은 수천 년간 동방의 석학들에 의해 갈고 닦은 철학이요 학문이며, 정신문화로서 영과학적인 상수문화로서 자랑할만한 위대한 학문이다.
신비한 동양철학 33 | 도관 박흥식 저 | 986면 | 49,000원 | 신국판 양장

쉽게 푼 역학(개정판)
쉽게 배워 적용할 수 있는 생활역학서!

이 책에서는 좀더 많은 사람들이 역학의 근본인 우주의 오묘한 진리와 법칙을 깨달아 보다 나은 삶을 영위하는데 도움이 될 수 있도록 가장 쉬운 언어와 가장 쉬운 방법으로 풀이했다. 역학계의 대가 김봉준 선생의 역작이다.

신비한 동양철학 71 | 백우 김봉준 저 | 568면 | 30,000원 | 신국판

사주명리학 핵심
맥을 잡아야 모든 것이 보인다

이 책은 잡다한 설명을 배제하고 명리학자에게 도움이 될 비법들만을 모아 엮었기 때문에 초심자가 이해하기에는 다소 어려운 부분도 있겠지만 기초를 튼튼히 한 다음 정독한다면 충분히 이해할 것이다. 신살만 늘어놓으며 감정하는 사이비가 되지말기를 바란다.

신비한 동양철학 19 | 도관 박흥식 저 | 502면 | 20,000원 | 신국판

물상활용비법
물상을 활용하여 오행의 흐름을 파악한다

이 책은 물상을 통하여 오행의 흐름을 파악하고 운명을 감정하는 방법을 연구한 책이다. 추명학의 해법을 연구하고 운명을 추리하여 오행에서 분류되는 물질의 운명 줄거리를 물상의 기물로 나들이 하는 활용법을 주제로 했다. 팔자풀이 및 운명해설에 관한 명리감정법의 체계를 세우는데 목적을 두고 초점을 맞추었다.

신비한 동양철학 31 | 해주 이학성 저 | 446면 | 34,000원 | 신국판

신수대전
흉함을 피하고 길함을 부르는 방법

신수는 대부분 주역과 사주추명학에 근거한다. 수많은 학설 중 몇 가지를 보면 사주명리, 자미두수, 관상, 점성학, 구성학, 육효, 토정비결, 매화역수, 대정수, 초씨역림, 황극책수, 하락리수, 범위수, 월영도, 현무발서, 철판신수, 육임신과, 기문둔갑, 태을신수 등이다. 역학에 정통한 고사가 아니면 추단하기 어려우므로 누구나 신수를 볼 수 있도록 몇 가지를 정리했다.

신비한 동양철학 62 | 도관 박흥식 편저 | 528면 | 36,000원 | 신국판 양장

정법사주
운명판단의 첩경을 이루는 책

이 책은 사주추명학을 연구하고자 하는 분들에게 심오한 주역의 이해를 돕고자 하는 의도에서 시작되었다. 음양오행의 상생상극에서부터 육친법과 신살법을 기초로 하여 격국과 용신 그리고 유년판단법을 활용하여 운명판단에 첩경이 될 수 있도록 했고 추리응용과 운명감정의 실례를 하나하나 들어가면서 독학과 강의용 겸용으로 엮었다.

신비한 동양철학 49 | 원각 김구현 저 | 424면 | 26,000원 | 신국판 양장

내가 보고 내가 바꾸는 DIY사주
내가 보고 내가 바꾸는 사주비결

기존의 책들과는 달리 한 사람의 사주를 체계적으로 도표화시켜 한 눈에 파악할 수 있고, DIY라는 책 제목에서 말하듯이 개운하는 방법을 제시한다. 초심자는 물론 전문가도 자신의 이론을 새롭게 재조명해 볼 수 있는 케이스 스터디 북이다.

신비한 동양철학 39 | 석오 전광 저 | 338면 | 16,000원 | 신국판

인터뷰 사주학
쉽고 재미있는 인터뷰 사주학

얼마전만 해도 사주학을 취급하면 미신을 다루는 부류로 취급되었다. 그러나 지금은 하루가 다르게 이 학문을 공부하는 사람들이 폭증하고 있는 것으로 보인다. 젊은 층에서 사주카페니 사주방이니 하는 것들이 만들어지고 그 모임이 활발하게 움직이고 있다는 점이 그것을 증명해준다. 그뿐 아니라 대학원에는 역학교수들이 점차로 증가하고 있다.

신비한 동양철학 70 | 글갈 정대엽 편저 | 426면 | 16,000원 | 신국판

사주특강
자평진전과 적천수의 재해석
이 책은 『자평진전』과 『적천수』를 근간으로 명리학의 폭넓은 가치를 인식하고, 실전에서 유용한 기반을 다지는데 중점을 두고 썼다. 일찍이 『자평진전』을 교과서로 삼고, 『적천수』로 보완하라는 서낙오의 말에 깊이 공감한다.
신비한 동양철학 68 | 청월 박상의 편저 | 440면 | 25,000원 | 신국판

참역학은 이렇게 쉬운 것이다
음양오행의 이론으로 이루어진 참역학서
수학공식이 아무리 어렵다고 해도 1, 2, 3, 4, 5, 6, 7, 8, 9, 0의 10개의 숫자로 이루어졌듯이 사주도 음양과 오행으로 이루어졌을 뿐이다. 그러니 용신과 격국이라는 무거운 짐을 벗어버리고 음양오행의 법칙과 진리만 정확하게 파악하면 된다. 사주는 음양오행의 변화일 뿐이고 용신과 격국은 사주를 감정하는 한 가지 방법에 지나지 않는다.
신비한 동양철학 24 | 청암 박재현 저 | 328면 | 16,000원 | 신국판

사주에 모든 길이 있다
사주를 알면 운명이 보인다!
사주를 간명하는데 조금이라도 도움이 됐으면 하는 바람에서 이 책을 썼다. 간명의 근간인 오행의 왕쇠강약을 세분하고, 대운과 세운, 세운과 월운의 연관성과, 십신과 여러 살이 미치는 암시와, 십이운성으로 세운을 판단하는 법을 설명했다.
신비한 동양철학 65 | 정담 선사 편저 | 294면 | 26,000원 | 신국판 양장

왕초보 내 사주
초보 입문용 역학서
이 책은 역학을 너무 어렵게 생각하는 초보자들에게 조금이나마 도움을 주고자 쉽게 엮으려고 노력했다. 이 책을 숙지한 후 역학(易學)의 5대 원서인 『적천수(滴天髓)』, 『궁통보감(窮通寶鑑)』, 『명리정종(命理正宗)』, 『연해자평(淵海子平)』, 『삼명통회(三命通會)』에 접근한다면 훨씬 쉽게 터득할 수 있을 것이다. 이 책들은 저자가 이미 편역하여 삼한출판사에서 출간한 것도 있고, 앞으로 모두 갖출 것이니 많이 활용하기 바란다.
신비한 동양철학 84 | 역산 김찬동 편저 | 278면 | 19,000원 | 신국판

명리학연구
체계적인 명확한 이론
이 책은 명리학 연구에 핵심적인 내용만을 모아 하나의 독립된 장을 만들었다. 명리학은 분야가 넓어 공부를 하다보면 주변에 머무르는 경우가 많아, 주요 내용을 잃고 헤매는 경우가 많다. 그러므로 뼈대를 잡는 것이 중요한데, 여기서는 「17장. 명리대요」에 핵심 내용만을 모아 학문의 체계를 잡는데 용이하게 하였다.
신비한 동양철학 59 | 권중주 저 | 562면 | 29,000원 | 신국판 양장

말하는 역학
신수를 묻는 사람 앞에서 술술 말문이 열린다
그토록 어렵다는 사주통변술을 쉽고 흥미롭게 고담과 덕담을 곁들여 사실적으로 생동감 있게 통변했다. 길흉을 어떻게 표현하느냐에 따라 상담자의 정곡을 찔러 핵심을 끌어내 정답을 내리는 것이 통변술이다. 역학계의 대가 김봉준 선생의 역작.
신비한 동양철학 11 | 백우 김봉준 저 | 576면 | 26,000원 | 신국판 양장

통변술해법
가닥가닥 풀어내는 역학의 비법
이 책은 역학과 상대에 대해 머리로는 다 알면서도 밖으로 표출되지 않아 어려움을 겪는 사람들을 위한 실습서다. 특히 실명감정과 이론강의로 나누어 역학의 진리를 설명하여 초보자도 쉽게 이해할 수 있다. 역학계의 대가 김봉준 선생의 역서인 『알기쉬운 해설·말하는 역학』이 나온 후 후편을 써달라는 열화같은 요구에 못이겨 내놓은 바로 그 책이다.
신비한 동양철학 21 | 백우 김봉준 저 | 392면 | 36,000원 | 신국판

술술 읽다보면 통달하는 사주학
술술 읽다보면 나도 어느새 도사
당신은 당신 마음대로 모든 일이 이루어지던가. 지금까지 누구의 명령을 받지 않고 내 맘대로 살아왔다고. 운명 따위는 믿지 않는다고, 운명에 매달리지 않는다고 말하는 사람들이 많다. 그러나 우주법칙을 모르기 때문에 하는 소리다.
신비한 동양철학 28 │ 조철현 저 │ 368면 │ 16,000원 │ 신국판

사주학
5대 원서의 핵심과 실용
이 책은 사주학을 체계적으로 공부하려는 학도들을 위해서 꼭 알아두어야 할 내용들과 용어들을 수록하는데 중점을 두었다. 이 학문을 공부하려고 많은 사람들이 필자를 찾아왔을 깨 여러 가지 질문을 던져보면 거의 기초지식이 시원치 않음을 보았다. 따라서 용어를 포함한 제반지식을 골고루 습득해야 빠른 시일 내에 소기의 목적을 달성할 수 있을 것이다.
신비한 동양철학 66 │ 글갈 정대엽 저 │ 778면 │ 46,000원 │ 신국판 양장

명인재
신기한 사주판단 비법
이 책은 오행보다는 주로 살을 이용하는 비법을 담았다. 시중에 나온 책들을 보면 살에 대해 설명은 많이 하면서도 실제 응용에서는 무시하고 있다. 이것은 살을 알면서도 응용할 줄 모르기 때문이다. 그러나 이 책에서는 살의 활용방법을 완전히 터득해, 어떤 살과 어떤 살이 합하면 어떻게 작용하는지를 자세하게 설명하였다.
신비한 동양철학 43 │ 원공선사 저 │ 332면 │ 19,000원 │ 신국판 양장

명리학 │ 재미있는 우리사주
사주 세우는 방법부터 용어해설 까지!!
몇 년 전 『사주에 모든 길이 있다』가 나온 후 선배 제현들께서 알찬 내용의 책다운 책을 접했다는 찬사를 받았다. 그러나 사주의 작성법을 설명하지 않아 독자들에게 많은 질타를 받고 뒤늦게 이 책을 출판하기로 결심했다. 이 책은 한글만 알면 누구나 역학과 가까워질 수 있도록 사주 세우는 방법부터 실제간명, 용어해설에 이르기까지 분야별로 엮었다.
신비한 동양철학 74 │ 정담 선사 편저 │ 368면 │ 19,000원 │ 신국판

사주비기
역학으로 보는 역대 대통령들이 나오는 이치!!
이 책에서는 고서의 이론을 근간으로 하여 근대의 사주들을 임상하여, 적중도에 의구심이 가는 이론들은 과감하게 탈피하고 통용될 수 있는 이론만을 수용했다. 따라서 기존 역학서의 아쉬운 부분들을 충족시키며 일반인도 열정만 있으면 누구나 자신의 운명을 감정하고 피흉취길할 수 있는 생활지침서로 활용할 수 있을 것이다.
신비한 동양철학 79 │ 청월 박상의 편저 │ 456면 │ 19,000원 │ 신국판

사주학의 활용법
가장 실질적인 역학서
우리가 생소한 지방을 여행할 때 제대로 된 지도가 있다면 편리하고 큰 도움이 되듯이 역학이란 이와같은 인생의 길잡이다. 예측불허의 인생을 살아가는데 올바른 안내자나 그 무엇이 있다면 그 이상 마음 든든하고 큰 재산은 없을 것이다.
신비한 동양철학 17 │ 학선 류래웅 저 │ 358면 │ 15,000원 │ 신국판

명리실무
명리학의 총 정리서
명리학(命理學)은 오랜 세월 많은 철인(哲人)들에 의하여 전승 발전되어 왔고, 지금도 수많은 사람이 임상과 연구에 임하고 있으며, 몇몇 대학에 학과도 개설되어 체계적인 교육을 하고 있다. 그러나 아직도 실무에서 활용할 수 있는 책이 부족한 상황이기 때문에 나름대로 현장에서 필요한 이론들을 정리해 보았다. 초학자는 물론 역학계에 종사하는 사람들에게 큰 도움이 될 것이라고 믿는다.
신비한 동양철학 94 │ 박흥식 편저 │ 920면 │ 39,000원 │ 신국판

사주 속으로
역학서의 고전들로 입증하며 쉽고 자세하게 푼 책

십 년 동안 역학계에 종사하면서 나름대로는 실전과 이론에서 최선을 다했다고 자부한다. 역학원의 비좁은 공간에서도 항상 후학을 생각하는 마음으로 역학에 대한 배움의 장을 마련하고자 노력한 것도 사실이다. 이 책을 역학으로 이름을 알리고 역학으로 생활하면서 조금이나마 역학계에 이바지할 것이 없을까라는 고민의 산물이라 생각해주기 바란다.

신비한 동양철학 95 │ 김상회 편저 │ 429면 │ 15,000원 │ 신국판

사주학의 방정식
알기 쉽게 풀어놓은 가장 실질적인 역서

이 책은 종전의 어려웠던 사주풀이의 응용과 한문을 쉬운 방법으로 터득하는데 목적을 두었고, 역학이 무엇인가를 알리고자 하는데 있다. 세인들은 역학자를 남의 운명이나 풀이하는 점쟁이로 알지만 잘못된 생각이다. 역학은 우주의 근본이며 기의 학문이기 때문에 역학을 이해하지 못하고서는 우리 인생살이 또한 정확하게 해석할 수 없는 고차원의 학문이다.

신비한 동양철학 18 │ 김용오 저 │ 192면 │ 16,000원 │ 신국판

오행상극설과 진화론
인간과 인생을 떠난 천리란 있을 수 없다

과학이 현대를 설정하여 설명하고 있으나 원리는 동양철학에도 있기에 그 양면을 밝히고자 노력했다. 우주에서 일어나는 모든 일을 과학으로 설명될 수는 없다. 비과학적이라고 하기보다는 과학이 따라오지 못한다고 설명하는 것이 더 솔직하고 옳은 표현일 것이다. 특히 과학분야에 종사하는 신의사가 저술했는데 더 큰 화제가 되고 있다.

신비한 동양철학 5 │ 김태진 저 │ 222면 │ 15,000원 │ 신국판

스스로 공부하게 하는 방법과 천부적 적성
내 아이를 성공시키고 싶은 부모들에게

자녀를 성공시키고 싶은 마음은 누구나 같겠지만 가난한 집 아이가 좋은 성적을 내기는 매우 어렵고, 원하는 학교에 들어가기도 어렵다. 그러나 실망하기에는 아직 이르다. 내 아이가 훌륭하게 성장해 아름답고 멋진 삶을 살아가는 방법을 소개한다.

신비한 동양철학 85 │ 청암 박재현 지음 │ 176면 │ 14,000원 │ 신국판

진짜부적 가짜부적
부적의 실체와 정확한 제작방법

인쇄부적에서 가짜부적에 이르기까지 많게는 몇백만원에 팔리고 있다는 보도를 종종 듣는다. 그러나 부적은 정확한 제작방법에 따라 자신의 용도에 맞게 스스로 만들어 사용하면 훨씬 더 좋은 효과를 얻을 수 있다. 이 책은 중국에서 정통부적을 연구한 국내유일의 동양오술학자가 밝힌 부적의 실체와 정확한 제작방법을 소개하고 있다.

신비한 동양철학 7 │ 오상익 저 │ 322면 │ 20,000원 │ 신국판

수명비결
주민등록번호 13자로 숙명의 정체를 밝힌다

우리는 지금 무수히 많은 숫자의 거미줄에 매달려 허우적거리며 살아가고 있다. 1분 ·1초가 생사를 가름하고, 1등·2등이 인생을 좌우하며, 1급·2급이 신분을 구분하는 세상이다. 이 책은 수명리학으로 13자의 주민등록번호로 명예, 재산, 건강, 수명, 애정, 자녀운 등을 미리 읽어본다.

신비한 동양철학 14 │ 장충한 저 │ 308면 │ 15,000원 │ 신국판

진짜궁합 가짜궁합
남녀궁합의 새로운 충격

중국에서 연구한 국내유일의 동양오술학자가 우리나라 역술가들의 궁합법이 잘못되었다는 것을 학술적으로 분석·비평하고, 전적과 사례연구를 통하여 궁합의 실체와 타당성을 분석했다. 합리적인 「자미두수궁합법」과 「남녀궁합」 및 출생시간을 몰라 궁합을 못보는 사람들을 위하여 「지문으로 보는 궁합법」 등을 공개하고 있다.

신비한 동양철학 8 │ 오상익 저 │ 414면 │ 15,000원 │ 신국판

주역육효 해설방법(상·하)
한 번만 읽으면 주역을 활용할 수 있는 책

이 책은 주역을 해설한 것으로, 될 수 있는 한 여러 가지 사설을 덧붙이지 않고, 주역을 공부하고 활용하는데 필요한 요건만을 기록했다. 따라서 주역의 근원이나 하도낙서, 음양오행에 대해서도 많은 설명을 자제했다. 다만 누구나 이 책을 한 번 읽어서 주역을 이해하고 활용할 수 있도록 하는데 중점을 두었다.

신비한 동양철학 38 │ 원공선사 저 │ 상 810면·하 798면 │ 각 29,000원 │ 신국판

쉽게 푼 주역
귀신도 탄복한다는 주역을 쉽고 재미있게 풀어놓은 책

주역이라는 말 한마디면 귀신도 기겁을 하고 놀라 자빠진다는데, 운수와 일진이 문제가 될까. 8×8=64괘라는 주역을 한 괘에 23개씩의 회답으로 해설하여 1472괘의 신비한 해답을 수록했다. 당신이 당면한 문제라면 무엇이든 해결할 수 있는 열쇠가 이 한 권의 책 속에 있다.

신비한 동양철학 10 │ 정도명 저 │ 284면 │ 16,000원 │ 신국판

나침반 │ 어디로 갈까요
주역의 기본원리를 통달할 수 있는 책

이 책에서는 기본괘와 변화와 기본괘가 어떤 괘로 변했을 경우 일어날 수 있는 내용들을 설명하여 주역의 변화에 대한 이해를 돕는데 주력하였다. 그러나 그런 내용을 구분할 수 있는 방법을 전부 다 설명할 수는 없기에 뒷장에 간단하게설명하였고, 다른 책들과 설명의 차이점도 기록하였으니 참작하여 본다면 조금이나마 도움이 될 것이다.

신비한 동양철학 67 │ 원공선사 편저 │ 800면 │ 39,000원 │ 신국판

완성 주역비결 │ 주역 토정비결
반쪽으로 전해오는 토정비결을 완전하게 해설

지금 시중에 나와 있는 토정비결에 대한 책들은 옛날부터 내려오는 완전한 비결이 아니라 반쪽의 책이다. 그러나 반쪽이라고 말하는 사람은 없다. 그것은 주역의 원리를 모르기 때문이다. 그래서 늦은 감이 없지 않으나 앞으로 수많은 세월을 생각해서 완전한 해설판을 내놓기로 했다.

신비한 동양철학 92 │ 원공선사 편저 │ 396면 │ 16,000원 │ 신국판

육효대전
정확한 해설과 다양한 활용법

동양고전 중에서도 가장 대표적인 것이 주역이다. 주역은 옛사람들이 자연을 거울삼아 생활을 영위해 나가는 처세에 관한 지혜를 무한히 내포하고, 피흉추길하는 얼과 슬기가 함축된 점서인 동시에 수양·과학서요 철학·종교서라고 할 수 있다.

신비한 동양철학 37 │ 도관 박흥식 편저 │ 608면 │ 26,000원 │ 신국판

육효점 정론
육효학의 정수

이 책은 주역의 원전소개와 상수역법의 꽃으로 발전한 경방학을 같이 실어 독자들의 호기심을 충족시키는데 중점을 두었습니다. 주역의 원전으로 인화의 처세술을 터득하고, 어떤 사안의 답은 육효법을 탐독하여 찾으시기 바랍니다.

신비한 동양철학 80 │ 효명 최인영 편역 │ 396면 │ 29,000원 │ 신국판

육효학 총론
육효학의 핵심만을 정확하고 알기 쉽게 정리

육효는 갑자기 문제가 생겨 난감한 경우에 명쾌한 답을 찾을 수 있는 학문이다. 그러나 시중에 나와 있는 책들이 대부분 원서를 그대로 번역해 놓은 것이라 전문가인 필자가 보기에도 지루하며 어렵다는 느낌이 들었다. 그래서 보다 쉽게 공부할 수 있도록 책을 출간하게 되었다.

신비한 동양철학 89 │ 김도희 편저 │ 174쪽 │ 26,000원 │ 신국판

기문둔갑 비급대성
기문의 정수
기문둔갑은 천문지리·인사명리·법술병법 등에 영험한 술수로 예로부터 은밀하게 특권층에만 전승되었다. 그러나 아쉽게도 기문을 공부하려는 이들에게 도움이 될만한 책이 거의 없다. 필자는 이 점이 안타까워 천견박식함을 돌아보지 않고 감히 책을 내게 되었다. 한 권에 기문학을 다 표현할 수는 없지만 이 책을 사다리 삼아 저 높은 경지에 올라간다면 제갈공명과 같은 지혜를 발휘할 수 있을 것이다.
신비한 동양철학 86 │ 도관 박흥식 편저 │ 725면 │ 39,000원 │ 신국판

기문둔갑옥경
가장 권위있고 우수한 학문
우리나라의 기문역사는 장구하나 상세한 문헌은 전무한 상태라 이 책을 발간하였다. 기문둔갑은 천문지리는 물론 인사명리 등 제반사에 관한 길흉을 판단함에 있어서 가장 우수한 학문이며 병법과 법술방면으로도 특징과 장점이 있다. 초학자는 포국편을 열심히 익혀 설국을 자유자재로 할 수 있도록 하고, 개인의 이익보다는 보국안민에 일조하기 바란다.
신비한 동양철학 32 │ 도관 박흥식 저 │ 674면 │ 46,000원 │ 사륙배판

오늘의 토정비결
일년 신수와 죽느냐 사느냐를 알려주는 예언서
역산비결은 일년신수를 보는 역학서이다. 당년의 신수만 본다는 것은 토정비결과 비슷하나 토정비결은 토정 선생께서 사람들에게 용기와 희망을 주기 위함이 목적이어서 다소 허황되고 과장된 부분이 많다. 그러나 역산비결은 재미로 보는 신수가 아니라, 죽느냐 사느냐를 알려주는 예언서이이니 재미로 보는 토정비결과는 차원이 다르다.
신비한 동양철학 72 │ 역산 김찬동 편저 │ 304면 │ 16,000원 │ 신국판

國運 │ 나라의 운세
역으로 풀어본 우리나라의 운명과 방향
아무리 서구사상의 파고가 높다하기로 오천 년을 한결같이 가꾸며 살아온 백두의 혼이 와르르 무너지는 지경에 왔어도 누구하나 입을 열어 말하는 사람이 없으니 답답하다. 불확실한 내일에 대한 해답을 이 책은 명쾌하게 제시하고 있다.
신비한 동양철학 22 │ 백우 김봉준 저 │ 290면 │ 16,000원 │ 신국판

남사고의 마지막 예언
이 책으로 격암유록에 대한 논란이 끝나기 바란다
감히 이 책을 21세기의 성경이라고 말한다. 〈격암유록〉은 섭리가 우리민족에게 준 위대한 복음서이며, 선물이며, 꿈이며, 인류의 희망이다. 이 책에서는 〈격암유록〉이 전하고자 하는 바를 주제별로 정리하여 문답식으로 풀어갔다. 이 책으로 〈격암유록〉에 대한 논란은 끝나기 바란다.
신비한 동양철학 29 │ 석정 박순용 저 │ 276면 │ 19,000원 │ 신국판

원토정비결
반쪽으로만 전해오는 토정비결의 완전한 해설판
지금 시중에 나와 있는 토정비결에 대한 책들을 보면 옛날부터 내려오는 완전한 비결이 아니라 반면의 책이다. 그러나 반면이라고 말하는 사람이 없다. 그것은 주역의 원리를 모르기 때문이다. 따라서 늦은 감이 없지 않으나 앞으로의 수많은 세월을 생각하면서 완전한 해설본을 내놓았다.
신비한 동양철학 53 │ 원공선사 저 │ 396면 │ 24,000원 │ 신국판 양장

나의 천운 │ 운세찾기
몽골정통 토정비결
이 책은 역학계의 대가 김봉준 선생이 몽공토정비결을 우리의 인습과 체질에 맞게 엮은 것이다. 운의 흐름을 알리고자 호운과 쇠운을 강조하고, 현재의 나를 조명하고 판단할 수 있도록 했다. 모쪼록 생활서나 안내서로 활용하기 바란다.
신비한 동양철학 12 │ 백우 김봉준 저 │ 308면 │ 11,000원 │ 신국판

역점 | 우리나라 전통 행운찾기
쉽게 쓴 64괘 역점 보는 법

주역이 점치는 책에만 불과했다면 벌써 그 존재가 없어졌을 것이다. 그러나 오랫동안 많은 학자가 연구를 계속해왔고, 그 속에서 자연과학과 형이상학적인 우주론과 인생론을 밝혀, 정치·경제·사회 등 여러 방면에서 인간의 생활에 응용해왔고, 삶의 지침서로써 그 역할을 했다. 이 책은 한 번만 읽으면 누구나 역점가가 될 수 있으니 생활에 도움이 되길 바란다.

신비한 동양철학 57 | 문명상 편저 | 382면 | 26,000원 | 신국판 양장

이렇게 하면 좋은 운이 온다
한 가정에 한 권씩 놓아두고 볼만한 책

좋은 운을 부르는 방법은 방위·색상·수리·년운·월운·날짜·시간·궁합·이름·직업·물건·보석·맛·과일·기운·마을·가축·성격 등을 정확하게 파악하여 자신에게 길한 것은 취하고 흉한 것은 피하면 된다. 이 책의 저자는 신학대학을 졸업하고 역학계에 입문했다는 특별한 이력을 갖고 있기 때문에 더 많은 화제가 되고 있다.

신비한 동양철학 27 | 역산 김찬동 저 | 434면 | 16,000원 | 신국판

운을 잡으세요 | 改運秘法
염력강화로 삶의 문제를 해결한다!

행복과 불행은 누가 주는 것이 아니라 자기 자신이 만든다고 할 수 있다. 한 마디로 말해 의지의 힘, 즉 염력이 운명을 바꾸는 것이다. 이 책에서는 이러한 염력을 강화시켜 삶에서 일어나는 문제를 해결하는 방법을 알려준다. 누구나 가벼운 마음으로 읽고 실천한다면 반드시 목적을 이룰 수 있을 것이다.

신비한 동양철학 76 | 역산 김찬동 편저 | 272면 | 10,000원 | 신국판

복을 부르는방법
나쁜 운을 좋은 운으로 바꾸는 비결

개운하는 방법은 여러 가지가 있으나, 이 책의 비법은 축원문을 독송하는 것이다. 독송이란 소리내 읽는다는 뜻이다. 사람의 말에는 기운이 있는데, 이 기운은 자신에게 돌아온다. 좋은 말을 하면 좋은 기운이 돌아오고, 나쁜 말을 하면 나쁜 기운이 돌아온다. 이 책은 누구나 어디서나 쉽게 비용을 들이지 않고 좋은 운을 부를 수 있는 방법을 실었다.

신비한 동양철학 69 | 역산 김찬동 편저 | 194면 | 11,000원 | 신국판

천직 | 사주팔자로 찾은 나의 직업
천직을 찾으면 역경없이 탄탄하게 성공할 수 있다

잘 되겠지 하는 막연한 생각으로 의욕만 갖고 도전하는 것과 나에게 맞는 직종은 무엇이고 때는 언제인가를 알고 도전하는 것은 근본적으로 다르고, 결과도 다르다. 만일 의욕만으로 팔자에도 없는 사업을 시작했다고 하자, 결과는 불을 보듯 뻔하다. 그러므로 이런 때일수록 침착과 냉정을 찾아 내 그릇부터 알고, 생활에 대처하는 지혜로움을 발휘해야 한다.

신비한 동양철학 34 | 백우 김봉준 저 | 376면 | 19,000원 | 신국판

운세십진법 | 本大路
운명을 알고 대처하는 것은 현대인의 지혜다

타고난 운명은 분명히 있다. 그러니 자신의 운명을 알고 대처한다면 비록 운명을 바꿀 수는 없지만 향상시킬 수 있다. 이것이 사주학을 알아야 하는 이유다. 이 책에서는 자신이 타고난 숙명과 앞으로 펼쳐질 운명행로를 찾을 수 있도록 운명의 기초를 초연하게 설명하고 있다.

신비한 동양철학 1 | 백우 김봉준 저 | 364면 | 16,000원 | 신국판

성명학 | 바로 이 이름
사주의 운기와 조화를 고려한 이름짓기

사람은 누구나 타고난 운명이 있다. 숙명인 사주팔자는 선천운이고, 성명은 후천운이 되는 것으로 이름을 지을 때는 타고난 운기와의 조화를 고려해야 한다. 따라서 역학에 대한 깊은 이해가 선행함은 지극히 당연하다. 부연하면 작명의 근본은 타고난 사주에 운기를 종합적으로 분석하여 부족한 점을 보강하고 결점을 개선한다는 큰 뜻이 있다고 할 수 있다.

신비한 동양철학 75 | 정담 선사 편저 | 488면 | 24,000원 | 신국판

작명 백과사전
36가지 이름짓는 방법과 선후천 역상법 수록
이름은 나를 대표하는 생명체이므로 몸은 세상을 떠날지라도 영원히 남는다. 성명운의 유도력은 후천적으로 가공 인수되는 후존적 수기로써 조성 운화되는 작용력이 있다. 선천수기의 운기력이 50%이면 후천수기도의 운기력도50%이다. 이와 같이 성명운의 작용은 운로에 불가결한조건일 뿐 아니라, 선천명운의 범위에서 기능을 충분히 할 수 있다.
신비한 동양철학 81 | 임삼업 편저 | 송충석 감수 | 730면 | 36,000원 | 사륙배판

작명해명
누구나 쉽게 활용할 수 있는 체계적인 작명법
일반적인 성명학으로는 알 수 없는 한자이름, 한글이름, 영문이름, 예명, 회사명, 상호, 상품명 등의 작명방법을 여러 사례를 들어 체계적으로 분석하여 누구나 쉽게 배워서 활용할 수 있도록 서술했다.
신비한 동양철학 26 | 도관 박홍식 저 | 518면 | 19,000원 | 신국판

역산성명학
이름은 제2의 자신이다
이름에는 각각 고유의 뜻과 기운이 있어 그 기운이 성격을 만들고 그 성격이 운명을 만든다. 나쁜 이름은 부르면 부를수록 불행을 부르고 좋은 이름은 부르면 부를수록 행복을 부른다. 만일 이름이 거지같다면 아무리 운세를 잘 만나도 밥을 좀더 많이 얻어 먹을 수 있을 뿐이다. 저자는 신학대학을 졸업하고 역학계에 입문한 특별한 이력으로 많은 화제가 된다.
신비한 동양철학 25 | 역산 김찬동 저 | 456면 | 26,000원 | 신국판

작명정론
이름으로 보는 역대 대통령이 나오는 이치
사주팔자가 네 기둥으로 세워진 집이라면 이름은 그 집을 대표하는 문패라고 할 수 있다. 따라서 이름을 지을 때는 사주의 격에 맞추어야 한다. 사주 그릇이 작은 사람이 원대한 뜻의 이름을 쓰면 감당하지 못할 시련을 자초하게 되고 오히려 이름값을 못할 수 있다. 즉 분수에 맞는 이름으로 작명해야 하기 때문에 사주의 올바른 분석이 필요하다.
신비한 동양철학 77 | 청월 박상의 편저 | 430면 | 19,000원 | 신국판

음파메세지 (氣)성명학
새로운 시대에 맞는 새로운 성명학
지금까지의 모든 성명학은 모순의 극치를 이룬다. 그러나 이제 새 시대에 맞는 음파메세지(氣) 성명학이 나왔으니 복을 계속 부르는 이름을 지어 사랑하는 자녀가 행복하고 아름다운 삶을 살아갈 수 있도록 하는데 도움이 되었으면 한다.
신비한 동양철학 51 | 청암 박재현 저 | 626면 | 39,000원 | 신국판 양장

아호연구
여러 가지 작호법과 실제 예 모음
필자는 오래 전부터 작명을 연구했다. 그러나 시중에 나와 있는 책에는 대부분 아호에 관해서는 전혀 언급하지 않았다. 그래서 아호에 관심이 있어도 자료를 구하지 못하는 분들을 위해 이 책을 내게 되었다. 아호를 짓는 것은 그리 대단하거나 복잡하지 않으니 이 책을 처음부터 끝까지 착실히 공부한다면 누구나 좋은 아호를 지어 쓸 수 있을 것이라고 생각한다.
신비한 동양철학 87 | 임삼업 편저 | 308면 | 26,000원 | 신국판

한글이미지 성명학
이름감정서
이 책은 본인의 이름은 물론 사랑하는 가족 그리고 가까운 친척이나 친구들의 이름까지도 좋은지 나쁜지 알아볼 수 있도록 지금까지 나와 있는 모든 성명학을 토대로 하여 썼다. 감언이설이나 협박성 감명에 흔들리지 않고 확실한 이름풀이를 볼 수 있을 것이다. 그리고 아름답고 멋진 삶을 살아갈 수 있는 이름을 짓는 방법도 상세하게 제시하였다.
신비한 동양철학 93 | 청암 박재현 지음 | 287면 | 10,000원 | 신국판

비법 작명기술
복과 성공을 함께 하려면
이 책은 성명의 발음오행이나 이름의 획수를 근간으로 하는 실제 이용이 가장 많은 기본 작명법을 서술하고, 주역의 괘상으로 풀어 길흉을 판단하는 역상법 5가지와 그외 중요한 작명법 5가지를 합하여 「보배로운 10가지 이름 짓는 방법」을 실었다. 특히 작명비법인 선후천역상법은 성명의 원획에 의존하는 작명법과 달리 정획과 곡획을 사용해 주역 상수학을 대표하는 하락이수를 쓰고, 육효가 들어가 응험률을 높였다.
신비한 동양철학 96 | 임삼업 편저 | 370면 | 30,000원 | 사륙배판

올바른 작명법
소중한 이름, 알고 짓자!
세상 부모들에게 가장 소중한 것이 뭐냐고 물으면 자녀라고 할 것이다. 그런데 왜 평생을 좌우할 이름을 함부로 짓는가. 이름이 얼마나 소중한지, 이름의 오행작용이 일생을 어떻게 좌우하는지 모르기 때문이다.
신비한 동양철학 61 | 이정재 저 | 352면 | 19,000원 | 신국판

호(雅號)책
아호 짓는 방법과 역대 유명인사의 아호, 인명용 한자 수록
필자는 오래 전부터 작명연구에 열중했으나 대부분의 작명책에는 아호에 관해서는 전혀 언급하지 않고, 간혹 거론했어도 몇 줄 정도의 뜻풀이에 불과하거나 일반작명법에 준한다는 암시만 풍기며 끝을 맺었다. 따라서 필자가 참고한 문헌도 적었음을 인정한다. 아호에 관심이 있어도 자료를 구하지 못하는 현실에 착안하여 필자 나름대로 각고 끝에 본서를 펴냈다.
신비한 동양철학 97 | 임삼업 편저 | 390면 | 20,000원 | 신국판

관상오행
한국인의 특성에 맞는 관상법
좋은 관상인 것 같으나 실제로는 나쁘거나 좋은 관상이 아닌데도 잘 사는 사람이 왕왕있어 관상법 연구에 흥미를 잃는 경우가 있다. 이것은 중국의 관상법만을 익히고 우리의 독특한 환경적인 특징을 소홀히 다루었기 때문이다. 이에 우리 한국인에게 알맞는 관상법을 연구하여 누구나 관상을 쉽게 알아보고 해석할 수 있도록 자세하게 풀어놓았다.
신비한 동양철학 20 | 송파 정상기 저 | 284면 | 12,000원 | 신국판

정본 관상과 손금
바로 알고 사람을 사귑시다
이 책은 관상과 손금은 인생을 행복하게 만든다는 관점에서 다루었다. 그야말로 관상과 손금의 혁명이라고 할 수 있다. 여러분도 관상과 손금을 통한 예지력으로 인생의 참주인이 되기 바란다. 용기를 불어넣어 주고 행복을 찾게 하는 것이 참다운 관상과 손금술이다. 이 책이 일상사에 고민하는 분들에게 해결방법을 제시해 줄 것이다.
신비한 동양철학 42 | 지창룡 감수 | 332면 | 30,000원 | 신국판

이런 사원이 좋습니다
사원선발 면접지침
사회가 다양해지면서 인력관리의 전문화와 인력수급이 기업주의 애로사항이 되었다. 필자는 그동안 많은 기업의 사원선발 면접시험에 참여했는데 기업주들이 모두 면접지침에 관한 책이 있으면 좋겠다는 것이다. 그래서 경험한 사례를 참작해 이 책을 내니 좋은 사원을 선발하는데 많은 도움이 될 것이라고 믿는다.
신비한 동양철학 90 | 정도명 지음 | 274면 | 19,000원 | 신국판

핵심 관상과 손금
사람을 볼 줄 아는 안목과 지혜를 알려주는 책
오늘과 내일을 예측할 수 없을만큼 복잡하게 펼쳐지는 현실에서 살아남기 위해서는 사람을 볼줄 아는 안목과 지혜가 필요하다. 시중에 관상학에 대한 책들이 많이 나와있지만 너무 형이상학적이라 전문가도 이해하기 어렵다. 이 책에서는 누구라도 쉽게 보고 이해할 수 있도록 핵심만을 파악해서 설명했다.
신비한 동양철학 54 | 백우 김봉준 저 | 188면 | 14,000원 | 사륙판 양장

완벽 사주와 관상
우리의 삶과 관계 있는 사실적 관계로만 설명한 책

이 책은 우리의 삶과 관계 있는 사실적 관계로만 역을 설명하고, 역에 대한 관심과 흥미를 갖게 하고자 관상학을 추록했다. 여기에 추록된 관상학은 시중에서 흔하게 볼 수 있는 상법이 아니라 생활상법, 즉 삶의 지식과 상식을 드리고자 했다.

신비한 동양철학 55 │ 김봉준·유오준 공저 │ 530면 │ 36,000원 │ 신국판 양장

사람을 보는 지혜
관상학의 초보에서 실용까지

현자는 하늘이 준 명을 알고 있기에 부귀에 연연하지 않는다. 사람은 마음을 다스리는 심명이 있다. 마음의 명은 자신만이 소통하는 유일한 우주의 무형의 에너지이기 때문에 잠시도 잊으면 안된다. 관상학은 사람의 상으로 이런 마음을 살피는 학문이니 잘 이해하여 보다 나은 삶을 삶을 영위할 수 있도록 노력해야 한다.

신비한 동양철학 73 │ 이부길 편저 │ 510면 │ 20,000원 │ 신국판

한눈에 보는 손금
논리정연하며 바로미터적인 지침서

이 책은 수상학의 연원을 초월해서 동서합일의 이론으로 집필했다. 그야말로 논리정연한 수상학을 정리하였다. 그래서 운명적, 철학적, 동양적, 심리학적인 면을 예증과 방편에 이르기까지 상세하게 기술했다. 이 책은 수상학이라기 보다 바로미터적인 지침서 역할을 해줄 것이다. 독자 여러분의 꾸준한 연구와 더불어 인생성공의 지침서가 될 수 있을 것이다.

신비한 동양철학 52 │ 정도명 저 │ 432면 │ 24,000원 │ 신국판 양장

이런 집에 살아야 잘 풀린다
운이 트이는 좋은 집 알아보는 비결

한마디로 운이 트이는 집을 갖고 싶은 것은 모두의 꿈일 것이다. 50평이니 60평이니 하며 평수에 구애받지 않고 가족이 평온하게 생활할 수 있고 나날이 발전할 수 있는 그런 집이 있다면 얼마나 좋을까? 그런 소망에 한 걸음이라도 가까워지려면 막연하게 운만 기대하고 있어서는 안 된다. 좋은 집을 가지려면 그만한 노력이 있어야 한다.

신비한 동양철학 64 │ 강현술·박홍식 감수 │ 270면 │ 16,000원 │ 신국판

점포, 이렇게 하면 부자됩니다
부자되는 점포, 보는 방법과 만드는 방법

사업의 성공과 실패는 어떤 사업장에서 어떤 품목으로 어떤 사람들과 거래하느냐에 따라 판가름난다. 그리고 사업을 성공시키려면 반드시 몇 가지 문제를 살펴야 하는데 무작정 사업을 시작하여 실패하는 사람들이 많다. 그래서 이 책에서는 이러한 문제와 방법들을 조목조목 기술하여 누구나 성공하도록 도움을 주는데 주력하였다.

신비한 동양철학 88 │ 김도희 편저 │ 177면 │ 26,000원 │ 신국판

쉽게 푼 풍수
현장에서 활용하는 풍수지리법

산도는 매우 광범위하고, 현장에서 알아보기 힘들다. 더구나 지금은 수목이 울창해 소조산 정상에 올라가도 나무에 가려 국세를 파악하는데 애를 먹는다. 따라서 사진을 첨부하니 많은 활용하기 바란다. 물론 결록에 있고 산도가 눈에 익은 것은 혈 사진과 함께 소개하였다. 이 책을 열심히 정독하면서 답산하면 혈을 알아보고 용산도 할 수 있을 것이다.

신비한 동양철학 60 │ 전항수·주장관 편저 │ 378면 │ 26,000원 │ 신국판

음택양택
현세의 운·내세의 운

이 책에서는 음양택명당의 조건이나 기타 여러 가지를 설명하여 산 자와 죽은 자의 행복한 집을 만들 수 있도록 했다. 특히 죽은 자의 집인 음택명당은 자리를 옳게 잡으면 꾸준히 생기를 발하여 흥하나, 그렇지 않으면 큰 피해를 당하니 돈보다도 행·불행의 근원인 음양택명당에 관심을 기울여야 한다.

신비한 동양철학 63 │ 전항수·주장관 지음 │ 392면 │ 29,000원 │ 신국판

용의 혈 | 풍수지리 실기 100선
실전에서 실감나게 적용하는 풍수의 길잡이

이 책은 풍수지리 문헌인 만두산법서, 명산론, 금랑경 등을 이해하기 쉽도록 주제별로 간추려 설명했으며, 풍수지리학을 쉽게 접근하여 공부하고, 실전에 활용하여 실감나게 적용할 수 있도록 하는데 역점을 두었다.

신비한 동양철학 30 | 호산 윤재우 저 | 534면 | 29,000원 | 신국판

현장 지리풍수
현장감을 살린 지리풍수법

풍수를 업으로 삼는 사람들이 진가를 분별할 줄 모르면서 많은 법을 알았다고 자부하며 뽐낸다. 그리고는 재물에 눈이 어두워 불길한 산을 길하다 하고, 선하지 못한 물을 선하다 한다. 이는 분수 밖의 것을 바라기 때문이다. 마음가짐을 바로 하고 고대 원전에 공력을 바치면서 산간을 실사하며 적공을 쏟으면 정교롭고 세밀한 경지를 얻을 수 있을 것이다.

신비한 동양철학 48 | 전항수·주관장 편저 | 434면 | 36,000원 | 신국판 양장

찾기 쉬운 명당
실전에서 활용할 수 있는 책

가능하면 쉽게 풀어 실전에 도움이 되도록 했다. 특히 풍수지리에서 방향측정에 필수인 패철 사용과 나경 9층을 각 층별로 설명했다. 그리고 이 책에 수록된 도설, 즉 오성도, 명산도, 명당 형세도 내거수 명당도, 지각형세도, 용의 과협출맥도, 사대혈형 와겸유돌 형세도 등은 국립중앙도서관에 소장된 문헌자료인 만산도단, 만산영도, 이석당 은민산도의 원본을 참조했다.

신비한 동양철학 44 | 호산 윤재우 저 | 386면 | 19,000원 | 신국판 양장

해몽정본
꿈의 모든 것

시중에 꿈해몽에 관한 책은 많지만 막상 내가 꾼 꿈을 해몽을 하려고 하면 어디다 대입시켜야 할지 모르는 경우가 많았을 것이다. 그러나 최대한으로 많은 예를 들었고, 찾기 쉽고 명료하게 만들었기 때문에 해몽을 하는데 어려움이 없을 것이다. 한집에 한권씩 두고 보면서 나쁜 꿈은 예방하고 좋은 꿈을 좋은 일로 연결시킨다면 생활에 많은 도움이 될 것이다.

신비한 동양철학 36 | 청암 박재현 저 | 766면 | 19,000원 | 신국판

해몽 | 해몽법
해몽법을 알기 쉽게 설명한 책

인생은 꿈이 예지한 시간적 한계에서 점점 소멸되어 가는 현존물이기 때문에 반드시 꿈의 뜻을 따라야 한다. 이것은 꿈을 먹고 살아가는 인간 즉 태몽의 끝장면인 죽음을 향해 달려가고 있는 인간이기 때문이다. 꿈은 우리의 삶을 이끌어가는 이정표와도 같기에 똑바로 가도록 노력해야 한다.

신비한 동양철학 50 | 김종일 저 | 552면 | 26,000원 | 신국판 양장

명리용어와 시결음미
명리학의 어려운 용어와 숙어를 쉽게 풀이한 책

명리학을 연구하는 이들은 기초공부가 끝나면 자연스럽게 훌륭하다고 평가하는 고전의 이론을 접하게 된다. 그러나 시결과 용어와 숙어는 어려운 한자로만 되어 있어 대다수가 선뜻 탐독과 음미에 취미를 잃는다. 그래서 누구나 어려움 없이 쉽게 읽고 깊이 있게 음미할 수 있도록 원문에 한글로 발음을 달고 어려운 용어와 숙어에 해석을 달아 이 책을 내게 되었다.

신비한 동양철학 103 | 원각 김구현 편저 | 300면 | 25,000원 | 신국판

완벽 만세력
착각하기 쉬운 서머타임 2도 인쇄

시중에 많은 종류의 만세력이 나와있지만 이 책은 단순한 만세력이 아니라 완벽한 만세경전으로 만세력 보는 법 등을 실었기 때문에 처음 대하는 사람이라도 쉽게 볼 수 있도록 편집되었다. 또한 부록편에는 사주명리학, 신살종합해설, 결혼과 이사택일 및 이사방향, 길흉보는 법, 우주천기와 한국의 역사 등을 수록했다.

신비한 동양철학 99 | 백우 김봉준 저 | 316면 | 24,000원 | 사륙배판

정본만세력

이 책은 완벽한 만세력으로 만세력 보는 방법을 자세하게 설명했다. 그리고 역학에 대한 기본적인 내용과 결혼하기 좋은 나이 · 좋은 날 · 좋은 시간, 아들 · 딸 태아감별법, 이사하기 좋은 날 · 좋은 방향 등을 부록으로 실었다.

신비한 동양철학 45 | 백우 김봉준 저 | 304면 | 사륙배판 26,000원, 신국판 19,000원, 사륙판 10,000원, 포켓판 9,000원

정본 | 완벽 만세력

착각하기 쉬운 서머타임 2도인쇄

시중에 많은 종류의 만세력이 있지만 이 책은 단순한 만세력이 아니라 완벽한 만세경전이다. 그리고 만세력 보는 법 등을 실었기 때문에 처음 대하는 사람이라도 쉽게 볼 수 있다. 또 부록편에는 사주명리학, 신살 종합해설, 결혼과 이사 택일, 이사 방향, 길흉보는 법, 우주의 천기와 우리나라 역사 등을 수록하였다.

신비한 동양철학 99 | 김봉준 편저 | 316면 | 20,000원 | 사륙배판

원심수기 통증예방 관리비법

쉽게 배워 적용할 수 있는 통증관리법

「원심수기 통증예방 관리비법」은 4차원의 건강관리법으로 질병이 악화되는 것을 예방하여 건강한 몸을 유지하는데 그 목적이 있다. 시중의 수기요법과 비슷하나 특징점은 힘이 들지 않아 어린아이부터 노인까지 누구나 시술할 수 있고, 배우고 적용하는 과정이 쉽고 간단하며, 시술 장소나 도구가 필요 없으니 언제 어디서나 시술할 수 있다.

신비한 동양철학 78 | 원공 선사 저 | 288면 | 16,000원 | 신국판

운명으로 본 나의 질병과 건강

타고난 건강상태와 질병에 대한 대비책

이 책은 국내 유일의 동양오술학자가 사주학과 정통명리학의 양대산맥을 이루는 자미두수 이론으로 임상실험을 거쳐 작성한 자료다. 따라서 명리학을 응용한 최초의 완벽한 의학서로 질병을 예방하고 치료하는데 활용하면 최고의 의사가 될 것이다. 또한 예방의학적인 차원에서 건강을 유지하는데 훌륭한 지침서로 현대의학의 새로운 장을 여는 계기가 될 것이다.

신비한 동양철학 9 | 오상익 저 | 474면 | 26,000원 | 신국판

서체자전

해서를 기본으로 전서, 예서, 행서, 초서를 연습할 수 있는 책

한자는 오랜 옛날부터 우리 생활과 뗄 수 없음에도 잘 몰라 불편을 겪는 사람들이 많아 이 책을 내게 되었다. 이 책에서는 해서를 기본으로 각 글자마다 전서, 예서, 행서, 초서 순으로 배열하여 독자가 필요한 것을 찾아 연습하기 쉽도록 하였다.

신비한 동양철학 98 | 편집부 편 | 273면 | 16,000원 | 사륙배판

택일민력(擇日民曆)

택일에 관한 모든 것

이 책은 택일에 대한 모든 것을 넣으려고 최선을 다하였다. 동양철학을 공부하여 상담하거나 종교인 · 무속인 · 일반인들이 원하는 부분을 쉽게 찾아 활용할 수 있도록 칠십이후, 절기에 따른 벼농사의 순서와 중요한 과정, 납음오행, 신살의 의미, 구성조견표, 결혼 · 이사 · 제사 · 장례 · 이장에 관한 사항 등을 폭넓게 수록하였다.

신비한 동양철학 100 | 최인영 편저 | 80면 | 5,000원 | 사륙배판

모든 질병에서 해방을 1 · 2

건강실용서

우리나라는 아주 오랜 옛날부터 건강과 관련한 약재들이 산천에 널려 있었고, 우리 민족은 그 약재들을 슬기롭게 이용하며 나름대로 건강하게 살아왔다. 그러나 오늘날 현대의학에 밀려 외면당하며 사라지게 되었다. 이에 옛날부터 내려오는 의학서적인 「기사회생」과 「단방심편」을 바탕으로 민가에서 활용했던 민간요법들을 정리하고, 현대에 개발된 약재들이나 시술방법들을 정리했다.

신비한 동양철학 102 | 원공 선사 편저 | 1권 448면 · 2권 416면 | 각 29,000원 | 신국판

참역학은 이렇게 쉬운 것이다② - 완결편
역학을 활용하는 방법을 정리한 책
『참역학은 이렇게 쉬운 것이다』에서 미처 쓰지 못한 사주를 활용하는 방법을 정리한다는 의미에서 다시 이 책을 내게 되었다. 전문가든 비전문가든 이 책이 사주라는 학문을 이해하는 데 도움이 되고, 사주에 있는 가장 좋은 길을 찾아 행복하게 살았으면 합니다. 특히 사주상담을 업으로 하는 분들도 참고해서 상담자들이 행복하게 살도록 도와주었으면 한다.
신비한 동양철학 104 | 청암 박재현 편저 | 330면 | 23,000원 | 신국판

인명용 한자사전
한권으로 작명까지 OK
이 책은 인명용 한자의 사전적 쓰임이 본분이지만 그것에 국한하지 않고 작명법들을 그것도 일반적으로 통용되는 기본적인 것 외에 주역을 통한 것 등 7가지를 간추려 놓아 여러 권의 작명책을 군살없이 대신했기에 이 한권의 사용만으로 작명에 관한 모든 것을 충족하고도 남을 것이다. 5,000자가 넘는 인명용 한자를 실었지만 음(音)으로 한 줄에 수십 자, 획수로도 여러 자를 넣어 가능한 부피를 줄이려고 노력하였다. 그리고 작명하는데 한자에 관해서는 다양하게 활용할 수 있도록 하였고, 일반적인 한자자전의 용도까지 충분히 겸비하도록 하였다.
신비한 동양철학 105 | 임삼업 편저 | 336면 | 24,000원 | 신국판

바로 내 사주
행복한 인생을 만들어 갈 수 있는 방법을 소개하는 책
역학이란 본래 어려운 학문이다. 수십 년을 공부해도 터득하기 어려운 학문이라 많은 사람이 중간에 포기하는 일이 많다. 기존의 당사주 책도 수백 년 동안 그 명맥을 유지해왔으나 적중률이 매우 낮아 일반인들에게 신뢰를 많이 받지 못했다. 그래서 지금까지 30여 년 동안 공부하며 터득한 비법을 토대로 이 책을 내게 되었다. 물론 어느 역학책도 백 퍼센트 정확하다고 장담할 수는 없다. 이 책도 백 퍼센트 적중률을 목표로 했으나 적어도 80% 이상은 적중할 것이라고 자부한다.
신비한 동양철학 106 | 김찬동 편저 | 242면 | 20,000원 | 신국판

주역타로64
인간사 주역괘 풀이
타로카드는 서양 상류사회의 생활상을 담은 그림으로 되어 있다. 그 속에는 자연과 인간이 겪을 수 있는 경험과 역사가 압축되어 있다. 이러한 타로카드를 점(占) 목적으로 사용하는 것인데, 주역타로64점은 주역의 64괘를 64매의 타로카드에 담아 점 도구로 사용한다. 64괘는 우주의 모든 형상과 형태의 끊임없는 변화의 원리로 나타난 것이다. 그리고 주역타로는 일반 타로의 공통적인 스토리와는 다른 점이 많으나 그 기본 이론은 같다. 주역타로의 추상적이며 미진한 정보에 더해 인간사에 대한 주역 괘풀이를 보탰으니 주역타로64를 점 도구로 활용하는 데 도움이 되었으면 한다.
신비한 동양철학 107 | 임삼업 편저 | 387면 | 39,000원 | 사륙배판

주역 평생운 비록
상수역의 하락이수를 활용한 비결
하락이수의 평생운, 대상운, 유년운, 월운은 주역의 표상인 괘효의 숫자로 기록했고, 그 해석 설명은 원문에 50,000여 한자 사언시구로 구성되어 간혹 어려운 글자, 흔히 쓰지 않는 낯선 글자, 주역의 괘효사를 인용한 것도 있어 한문 문장의 해석은 녹록지 않은 것이어서 원문 한자 부분은 제외시키고 한글 해석만을 수록했다.
신비한 동양철학 109 | 경의제 임삼업 편저 | 872면 | 49,000원 | 사륙배판

사주 감정요결
세운을 판단하는 방법
사주를 간명하는 데 조금이라도 도움이 되었으면 하는 마음에서 『정법사주』에 이어 이 책을 내게 되었다. 여기서는 사주를 간명하는 데 근간이 되는 오행의 왕쇠강약을 세분해서 설명하고, 대운과 세운, 세운과 월운의 연관성과 십신과 여러 살이 운명에 미치는 암시와 십이운성으로 세운을 판단하는 방법을 설명했다.
신비한 동양철학 110 | 원각 김구현 편저 | 338면 | 36,000원 | 신국판

명리정종 정설(1·2)
명리정종의 완결판
이 책의 원서인 명리정종(命理正宗)은 중국 명대의 신봉(神峰) 장남(張楠) 선생이 저술한 명리서(命理書)다. 명리학(命理學)의 5대 원서는 어느 것 하나 귀하지 않은 것이 없지만 명리정종(命理正宗)은 연해자평(淵海子平)을 깊이 분석하며 비판한 것이 특징이다. 따라서 초학자는 연해자평(淵海子平)을 공부한 후 이 책을 공부하는 것이 좋다.
신비한 동양철학 108 | 역산 김찬동 편역 | 648/400면 | 49,000/39,000원 | 신국판

팔자소관
역학의 대조인 하락(河洛)에서 우주와 사람의 운명이 변하는 원리를 정리한 책
이 책은 역학의 대조인 하락(河洛)에서 우주가 변화는 원리를 정리한 것으로, 이는 만물의 근본과 인간의 운명은 한 치의 오차도 없이 맞물려 돌아간다는 내용을 담았다. 이는 즉 우리가 생활 속에서 흔하게 쓰는 "팔자 못 고친다", "팔자소관이다", "팔자 탓이다" 등등 많은 말로 팔자를 뛰어넘을 수 없다고 하는데, 이는 마지막 체념의 말인가 하여 이 책의 제목도 『팔자소관』으로 했으며, 이를 증명하는 데 주력했다. 운(運)은 시간이요 명(命)은 공간이다. 이를 주제로 누구나 알기 쉽고 이해하기 쉽도록 쓴 글이니 필독을 권하는 바다.
신비한 동양철학 111 | 김봉준·안남걸 공저 | 292면 | 30,000원 | 신국판

正本 관상과 손금

1판 1쇄 발행일 │ 2002년 1월 6일
1판 5쇄 발행일 │ 2017년 3월 6일

발행처 │ 삼한출판사
발행인 │ 김충호
감 수 │ 지창룡

신고년월일 │ 1975년 10월 18일
신고번호 │ 제305-1975-000001호

10354 경기도 고양시 일산서구 고양대로 724-17호
      (304동 2001호)

대표전화 (031) 921-0441
팩시밀리 (031) 925-2647

값 30,000원
ISBN 978-89-7460-176-8 03180